京津冀
农业科技协同发展的
路径与机制研究

陈俊红　陈玛琳　陈香玉◎著

Research on The Path and Mechanism
of Coordinated Development of Agricultural Science
and Technology in Beijing, Tianjin and Hebei

中国经济出版社
CHINA ECONOMIC PUBLISHING HOUSE
北　京

图书在版编目（CIP）数据

京津冀农业科技协同发展的路径与机制研究/陈俊红，陈玛琳，陈香玉著．--北京：中国经济出版社，2021.4

ISBN 978-7-5136-6255-0

Ⅰ.①京… Ⅱ.①陈… ②陈… ③陈… Ⅲ.①农业技术-技术发展-协调发展-研究-华北地区 Ⅳ.①F327.2

中国版本图书馆 CIP 数据核字（2021）第 063342 号

责任编辑 叶亲忠
责任印制 马小宾
封面设计 华子图文

出版发行 中国经济出版社
印 刷 者 北京九州迅驰传媒文化有限公司
经 销 者 各地新华书店
开 本 710mm×1000mm 1/16
印 张 18.5
字 数 300 千字
版 次 2021 年 4 月第 1 版
印 次 2021 年 4 月第 1 次
定 价 88.00 元
广告经营许可证 京西工商广字第 8179 号

中国经济出版社 网址 www.economyph.com 社址 北京市东城区安定门外大街 58 号 邮编 100011
本版图书如存在印装质量问题，请与本社销售中心联系调换（联系电话：010-57512564）

PREFACE

前　言

推进京津冀协同发展是党中央、国务院做出的重大战略部署。2014年2月，习近平同志在北京考察时，提出京津冀协同发展的“七点要求”，京津冀协同发展正式上升为国家战略；同年10月，习近平总书记关于京津冀协同发展规划纲要的批复中，明确指出“京津冀协同发展根本要靠创新驱动，要形成京津冀协同创新共同体”。协同创新最终要落实到产业协同创新、协同发展上，也就是说，京津冀产业对接协作的重心不是一般性的产业转移、产业合作，更核心的在于三地产业的协同创新。2015年，中央政治局会议审议通过《京津冀协同发展规划纲要》，明确了京津冀整体和京津冀三地各自的发展定位，明确建设以北京为核心的世界级城市群。2019年，习近平主持召开京津冀协同发展座谈会时再次强调“京津冀协同发展是一个系统工程，不可能一蹴而就，要做好长期作战的准备”。

京津冀是华北地区的核心地带，是中国的“首都经济圈”，包括北京市、天津市以及河北省的11个地级市，地跨两市一省，即“2+11”市结构。作为中国北方的发展核心，该地区是中国经济增长的第三极。京津冀行政区域土地面积21.6万平方千米，占全国总面积的2.3%，2018年总常住人口1.1亿人，占全国总人口的7.9%。然而作为具有重要战略意义的区域，该地区一直存在区域发展不平衡和城乡差距大的问题，北京市和天津市是高度城镇化的，而河北省经济欠发达，经济上依赖农业、能源和制造业。河北省行政区域土地面积占全区86.9%，2018年常住人口占全区67.1%，其GDP占区域总量的42.3%，但人均GDP仅是北京市和天津市的34.1%和39.6%。如何实现区域和城乡协调，是促进京津冀可持续发展，从而进一步推进华北地区整体发展的关键。

京津冀同属华北平原暖温带大陆性气候旱作耕作区，相似的农业自然条件是京津冀一体化及农业可持续发展的共同依托。在京津冀协同发展中，农业产业协同是一个不可或缺的因素，抓住京津冀农业产业协同创新这个有力抓手，有助于减少京津冀不同行政区域间产业同构竞争压力，尽快实现整个区域农业产业共同发展和区域治理的战略目标。在推进京津冀协同发展的大格局中，同步推进农业协同发展，促进传统农业向现代农业转型升级，形成特色鲜明、优势互补、市场一体、城乡协同的发展新格局，对于夯实区域协同发展基础、确保国家区域发展战略顺利实现意义重大。

本书分三篇共九章，第一篇为现状篇，包括第一章和第二章，分析了京津冀农业协同发展的经济基础、科技基础，并利用计量方法对京津冀农业协同成熟度和协同发展综合效率进行评价以及京津冀农业科技协同服务机制研究。第二篇为产业发展篇，从第三章至第六章，分析了京津冀“菜篮子”均衡供应及保障机制、北京市“菜篮子”外埠基地建设现状及发展思路、北京市粮经产业结构调整成效及发展思路，以及京津冀协同发展下北京农业服务业发展战略。第三篇为多元主体参与篇，从第七章至第九章，分析了北京市农林科学院科技惠农服务的创新模式与机制、北京市科协工作机制及其服务于京津冀乡村振兴的经验做法、产业技术联盟推进京津冀产业协同发展的相关理论、京津冀跨区域产业技术联盟建设现状、产业技术联盟建设国内外经验并提出了以跨联盟推进京津冀产业协同发展的路径和对策建议。

本书基于北京市社会科学基金《产业技术联盟推动京津冀农业协同发展路径研究》（17GLB019）、北京市农业农村局《京津冀区域“菜篮子”均衡供应及保障机制》、北京市农林科学院创新能力《京津冀农业科技协同服务机制研究》等课题研究成果整理而成。课题研究过程中，得到北京市农业农村局、北京市科委、北京市科协、北京市农学会、北京市农林科学院、农业信息与经济研究所相关领导的大力支持。特别感谢杜洪燕博士，对本书京津冀农业产业协同发展成熟度评价给予的技术支持；特别感谢陈慈博士，对产业技术联盟推进京津冀区域协同发展相关研究给予的技术支持。感谢农业经济与农村发展研究室其他同人的鼎力支持。

课题组依托农业部都市农业（北方）重点实验室、北京市农林科学院乡村振兴研究中心平台，充分利用了北京市农林科学院多年积累的农业农村问题研究的文献资源，开展了典型调研、数据采集、资料分析等工作，在反复讨论、修改、整理基础上形成本成果。课题调研、研讨等工作，得到农业信息与经济研究所的同人的诸多帮助，在此表示衷心的感谢！

特别要说明，本书数据主要源于北京市统计局出版的各类年鉴数据，以及北京市农业农村局、北京市科协、北京市农学会、北京市科委农村中心等相关部门调研数据。课题研究还参阅了政府部门及知名研究机构的公开报告，由于篇幅所限，未能在正文中全部标注，深表歉意。同时，也对各方面的支持与帮助表示衷心感谢！由于时间仓促和水平有限，偏颇、遗漏之处在所难免，恳请谅解和斧正。

最后需要指出的是，本书内容只反映课题组成员个人的观点，由于学识和研究水平有限，还存在诸多不成熟和不完善之处。欢迎读者提出宝贵意见和建议。

著 者

2020 年 10 月

CONTENTS

目　录

第一篇　现状篇

第二篇　产业发展篇

第三篇 多元主体参与篇

第一篇

现 状 篇

第一章　京津冀农业协同发展现状及协同度评价

一、京津冀农业协同发展基础

（一）农业协同发展的经济基础

1. 区域环境与功能定位

京津冀地跨燕山—太行山脉和海河流域，同属暖温带大陆性季风气候，地缘相近，农耕文化相似。区域总面积为21.6万平方千米，耕地面积为1.07亿亩，人口为1.12亿人，其中，农村人口为3846万人。京津两市的经济实力相差不大，河北省的经济实力相对落后。京津耕地资源总量有限，分别为213.7万亩和436.8万亩，人均耕地面积分别仅有0.14亩、0.42亩，只有全国平均水平的13.5%、27%；北京人均水资源不足164立方米，仅为全国平均水平的1/20；特别是京津作为全国特大城市，城市建设和生活生态发展的用地用水需求与农业发展之间的矛盾日益加剧，依靠自有资源发展农业生产、保障供给能力有限。河北耕地资源相对宽裕，人均耕地为1.29亩，但中低产田占耕地面积的2/3。区域水资源严重短缺，区域内92%的区/县人均水资源量低于国际公认的500立方米季度缺水警戒线（见表1-1）。

北京是全国的政治中心、文化中心、国际交流中心和科技创新中心，也是全国的农业科技创新中心，致力打造“种业之都”。天津是我国北方经济中心、北方国际航运中心和物流中心。北京农业以籽种农业、休闲农业、设施农业为主导产业。天津市定位是发展节水、绿色、高效的现代都市型农业，以设施农业高新技术产业、海洋渔业、农产品物流加工和休闲农业为主导产业。天津市六大“菜篮子”产品人均占有量和自给率位于京津之首，蔬菜、牛奶、水产品自给率超过100%。河北省以粮食和“菜篮子”产品供给为主。粮食播种面积占农作物播种面积的72%，产量占全国粮食总产量的5.5%，小麦、玉米产量分别占全国总产量的11%和8%。畜牧、蔬菜、果品三大产业产值占农林牧渔业总产值的比重达70%以上。河北省蔬菜产量位列全国第二位，是北京“菜篮子”产品的重要供应地，北京市蔬菜供应有30%左右来自河北省。

表1-1　京津冀农业资源及产业发展情况比较（2018年）

项目	单位	北京市	天津市	河北省
耕地面积	万亩	213.7	436.8	6518.9
水资源总量	亿立方米	35.5	17.6	164.1
常住人口	万人	2154	1560	7556
农村人口	万人	291	263	3292
农林牧渔业总产值	亿元	296.8	390.5	5707
农民人均纯收入	元	26490.3	23065.2	14030.9
粮食	千克/人	16	135	491
猪羊牛肉	千克/人	7	16.2	49.5
水产品	千克/人	1.4	20.9	14.5
牛奶	千克/人	14.4	30.8	51

资料来源：《中国统计年鉴》（2019年），国家统计局。

2. 经济增速和产业结构

河北省人均地区生产总值不足北京市、天津市的50%。横向比较看，北京市第三产业有突出优势，天津市第二产业有较强优势，河北省农业与京津两市相比优势突出。2018年，北京市地区生产总值实现30319.98亿元，第一二三产业结构为0.4：18.6：81.0；天津市地区生产总值实现18809.64亿元，第一二三产业结构为0.9：40.5：58.6；河北省地区生产总值实现36010.27亿元，第一二三产业结构为9.3：44.5：46.2。根据美国发展经济学家钱纳里工业化阶段理论，京津冀三省市经济处于不同的发展阶段，经济发展阶段和发展水平悬殊。根据人均地区GDP标准，北京市和天津市已进入后工业化阶段，经济增长依赖技术进步，而河北省刚迈入工业化高级阶段，经济增长更多依靠资本投入。这一阶段体制机制创新与区域政策，应将创新驱动及推动产业转移和产业转型升级置于优先地位，以此实现区域产业结构优化和经济效率的持续提升。

纵向比较，河北省第一产业发展较为迅速，仍在经济发展中占有较大比重。京津地区第一产业增长速度放缓，在地区经济发展中占比不到1%。从1952年至2018年，河北省第一产业增加值从25.23亿元增长到3338.00亿元，增长了132倍；天津第一产业增加值从1.85亿元增长到172.71亿元，增长了93倍；北京第一产业增加值从1.75亿元增长到118.69亿元，增长了68倍（见表1-2）。

表1-2　京津冀农业发展基础（2018年）

项目	北京市	天津市	河北省	京津冀合计	河北占比（%）
地区生产总值（亿元）	30319.98	18809.64	36010.27	85139.89	42.30
其中：第一产业（亿元）	118.69	172.71	3338.00	3629.40	92.00
第二产业（亿元）	5647.65	7609.81	16040.06	29297.52	54.70
第三产业（亿元）	24556.64	11027.12	16632.21	52215.97	31.90
人均地区生产总值（美元）	21187.91	18241.18	7219.04	—	—
农林牧渔业总产值（亿元）	296.76	180.56	5707.00	—	—

资料来源：《中国统计年鉴》（2019年），国家统计局。

三地经济发展中第一产业贡献度不断下降。纵观1952年以来京津冀地区产业发展情况，三地的产业结构发生了重大的变化，并且产业结构演变趋势各有不同。首先，第一产业增加值增长速度差异较大，天津和北京增长缓慢，河北增长迅速。通过图1-1（a）可以发现，河北的第一产业增加值增长最为迅速，1952年为25.23亿元，2018年为37338.00亿元，增长了132倍；天津的第一产业增加值增长速度次之，1952年为1.85亿元，2018年为172.71亿元，增长了93倍；相比之下，北京的第一产业增加值增长最为缓慢，1952年为1.75亿元，2018年为118.69亿元，增长了68倍。其次，京津冀地区第一产业在经济发展中的贡献度不断下降，三地的下降程度均十分明显。通过图1-1（b）可以发现，北京的第一产业增加值占比下降幅度最大，1952年第一产业增加值占比为22.21%，2018年为0.39%；天津的第一产业增加值占比下降幅度次之，1952年第一产业增加值占比为14.45%，2018年为0.92%；相比之下，河北的第一产业增加值占比下降幅度最小，1952年第一产业增加值占比为62.31%，2018年为

9.3%。这可能是由于京津冀三地对农业的功能定位存在差异造成的，河北属于比较典型的农业大省，北京、天津则主要以都市型、休闲型、设施型、会展型和城郊型等现代农业为主，传统农业规模较小。

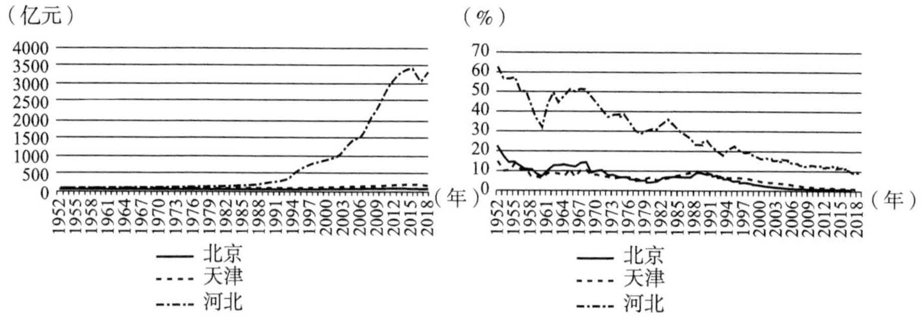

（a）第一产业增加值　　（b）第一产业增加值占比

图 1-1　1952—2018 年京津冀地区第一产业贡献度变化

数据来源：Wind 金融客户端。

3. 农业资源禀赋及产出效率

（1）京津冀地区农业劳动生产率比较。1991 年至 2014 年，北京农业劳动生产率一直处于领先地位，天津次之，河北最低。到 2014 年，分别达到 2.90 万元/人、2.75 万元/人和 2.17 万元/人。2015 年开始，天津反超北京并一直保持领先。河北的劳动力资源丰富，第一产业劳动力数量占京津冀地区的 90%以上，有绝对的优势。

2018 年天津农业劳动生产率即农业总产值与第一产业从业人员之比跃居第一。图 1-2（a）是京津冀农业劳动生产率变化情况。1991 年到 2014 年，北京的农业劳动生产率最高，天津次之，河北最低，2014 年分别为 2.90 万元/人、2.75 万元/人和 2.17 万元/人。到 2015 年，天津的农业劳动生产率反超北京和河北，分别为 3.15 万元/人、3.08 万元/人和 2.47 万元/人，之后天津的农业劳动生产率一直保持领先。总体来看，河北农业劳动生产率一直较低，这也是导致京津冀地区农业劳动生产率较低的主要原因。2017 年，三地的农业劳动生产率达到最高水平，分别是 1991 年的 7.1 倍、9.7 倍和 17.7 倍。然而 2017 年之后京津冀农业劳动生产率出现了比较明显的下滑，2018 下降到 2015 年的 87%、81%和 85%。下降的原因可能是京津冀近年来实施了一系列的农业环保政策，以推进农业生态协同，这些措施可能在短期内对农业劳动生产率有一定的负面影响。

图 1-2（b）是京津冀第一产业从业人员变化情况。总体来看，京津冀地区农村第二三产业蓬勃发展，农村就业方式、农民收入结构和生活方式发生了重大改变。从图 1-2（b）中可以看出，1991 年到 2018 年，京津冀地区第一产业从业人数都趋于稳定或下降，河北仍然以第一产业就业为主，2018 年河北第一产业从业人数是京津两地之和的 12.3 倍。这可能是由于农村经济的改善，也可能是因为一些劳动者的注册居住地点和工作地点不一致。由于近年来房租和房价的快速上涨，许多农民工在城市工作，居住在郊区或农村。官方的人口统计是基于居住地的，这可能会导致对农村劳动力的高估。此外，河北第二产业从业人数众多，是京津两地之和的 2.9 倍，且河北第二产业从业人数呈增长趋势。天津第二产业从业人数存在一定的波动，随着时间呈现 U 形变化。京津冀三地的第三产业从业人数均呈增长态势。

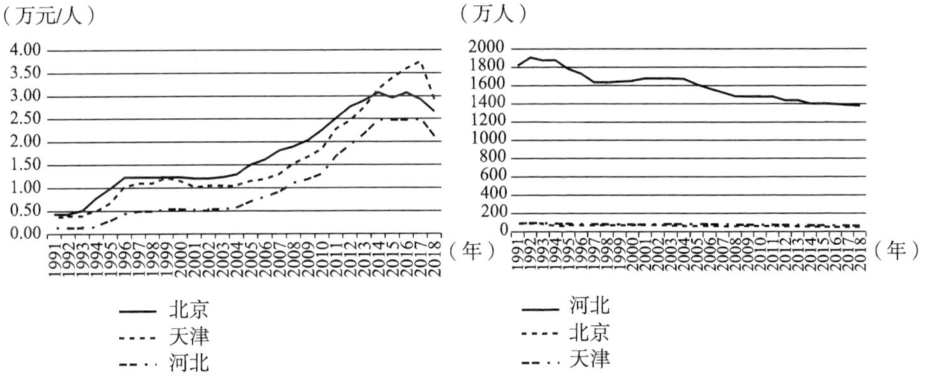

（a）农业劳动生产率　　（b）第一产业从业人员数

图 1-2　1991—2018 年京津冀地区农业劳动生产率与第一产业从业人员数变化

数据来源：Wind 金融客户端。

（2）京津冀地区耕地产出率比较。北京、河北耕地产出率较高，而天津耕地产出率较低。从变化趋势看，北京耕地产出率呈现先升后降趋势，2018 年是 2012 年的 1.4 倍；天津、河北的耕地产出率也呈现稳定增长态势。

北京耕地产出率稳中有降。图 1-3（a）和图 1-3（b）是京津冀耕地面积和耕地产出率变化情况。从图 1-3（a）可以看出，京津冀三地的耕地主要集中在河北地区，可见除了城市发展，农村发展是河北可持续发展的另一个关键因素。与劳动生产率的差异情况相反的是，北京、河北耕地产出率较高，而天津耕地产出率较低。2018 年，京津冀三地的耕地面积分别为 328.99 万亩、586.20 万亩和 9780.68 万亩，耕地产出率分别为 4413.55 元/亩、

3102.87 元/亩、3536.96 元/亩。北京耕地产出率在 2015 年之前呈增长趋势，在 2015 年之后呈下降趋势，2018 年北京耕地产出率是 2015 年的 86%；河北耕地产出率呈现较快增长态势，2018 年河北耕地产出率是 2012 年的 1.4 倍，目前处于中等水平；天津耕地产出率也呈现稳定增长态势，2018 年天津耕地产出率是 2012 年的 1.24 倍，但是由于天津起点最低，目前天津的耕地产出率仍然是三地中最低的。

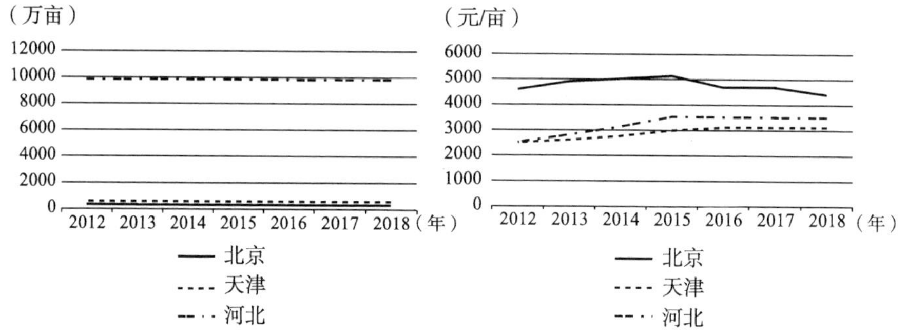

（a）耕地面积　　　　（b）耕地产出率

图 1-3　2012—2018 年京津冀地区耕地面积及产出率变化

数据来源：Wind 金融客户端。

4. 农村居民可支配收入水平

农村居民收入水平指农村居民人均可支配收入，是反映农村居民生活、收入水平的核心指标，也是反映农业现代化程度的主要指标。农民收入的提高和乡村的富裕是社会富裕的重要指标和经济可持续发展的保障。

总体来看，京津冀地区农村居民收入高于全国平均水平，且保持稳定较快增长。2018 年整个京津冀地区平均农村居民收入达到 20812 元，是全国平均水平的 1.4 倍。从农村居民收入绝对值上看，北京水平处于较高水平，其次是天津和河北，如图 1-4（a）、图 1-4（b）所示。

从变化趋势看，河北与京津农村居民收入差距不断拉大。2018 年北京和天津农村居民可支配收入达到 26490 元/人、23065 元/人，河北农村居民可支配收入仅为 12881 元/人，三地农村居民可支配收入均比 2013 年增长了 0.4~0.5倍。京津与河北农村居民收入水平的绝对差距在不断扩大。从 2013 年到 2018 年，北京与河北、天津与河北的差距分别从 7913.5 元/人、6164.9 元/人扩大到 13609 元/人、10184 元/人。

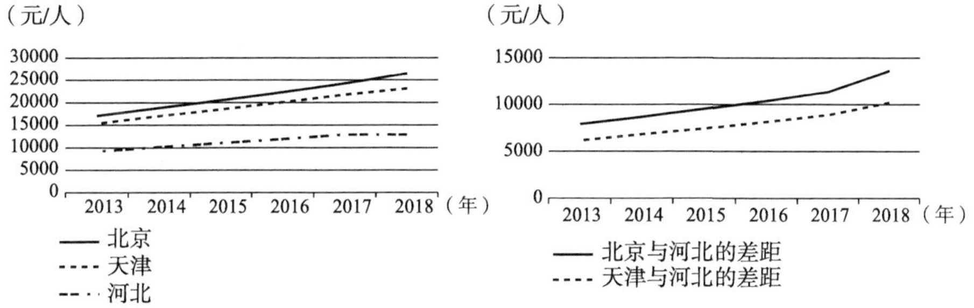

（a）农村居民人均可支配收入　　（b）京津与河北农村居民人均可支配收入差距

图 1-4　2013—2018 年京津冀地区农村居民收入变化

数据来源：Wind 金融客户端。

备注：2013 年统计口径有调整，故 2012 年数据未统计在内。

（二）农业协同发展的科技基础

1. 高校和科研机构

高校和科研机构是重要的创新源头。目前，北京市有国家级重点实验室、工程（技术）研究中心、企业技术中心等 286 家，占全国的 30%以上。累计认定市级重点实验室、工程技术研究中心等 632 家，企业研发机构 262 家。北京有 89 所高等院校，无论是人才培养、科研水平和成果数量，还是科技投入产出能力、技术辐射和扩散能力、科技产业化均居全国领先地位。北京市涉农高校、科研机构达到 44 家，涉农专业技术研究人员接近 2 万人。在创新驱动发展引领下，集聚了大量从事科研和技术开发的人才。资源的集聚给北京市带来优势的同时，也带来诸多社会性问题。农业科技创新成果难以转化，制约了北京市农业科技创新能力的提升。北京在保证农业经济稳定发展的前提下通过向津冀地区转移部分功能来分散这种压力，同时也将逐步推动实现京津冀共享经济的协同发展。

天津市也较有优势，有较强的科研开发和转化能力，科技创新能力位居全国前列。近几年，天津市农业科技贡献率一直位居全国前列，达到 60%以上，呈现出稳步上升的趋势。目前，天津市有高等院校 55 所，自然与技术开发机构 44 个，其中农林牧渔业科研机构占 15 个。2016 年，天津农业相关部门为了激发天津市农业科技创新快速发展的潜力，实施了六项“加快创新”。天津大力提升以天津农业科学院、农学院、水产研究所、农机研究所、水利设计院、奶牛发展中心等为代表的农业科研创新主体基础条件，农业科技创新基础实力明显增强。2017 年底，天津农学院与天津食品集团有限公司签署了全面战略合作框架协议，双方重点在创新科技合作模式，以及创新人才合作机制，推荐人员进行互聘、挂职，校企联合推动双创工作，发展战略协同研究与创新等方面进行了合作。天津市农业内部结构不断调整，导致农业比例失衡和区域结构不平衡，也使得农业科技创新投入无法实现整体均衡，这在一定程度上制约了农业科技投入的规模化效应。

河北省现有自然科技创新与推广机构 66 个，其中，以河北农业大学、河北省农科院为主的农林牧渔业研究与开发机构 38 个，人力资源技术储备及创新能力在全国处于中游水平。河北省虽然有 113 所高等院校，在总量上多于京津两市，但是河北省的人口是北京市的 3 倍多，是天津市的 5 倍多，从人均拥有量来看仍处于劣势，科研投入与产出较少。2016 年以来，河北省围绕创新驱动、稳定增收、提质增效的农业发展要求及“616 科技创新行动计划”的结合，以提高粮食生产能力、优化农业结构、转变农业发展方式为目标，积极推动京津冀农业协同发展，有力促进河北省农业经济的持续发展。但与此同时，河北省长期积累的深层次矛盾和问题依旧存在，经济下行压力较大，化解过剩产能难度增大，受压产能、治污染两项特殊任务的影响，传统产能拉动能力下降，新兴产业还没有形成有效支撑，产业层次不高，大气污染严重，与北京和天津地区的农业科技创新能力存在一定差异等。

京津冀公益性农技推广系统形成了“市农技推广总站—区农业行业服务中心—区农业站（所）—乡镇农业服务中心”的基本架构，体系设置基本完备；其中，北京市开展村级全科农技员队伍建设，解决了科技进村最后一公里问题。各地在加强政府农业技术推广机构建设的同时，社会化科技服务体系建设也卓有成效，基本建成以政府农业技术推广机构为主导，科研院所、农业院校、农民专业合作社、涉农企业以及其他科技服务组织广泛参与、分工协作的多元化农业科技推广服务体系。

2. 创新型涉农企业和园区

截至 2017 年底，北京有市级以上农业产业化龙头企业 169 家，其中国家级 39 家；发展农民专业合作社 7400 多家，其中国家示范社 120 家、市级示范社 192 家、联合社 39 家。北京强化农民合作社基础作用、龙头企业引领示范作用、行业协会和产业联盟平台作用，引导多元化主体参与农村产业发展。2016 年河北有产业化龙头企业 2529 家，比上一年增加了 347 家；有农产品生产（加工）基地724家，比上一年增加了25家。

截至2015年底，天津市产业化龙头企业发展壮大，通过采取贷款贴息补助、评级评优等措施，区级以上农业产业化龙头企业达到451家。农民合作社量质双增，累计发展各类农民合作社8876家，登记数量较2010年增加7100多家；规模和带动能力不断增强，社均资产总额达到340万元、社均带动农户50户，分别达到2010年的1.3倍和1.5倍；运行质量明显提升，创建国家级农民合作社56家、市级农民合作社示范社116家、市级农民合作社446家。

河北省的产业化龙头企业、农民专业合作社等农业新型经营主体，在三地拥有绝对优势，是重要的成果转化和推广基地。河北省组建了11个省级现代农业产业技术创新团队和5个农业科技创新联盟。拥有家庭农场1.45万家，农民合作社9.3万家，其中，国家级示范社170家，省级示范社683家，入社农户占总农户的比重达到51%，植保专业化服务组织整体达到5600个。

3. 农业科研优势比较

三地农业科技研发重点基于主导产业不同而有一定差异。北京市以“菜篮子”产品为重点，加快生产、栽培、加工等关键技术的研发，并为服务“种业之都”建设和发挥育种优势，加快了育种创新平台建设。北京市为全面提升“菜篮子”产品自给能力，加快了新品种选育、设施育苗、环境友好栽培、连作障碍修复、病虫害综合控制、水肥营养调控、设施生产全过程机械化作业等技术的研究与应用。还开展了“菜篮子”产品产后及加工前的保鲜综合控制技术、优势农产品精深加工技术等农产品加工技术研究，实现关键技术突破，提高农产品加工附加值。北京市还加强了北京农业育种创新平台建设，在小麦、玉米育种资源集聚的基础上，逐步开展蔬菜、瓜果、花卉育种研究，开展畜禽品种育种研究平台建设。

天津市农业科技创新能力较强，在“菜篮子”产品、牛奶、水产品等方面创新具有显著优势。其中，在黄瓜等蔬菜育种、西甜瓜育种、杂交粳稻和专用小麦育种、生猪奶牛育种、转基因农产品检测、优质种苗、优良牧草及饲料作物新品种、设施蔬菜安全高效生产以及农产品保鲜等方面，取得了一批全国领先的成果。

河北省以粮食和“菜篮子”产品的育种、栽培和生产关键技术研发为重点，这些高产、优质、高效生产技术研发成果在省内得到迅速推广，推动了传统农业向现代农业转型发展。目前，河北省农作物良种普及率达98%以上，林果良种覆盖率达70%以上，畜禽良种覆盖率达90%。

4. 搭建农业信息化服务平台

各地区加快了信息化服务软硬件建设，为京津冀区域内农业科技资源共享和成果推广奠定了良好的基础。北京成立了由农业相关科研机构、企业、合作社、联合社等共同参与的“首都农业农村信息化服务联盟”，汇聚涉农信息化服务企业，发挥集聚效应，推进农业农村信息化服务各业务领域新技术、新产品的成果转化，实现农业农村信息化服务相关产业快速发展。天津作为农业部物联网区域试验工程的3个试点之一，自主研发搭建的农业物联网平台，涵盖了市场价格、遥感、知识规则等领域数据库17个，集成各类农业应用系统182个，实现了25个基地传感数据的在线采集和16个基地视频接入，平台建设整体达国际先进水平。河北省完成了农业门户网站建设1个，省直农口部门网站12个，市级区域网站11个，县级网站139个。以河北农业信息网为龙头，延伸网络、扩大覆盖，构建了上联农业部、科技部，横联各省市和大型农产品批发市场，下联1479个乡镇6500个村10万余农业生产大户和农村经纪人的农业信息服务体系。

二、京津冀农业协同成熟度和综合效率评价

京津冀农业协同创新仍然面临需要在哪些方面实现协同，以及如何实现这些协同的问题。本研究基于Wind资讯中国宏观数据库京津冀三地的经济数据、统计数据、调研数据，借助灰色关联、主成分分析等方法，对三地农业协同发展水平及成熟度等进行比较分析。

（一）京津冀农业协同成熟度

本节利用京津冀农业经济总产值作为原始数据，采用灰色关联系数作为协同成熟度量化指标，分析2012—2017年京津冀三地农业与区域协同成熟度。

1. 灰色关联方法

灰色关联分析是灰色系统理论中的一种分析方法，它通过对发展变化的系统发展态势的相似程度进行量化比较分析，来衡量因素之间的关联程度。计算过程如下。

第一步，设定参考数列和比较数列，所求的灰色关联系数即为各比较数列与参考数列的关联程度。

$$X_0=[X_0(1),\ X_0(2),\ \cdots,\ X_0(K)] \quad (式\ 1-1)$$

设比较数列有 n 列，如式 1-2 所示。

$$\begin{aligned} X_1&=[X_1(1),\ X_1(2),\ \cdots,\ X_1(K)]\\ X_2&=[X_2(1),\ X_2(2),\ \cdots,\ X_2(K)]\\ &\cdots\\ X_n&=[X_n(1),\ X_n(2),\ \cdots,\ X_n(K)] \end{aligned} \quad (式\ 1-2)$$

第二步，因为一般情况下，原始数列都存在单位，为了消除单位差异带来的影响，从而需要对原始数列采取无量纲化处理。对原始数列进行无量纲化处理，得到处理后的数列 Y_i。

$$Y_0=\frac{X_0}{X_0(1)}=\frac{[X_0(1),\ X_0(2),\ \cdots,\ X_0(K)]}{X_0(1)}=[Y_i(1),\ Y_i(2),\ \cdots,\ Y_i(K)]$$

（式 1-3）

第三步，求出各初始化后的比较数列与初始化后的参考数列的绝对差数列。

$$\begin{aligned} \Delta_1&=|Y_0(j)-Y_1(j)|=[\Delta_1(1),\ \Delta_1(2),\ \cdots,\ \Delta_1(k)]\ (j=1,\ 2,\ \cdots,\ k)\\ \Delta_2&=|Y_0(j)-Y_2(j)|=[\Delta_2(1),\ \Delta_2(2),\ \cdots,\ \Delta_2(k)]\ (j=1,\ 2,\ \cdots,\ k)\\ &\cdots\\ \Delta_n&=|Y_0(j)-Y_n(j)|=[\Delta_n(1),\ \Delta_n(2),\ \cdots,\ \Delta_n(k)]\ (j=1,\ 2,\ \cdots,\ k) \end{aligned}$$

（式 1-4）

第四步，求出绝对差数列中的极大值 $\max_i\max_j\Delta_i(j)$ 和极小值 $\min_i\min_j\Delta_i(j)$。

第五步，求出关联系数列，其中分辨系数 ρ 取 0.5。

$$\varepsilon_i=\left[\frac{\min_i\min_j\Delta_i(j)\ +\rho\max_i\max_j\Delta_i(j)}{\Delta_i+\rho\max_i\max_j\Delta_i(j)}\right] \quad (式\ 1-5)$$

第六步，根据关联系数列采用平均值法求出各比较数列与参考数列的灰色关联度，如式 1-6 所示。

$$\gamma_i=\frac{1}{k}\sum_{j=1}^{k}\varepsilon_i(j)\ (j=1,\ 2,\ \cdots,\ k) \quad (式\ 1-6)$$

其中 γ_i 表示第 i 列比较数列与参考数列的灰色关联度。灰色关联度一般界定 0~0.5 为低关联度，这种情况下相异性较大；0.5~0.8 说明关联度较高；0.8~1 说明高度关联。

2. 指标选取和数据搜集

以京津冀地区人均农林牧渔产值为参考数列，三地各地区人均农林牧渔产值为比较数列（见表1-3）。

表1-3 京津冀区域以及各地区人均农林牧渔产值（元）

年份	区域人均农林牧渔产值	北京市	天津市	河北省
2011	35704	62556	47759	34008
2012	39331	70258	52731	37441
2013	43636	77516	59777	41530
2014	45162	81816	64975	42854
2015	45328	74570	70636	43081
2016	46214	66069	75945	44076

数据来源：《中国统计年鉴》（2018年），国家统计局。

3. 结果分析

（1）京津冀各地农业与区域经济协同成熟度高。京津冀各地的农业与区域经济之间灰色关联度均大于0.6，说明各地农业与地区经济发展具有良好的协同效应，协同成熟度较高。

（2）河北省与区域经济发展协同程度最高。京津冀三地中北京市与地区经济发展协同程度为0.77，天津市与地区经济发展协同程度为0.70，河北省与地区经济发展协同程度为0.99（见表1-4）。由此可见，河北省与京津冀地区经济发展协同程度最高，接近1，显示河北省农业经济发展与京津冀地区农业经济发展形成了良好的互动关系，有效地通过协同效应促进了京津冀地区农业经济整体发展。

表1-4 京津冀各地区与区域经济发展协同关联系数（2012—2016年）

年份	北京市	天津市	河北省
2011	1	1	1
2012	0.878528	0.989853	1
2013	0.902827	0.839113	1
2014	0.779633	0.610981	0.975139
2015	0.660064	0.416079	0.988281
2016	0.385071	0.335043	0.995408
灰色关联度	0.767687	0.698512	0.993138

（3）北京市与河北省之间农业协同程度最高。从区域间协同程度来看，北京市与河北省的协同程度最高，为 0.88，高度关联。天津市不但与京津冀地区农业经济发展协同程度最低，而且与河北省的农业经济发展协同程度也最低，分别为 0.70 和 0.71（见表 1-5）。在京津冀一体化协同发展中，天津将面临短期阵痛，需要在协同发展过程中探索出路。与河北相比，河北土地资源、劳动力更便宜，两地农业产业同质性、相似度日益提高；与北京相比，北京资金雄厚，其农业的高投入、高补贴、高保护、系统性，生产高档农产品、观光休闲，沟域开发、美丽村庄建设、现代农业园区等的资金投入天津只能望其项背。

表 1-5 京津冀三地两两间农业经济发展协同关联度（2012—2016 年）

	北京市	天津市	河北省
北京市	1	0.79	0.88
天津市	—	1	0.71
河北省	—	—	1

（二）京津冀农业协同发展指标综合分析

1. 指标选取

从前文的分析可以看出，京津冀在农业功能定位、农业生产能力、农业生产空间等方面具有协同的基础，同时也面临农业贡献度下降等共同的问题，为了进一步明确三地农业协同发展的契合点，研究进一步对京津冀农业协同发展指标进行深入分析。在研究京津冀农业协同发展指标构建过程中，可以根据农业发展程度的不同维度选取诸多相关指标，从不同侧面反映京津冀农业协同发展的特征。为综合、全面并具有代表性地反映出京津冀整体的农业发展情况和发展水平，本书遵循完整性、科学性、代表性和可行性的指标选择原则，以城市经济学、区域经济学、产业经济学、农业经济学等理论为支撑，考虑对京津冀农业发展影响较大的因素，选取农药使用强度、化肥使用强度、农业产业化程度、技术推广年末人员数、每百户家用计算机拥有量、农林水支出占比、农林牧副渔业贷款余额、农业保险深度、农垦固定资产投资额和畜禽规模化程度等 10 项指标，作为京津冀协同发展水平的评价指标（见表 1-6）。

表 1-6　指标名称和计算方法

指标名	指标名称	正/负	计算方法	单位
pesticide	农药使用强度	负指标	农药使用总量/农作物播种面积	百克/亩
fertilizer	化肥使用强度	负指标	化肥施用总量/农作物播种面积	百克/亩
industry	农业产业化程度	正指标	农副食品加工业总产值/农业总产值	万元/亿元
extension	技术推广年末人员数	正指标	技术推广机构年末人员数	人
computer	每百户家用计算机拥有量	正指标	每百户家用计算机拥有量	台
expend	农林水支出占比	正指标	农林水事务支出/农林牧渔业增加值	万元/亿元
loan	农林牧副渔业贷款余额	正指标	农林牧渔业贷款余额/农林牧渔业增加值	亿元/亿元
insure	农业保险深度	正指标	农业保费收入/农林牧渔业增加值	百万元/亿元
invest	农垦固定资产投资额	正指标	农林牧渔业固定资产投资额/农林牧渔业增加值	万元/亿元
livestock	畜禽规模化程度	正指标	畜禽规模化程度是指生猪养殖3000头以上、肉牛养殖100头以上、羊饲养500只以上、肉鸡养殖50000只以上、蛋鸡养殖10000只以上的农户数量的总和	户

数据来源：Wind 金融客户端。

备注：分析使用的数据缺失值通过其他年份的平均值补齐。

2. 主成分分析

由于客观经济现象间总是存在着千丝万缕的内在联系，会使这些选取的指标或多或少存在一定的相关性。针对这一问题，霍特林提出了主成分分析法，这一方法是多指标综合评价中最著名的技术方法之一，其设计原理是在保留大部分原始信息的前提下，用投影寻踪的思想将多个存在相关性的指标重新排列组合成便于研究的少数几个线性无关的综合指标，以使复杂问题简单化并抓住问题的关键。在对某一问题进行实证研究中，需要考虑多个指标，而这些指标与原始指标存在一定的相关性，从而必然存在其支配作用的共同因素，由此通过对原始指标相关矩阵或协方差矩阵内部结构关系的研究，利用原始指标的线性组合形成几个综合指标，在保留原始指标主要信息的前提下起到降维与简化的作用。一般来说，利用主成分分析得到的主成分与原始指标之间有以下基本关系：（1）每一个主成分都是原始指标的线性组合；（2）主成分的数目远小于原始指标的线性组合；（3）主成分保留了原始指标绝大多数信息；（4）各个主成分之间互不相关。

主成分分析会找出最大限度地解释观测指标之间方差的线性组合，即第一主成分；它还会找出最大限度地解释剩下方差的另一正交的线性组合，即第二主成分；以此类推，直至所有的方差都被解释。从 k 个指标最多可以提取 k 个主成分，它们解释了全部的方差。主成分分析属于数据简化技术，因为不到 k 个主成分往往就会解释大部分观测值的方差。如果进一步的工作集中于那些主成分，那么分析便可以得到简化。此外，利用 Stata 14 软件进行主成分分析，可以获得京津冀三地各主成分的历年得分和三地综合得分，这就为下一步进行趋势分析和比较分析提供了可能。

相关系数矩阵的特征值和方差贡献率、累计方差贡献率见表 1-7。根据京津冀三地的数据，按照特征值大于 1 的原则，选取 3 个主成分，3 个主成分的累计贡献率为 88.28%，大于 85%，其可以代表具有相关关系的 10 个指标的大部分信息，并有效反映京津冀农业发展的综合评价信息。进一步从表1-8 的因子载荷矩阵情况来看，第一主成分 Comp1 在农业产业化程度和农业保险深度上载荷均较大，可以定义为农业产业化因子，主要反映农业产业化的水平。第二主成分 Comp2 在每百户家用计算机拥有量上载荷最大，这个指标反映了当地的农业信息服务水平，第二主成分可以定义为信息支撑性因子，用以反映农业发展的信息支撑保障水平。第三主成分 Comp3 在农林水支出占比和农垦固定资产投资额上的载荷最大，这个指标反映了当地的农业方面的资金支出水平，第三主成分可以定义为资金支撑性因子，用以反映农业发展的资金支撑保障水平。

表 1-7　相关系数的特征值、方差贡献率和累计方差贡献率

主成分名称	特征值	方差贡献率	累计方差贡献率
Comp1	5. 06656	0. 5067	0. 5067
Comp2	2. 36884	0. 2369	0. 7435
Comp3	1. 39306	0. 1393	0. 8828

表 1-8　因子载荷矩阵

指标	Comp1	Comp2	Comp3
农药使用强度（X1）	−0. 3408	0. 1344	0. 0767
化肥使用强度（X2）	−0. 4161	0. 1417	0. 0460
农业产业化程度（X3）	0. 4096	0. 1715	0. 1726
技术推广年末人员数（X4）	−0. 4060	0. 1709	−0. 1828
每百户家用计算机拥有量（X5）	0. 2256	0. 6882	0. 2554

续表

指标	Comp1	Comp2	Comp3
农林水支出占比（X6）	-0.1697	-0.2146	0.6849
农林牧副渔业贷款余额（X7）	0.2388	0.2925	0.2563
农业保险深度（X8）	0.4107	-0.2428	0.0207
农垦固定资产投资额（X9）	-0.0832	-0.4220	0.5068
畜禽规模化程度（X10）	0.2564	-0.3731	-0.2673

利用主成分得分系数矩阵可得 3 个主成分的数学表达式（公式 1、公式 2 和公式 3），结合标准化数据分别计算 2012—2018 年间京津冀三地 3 个主成分的得分（见表 1-9）。

$$Comp1=-0.3408\times X1-0.4161\times X2+0.4096\times X3-0.4060\times X4+0.2256\times X5-0.1697\times X6+0.2388\times X7+0.4107\times X8-0.0832\times X9+0.2564\times X10 \quad (公式 1)$$

$$Comp2=0.1344\times X1+0.1417\times X2+0.1715\times X3+0.1709\times X4+0.6882\times X5-0.2146\times X6+0.2925\times X7-0.2428\times X8-0.4220\times X9-0.3731\times X10 \quad (公式 2)$$

$$Comp3=0.0767\times X1+0.0460\times X2+0.1726\times X3-0.1828\times X4+0.2554\times X5+0.6849\times X6+0.2563\times X7+0.0207\times X8+0.5068\times X9-0.2673\times X10 \quad (公式 3)$$

表 1-9　2012—2018 年京津冀三地各主成分得分

年份	Comp1_ bj	Comp2_ bj	Comp3_ bj	Comp1_ tj	Comp2_ tj	Comp3_ tj	Comp1_ hb	Comp2_ hb	Comp3_ hb
2012	-3.5229	-1.5332	-1.1865	-3.8863	-1.3557	-0.8126	-4.2425	-1.8977	0.2258
2013	-1.9799	0.5652	-0.2799	-1.9489	1.1124	-0.0382	-1.7425	3.2444	0.7090
2014	-0.7306	2.8406	-0.0886	0.3114	2.6737	0.4202	0.2284	0.6343	-2.2793
2015	-0.5716	-0.5655	1.7911	-0.0324	-0.3317	1.9160	0.2397	-0.7048	-0.1578
2016	0.9686	-0.6504	1.4225	1.0247	-0.3118	-0.4590	1.8412	-0.7532	0.3414
2017	2.5160	-0.3480	-0.4404	2.4683	0.1517	-1.7604	1.7656	-0.0829	0.6462
2018	3.3205	-0.3086	-1.2181	2.0631	-1.9385	0.7340	1.9098	-0.4400	0.5145

注："bj""tj""hb"分别表示北京、天津和河北。

由于单独一个主成分不能全面地评价三地的农业发展水平，因此以各主成分的方差贡献率为权重计算京津冀农业发展指标的综合得分。利用各个主成分指标载荷所占大小以及之前的初始化数据，最后以每个主成分的方差贡献率为权重对各个主成分进行加权求和，可以得出 2012—2018 年京津冀三地农业发展指标的综合得分（见表 1-10）。如果综合得分为正，表明该主成分在指标平均值之上，且得分越高，说明农业发展情况越好；反之，综合得分为负，表明该主成分在指标平均值水平之下，得分越低，说明农业发展水平越低。

$$Comp = 0.5067 \times Comp1 + 0.2369 \times Comp2 + 0.1393 \times Comp3 \quad （公式 4）$$

表 1-10　2012—2018 年京津冀三地各主成分综合得分

年份	北京综合得分	天津综合得分	河北综合得分
2012	−2. 54871	−2. 67661	−2. 84744
2013	−1. 09991	−0. 941	−0. 29852
2014	0. 109396	0. 764448	−0. 06051
2015	−0. 19745	0. 184535	−0. 01775
2016	0. 645307	0. 480938	0. 989854
2017	1. 358448	1. 242759	1. 118566
2018	1. 732918	0. 94493	1. 115797

3. 结果分析

第一，京津冀三地的主成分综合得分反映了农业产业化水平、农业信息服务水平、农业资金支撑水平的综合得分情况，从分析结果来看，京津冀三地的农业协同水平呈逐年提升态势。如图 1-5 所示，从时间尺度来看，北京农业整体发展水平除 2015 年外，整体呈逐年提升态势，尤其是自 2016 年开始提升态势明显，2016—2018 年三年的主成分综合得分年均增长 0. 6 左右；天津农业整体发展水平同北京类似，在 2015 年有所下降后，2016—2017 年两年显著增加，但在 2018 年又有所回落；河北 2012—2017 年整体呈提升态势，2018 年相比 2017 年有所回落。从三地横向比较来看，2012—2017 年六年间，除 2013 年天津显著高于京冀两地外，其余五年农业整体发展水平趋于一致；但 2018 年北京农业整体发展水平提升明显，而天津和河北有所回落，因此 2018 年起北京的发展水平显著高于津冀两地。

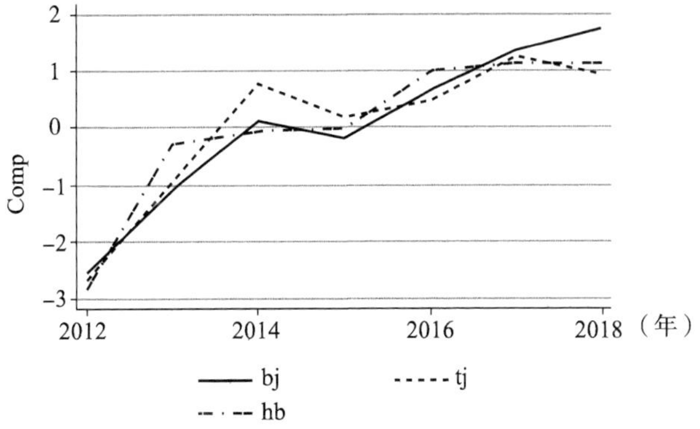

图 1-5　2012—2018 年京津冀三地农业整体发展水平趋势

注：“bj”“tj”“hb”分别表示北京、天津和河北。

第二，同农业整体发展水平类似，以农业产业化程度和农业保险深度定义的农业产业化水平也呈逐年提升态势。如图 1-6 所示，从时间尺度来看，三地的农业产业化水平均呈逐年提升态势，且提升幅度显著高于同时期农业整体发展水平的提升幅度。从地区间的差异性来看，2012—2013 年三地农业产业化水平基本一致，普遍相对落后；2014—2015 年河北、天津农业产业化水平提升幅度远高于北京，因此两地的农业产业化水平也大幅领先于北京；2016—2018 年北京农业产业化水平开始出现显著提升，而河北、天津两地提升开始变缓，2017 年北京农业产业化水平开始超越两地，2018 年北京产业化水平主成分得分分别是天津和河北的 1.6 倍和 1.7 倍，农业产业化水平显著高于津冀两地。

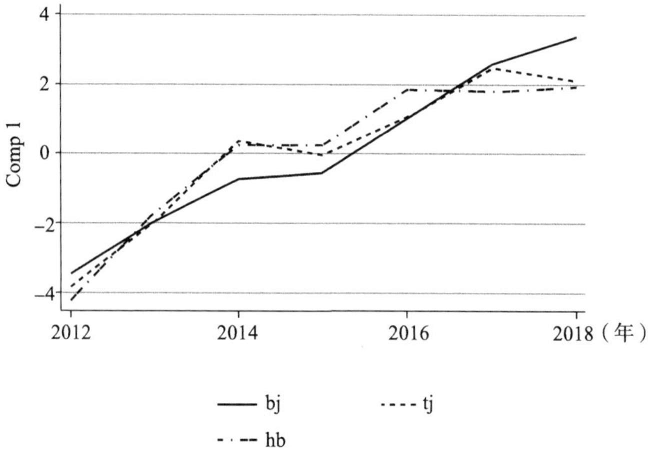

图 1-6　2012—2018 年京津冀三地农业产业化水平发展趋势

注："bj""tj""hb" 分别表示北京、天津和河北。

第三，以每百户家用计算机拥有量表征的农业信息化水平则同农业整体发展水平和产业化水平相反，整体呈倒 U 形，目前北京农业信息化水平略高。如图 1-7 所示，从时间尺度来看，三地的农业信息化水平均是 2012—2014 年间为提升阶段，2013 年或 2014 年达到最高值；2015 年三地的农业信息化水平均开始出现显著下降，之后呈逐年下降态势。从三地横向比较来看，除 2018 年，天津农业信息化水平下降幅度较大，整体水平明显低于京冀两地外，其余年份三地发展水平基本一致。

图 1-7　2012—2018 年京津冀三地农业科技信息化水平发展趋势

注："bj""tj""hb"分别表示北京、天津和河北。

第四，以农林水支出占比和农垦固定资产投资额定义的农业资金支撑水平发展各不相同，年际间变化和区域间差异明显。如图 1-8 所示，北京农业资金支撑水平 2012—2015 年间增长态势显著，2015 年达到最高值后，2016—2018 年呈逐年下降态势；天津农业资金支撑水平 2012—2017 年间与北京类似，2012—2015 年呈增长态势，2015—2017 年呈下降态势，但与北京不同的是天津农业资金支撑水平在 2018 年出现强势反弹，相比于 2017 年主成分得分提升了接近 2.5 倍；河北农业资金支撑水平年际间波动较为明显，2014 年达到最低值后，2015—2018 年间呈逐年递增趋势。

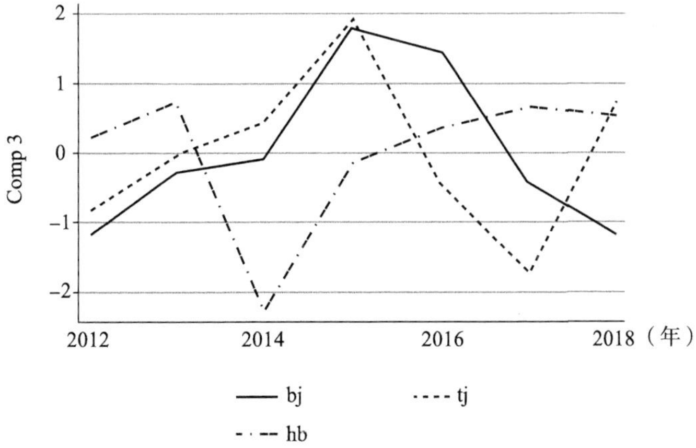

图 1-8　2012—2018 年京津冀三地农业资金支撑水平发展趋势

注："bj""tj""hb"分别表示北京、天津和河北。

（三）京津冀农业协同综合效率评价

1. 模型分析

数据包络分析（Data Envelopment Analysis，DEA），是集合数学、运筹学、数理经济学运用规划理论评价一定投入和产出基础上决策单元（Decision Making Units，DMU）有效性的方法。本研究运用DEA方法从投入产出角度入手，对京津冀农业协同发展与合作的综合效率展开测度与分析。决策单元是指将一定量的“投入”转化为一定量“产出”的主体，在此处京津冀三地北京、天津、河北分别构成3个决策单元。

假设有 n 个决策单元 DMU_j，$j=1, 2, 3, \cdots, n$，DEA方法的 C^2R 模型为：

$$\max h_j = \frac{\sum_{r-1}^{m} u_r y_{rj}}{\sum_{i-1}^{s} v_i x_{ij}} s.t. \quad \text{（式 1-7）}$$

其中，h_j 为决策单元 j 的效率，x_{ij} 为决策单元 j 的第 i 种资源的投入量，y_{rj} 为决策单元 j 的第 r 种资源的产出量，v_i 为第 i 种投入资源的权重，u_r 为第 r 种输出资源的权重，v 和 u 为表示权重的向量。因为此模型的不易操作性，本研究采用经Charnes-Cooper修正后方法的模型：

$$\min\theta s.t. \begin{cases} \sum_{\substack{j=1 \\ j\neq k}}^{n} \lambda_{ij} x_j \leqslant \theta x_k \\ \sum_{\substack{j=1 \\ j\neq l}}^{n} \lambda_{rj} y_j \geqslant y_l \\ \sum_{j=1}^{n} \lambda_j = 1 \end{cases} \quad \text{（式 1-8）}$$

假设有 n 个决策单元，每个决策单元有 k 种生产投入 $x_{kj}=(x_{1j}, x_{2j}, \cdots, x_{kj})$，得到 L 种产出，$y_{lj}=(y_{1j}, y_{2j}, \cdots, y_{lj})$，将投产出代入模型，得到每个 DMU 的效率评价。

crste为综合效率，即反映在CRS（规模报酬不变）条件下的效率结果，在VRS假设下，综合效率可以分解为vrste（纯技术效率）和scale（规模效率）两个部分，三者之间的关系是：crste＝vrste×scale。

Malmquist指数最早用来分析不同时期的消费率的变化率，是瑞典经济学家Sten Malmquist于1953年提出的，后来学者们又将其拓展运用于研究在生产边界随时间演进而产生的效率变动，如Fare等人建立了分析全要素生产率增长情况的 Malmquist 指数（tfpch）。tfpch（全要素生产率变动）可以分解为 techch（技术变动）和 effch（技术效率变动），三者关系为：tfpch = techch × effch。运用 DEAP 软件进行分析时，effch 又可分解为 pech（纯技术效率变动）和 sech（规模效率变动），关系为：effch = pech × sech。当 tfpch>1 时，代表生产率提升，反之则为生产率退步；techch>1 时，表示技术进步，反之为技术退步；effch>1，表示技术效率上升，反之则为下降；pech>1，表示纯技术效率上升，反之则为下降；sech>1，表示规模效率提高，反之则为降低。

2. 指标选取

本研究从农业投入和产出两个层面考察京津冀农业协同综合效率，其中，技术要素、土地要素、人力资本和资金要素投入，分别选取农业机械总动力、农作物播种面积、农林牧渔业从业人口、农林水事务财政支出四个指标。考虑到技术推广和创新的最终目标是促进农民增产增收，产出指标选取了农林牧渔业总产值和农村居民家庭人均纯收入（见表 1-11）。数据来源于 2007—2016 年的《中国统计年鉴》《北京统计年鉴》《天津统计年鉴》《河北经济年鉴》以及国家统计网（见表 1-12）。

表 1-11　指标选择

指标类型	考察重点	具体指标	单位
投入指标	技术要素投入	农业机械总动力	万千瓦
	土地要素投入	农作物播种面积	千公顷
	人力资本投入	农林牧渔业从业人口	万人
	资金要素投入	农林水事务财政支出	亿元
产出指标	农业总产出	农林牧渔业总产值	亿元
	农民收入增加	农村居民家庭人均纯收入	元

表 1-12　京津冀区域投入产出变量的特征描述（2007—2016 年）

变量	均值	标准差	最大值	最小值
农业机械总动力（万千瓦）	3594. 15	4558. 39	11102. 81	144. 40
农作物播种面积（千公顷）	3149. 56	3942. 90	8781. 79	151. 36
农林牧渔业从业人口（万人）	521. 03	646. 25	1481. 52	49. 60
农林水事务财政支出（亿元）	255. 58	198. 12	800. 79	26. 8
农林牧渔业总产值（亿元）	1843. 69	2224. 95	6083. 86	235. 40
农村居民家庭人均纯收入（元）	12442. 88	4927. 95	4927. 95	4293. 43

3. 结果分析

第一，三地农业呈现基本协同发展态势。从农业全要素生产率（TFP）看，京津冀地区以总投入的98.7%农业协同发展效率产出，农业呈现基本协同发展（见表1-13）。其中，北京农业综合效率最高，河北最低。纯技术效率方面，三地相差不大，拉低河北农业综合效率的是规模效率，北京、天津具有都市农业集约化经营的特点，虽然农业占比较小，但在现有技术水平和生产要素投入下，适度规模经营产生的规模效率要优于河北。

表1-13　京津冀三地2007—2016年间农业协同发展综合效率值

地区	综合效率	纯技术效率	规模效率
北京	0.997	0.999	0.998
天津	0.986	0.994	0.992
河北	0.979	0.999	0.980
平均值	0.987	0.997	0.990

数据来源：DEAP-2.1输出结果。

第二，京津冀地区农业TFP增长属于技术进步性的增长，改进农业技术效率是TFP的潜在动力。总体上看，2007—2016年十年间，除2010—2011年、2013—2014年两个时间段国内农业经济都不同程度受国内外复杂经济形势、自然灾害等多重因素的影响导致的Malmquist指数异常外，京津冀地区农业全要素生产率有8个时间段表现为上升（tfpch值大于1），且各时间段的技术进步指数均大于技术效率指数，表明京津冀农业生产全要素效率的增长显著地依赖于农业科技进步，而非已有技术效率的提高（见表1-14）。

2007—2016年9个时间段，京津冀农业TFP增长表现出显著的波动特征且上涨趋势不明显，除2010—2011年、2013—2014年两个异常时间段，2012—2013年京津冀农业技术效率也呈现下降趋势，降低2%。表明京津冀农业技术的发挥程度不高，也从侧面反映了若能进一步发挥农业技术推广及应用，农业技术效率的提升潜力将会比较大。

表1-14　京津冀地区TFP变动情况表（2007—2016年）

year	effch	techch	pech	sech	tfpch
2007—2008	1.000	1.053	1.000	1.000	1.053
2008—2009	1.000	1.109	1.000	1.000	1.109
2009—2010	1.000	1.595	1.000	1.000	1.595

续表

year	effch	techch	pech	sech	tfpch
2010—2011	0.986	0.622	1.000	0.986	0.613
2011—2012	1.014	1.05	1.000	1.014	1.065
2012—2013	0.994	1.501	1.000	0.994	1.492
2013—2014	0.980	0.253	1.000	0.980	0.248
2014—2015	1.023	1.056	1.000	1.023	1.081
2015—2016	1.000	1.067	1.000	1.000	1.067

第三，北京农业 TFP 水平明显优于天津、河北地区，农业技术进步差距是造成地区间 TFP 差异的主要原因。通过京津冀地区农业全要素生产率的区域差异可以发现，2007—2016 年间，京津冀三地区农业全要素生产率差异显著，北京农业 TFP 水平明显优于天津、河北地区，且与河北相比，天津农业的优势也非常明显（见表 1-15）。农业技术进步差距是造成京津冀地区间农业全要素生产率差异的主要原因。三地技术效率基本趋于一致，每个时间段的变化不大，有较大的提升空间。农业全要素生产率的变化主要源于农业技术进步，其中，北京的技术进步水平明显领先于其他两个地区，充分发挥了首都雄厚的资金、科技、人才优势。

以上分析表明，农业技术进步差距是造成京津冀地区间农业 TFP 差异的主要原因。因此，促进京津冀农业 TFP 增长应在进一步重视农业技术创新、保持前沿农业技术进步，打造京津冀协同创新共同体的同时，更要重视对现有农业技术的推广和扩散，提高京津冀地区整体技术效率。

表 1-15　京津冀三地各自 TFP 变动情况（2007—2016 年）

时间	北京			天津			河北		
	tfpch	effch	techch	tfpch	effch	techch	tfpch	effch	techch
2007—2008	1.205	1.000	1.205	1.038	1.000	1.038	0.934	1.000	0.934
2008—2009	1.273	1.000	1.273	1.138	1.000	1.138	0.943	1.000	0.943
2009—2010	2.059	1.000	2.059	2.085	1.000	2.085	0.945	1.000	0.945
2010—2011	0.868	1.000	0.868	0.743	1.000	0.743	0.357	0.959	0.373
2011—2012	1.212	1.000	1.212	1.017	1.000	1.017	0.98	1.043	0.939
2012—2013	2.87	1.000	2.87	1.156	1.000	1.156	1.002	0.983	1.019
2013—2014	1.025	1.000	1.025	0.116	0.925	0.125	0.129	1.017	0.126
2014—2015	1.249	1.000	1.249	1.205	1.072	1.124	0.839	1.000	0.839
2015—2016	1.299	1.000	1.299	1.015	1.001	1.014	0.921	1.000	0.921

三、结论与政策建议

目前，北京的农业产业化水平高于天津和河北，而且从时间尺度来看，津冀也具有一定的发展基础和优势，所以三地农业需要分工协作，充分发挥北京现有的带动作用，继续稳步提升农业产业化水平，实现三地农业产业化协同发展。

1. 充分发挥京津创新带动作用

京津冀地缘相邻，资源禀赋不同，三地农业分工协作，能实现优势互补，推进京津冀农业协同发展，有利于形成特色鲜明、优势互补、市场一体、城乡协同的区域发展新格局。具体来说，依托现有现代农业园区和农业生产优势区域，建设优质农业生产基地，以组织化的形式实现京津冀农业生产经营一体化，消除京津冀农业生产规模小、分散经营的弊端，引导北京农业龙头企业出京入津冀。完善京津冀农产品流通体系、市场信息体系、农产品质量检测和市场准入体系，实现市场对接，努力构建统一市场，开辟京津冀农产品绿色通道，构建环京津一小时鲜活农产品物流圈，利用“互联网+农业”等新型业态，采取订单农业、农超对接等经营形式，实现产销对接。

2. 推进京津冀农业科技协同

京津两地要加强对河北农业发展的科技支持，帮助河北尽快提高农业科技创新能力与水平。建立科技产业对接平台及成果转化引导基金，争取将某些先进的农业科技与成果优先在河北应用与转化，推动先进农业科技在河北落地，促进京津冀农业经济差异化、互补式和创新驱动发展，切实推进京津冀农业协同发展。加快建设京津冀农业科技资源共享平台及协同创新数据网络，打破区域“壁垒”，盘活区域科技资源，实现农业科技创新要素在京津冀三地“自由流动”，让创新真正地“活”起来，服务三地农业科技进步。

3. 发挥好产业技术联盟智库作用

促进三地企业、高校、科研院所跨区域合作，形成紧密联系、资源共享、群策群力、利益融合的产业技术联盟，依托联盟优势，对症下药，提高京津冀地区整体技术效率。着眼于京津冀协调发展战略的战略决策和部署，充分发挥农业产业技术联盟的“智库”功能，为党中央和政府提供一些科学的、有价值的决策咨询与建议，促进京津冀农业科技协同创新。聚焦推进农业转型升级、建设高效绿色循环发展的生态农业方面，推出一批、转化一批具有引领性、系统性与整体性的农业科技成果。

4. 加大支农资金统筹力度

引导京津加大对河北农业发展的补贴和支持，重点抓好京津“菜篮子”、生态功能区、农业资源环境保护等供给保障，在财政资源有限的情况下，要加强资金统筹整合，提高使用效益，通过效率的提高来对冲增幅的下降。把财政资源集中在农业现代化的关键环节和重点领域，重点支持农业基础设施建设、结构调整、可持续发展和粮食主产区农民增收，加大对粮食等主要农产品、新型经营主体、重点产区的补贴力度，改进资金配置方式，特别是要打破条块化资金安排模式，坚决杜绝“分小钱”、撒“胡椒面”的做法。完善农产品价格形成和调控机制，借鉴目标价格试点经验，提高补贴水平，降低经营成本，探索防范价格风险、保障农民收入的新途径。

第二章 京津冀农业科技协同服务机制研究

推进京津冀协同发展是党中央、国务院做出的重大战略部署。在推进区域发展体制机制创新，面向未来打造新的首都经济圈大格局中，深化农业科技合作和协同服务，优化农业科研创新体系，对于实现京津冀地区经济内生增长，确保国家创新驱动发展战略顺利实施具有重要意义。本章在调研基础上，分析了京津冀区域科技合作模式、机制创新、制度保障等方面经验，为深入推进区域农业科技深入合作提供借鉴。

一、京津冀农业科技协同服务现状

近年来，在京津冀一体化趋势下，三地不断加强农业区域合作，北京充分发挥首都农产品市场优势、农业科技优势、农业企业优势，市农委、市农业局等单位先后与河北省农业厅、张家口、秦皇岛、曹妃甸等签署了农业区域合作框架协议，重点加强蔬菜产销合作、环京农产品生产基地建设、农业信息交流与经济技术合作、农产品质量安全监管等方面的务实交流和合作，初步形成了政府引导、企业主体、市场运作、多方参与的农业区域合作格局。区域间农业科技协同服务初见成效，具体的协同服务形式包括：联合攻关、科技培训、技术指导、示范基地技术推广、展会合作、科技咨询服务等。

（一）实施战略合作，强化区域联动

科技战略合作是协同服务的主要路径之一，是指合作双方互相利用对方的人才、智力和技术优势，并与政府联合，搭建科技服务平台，开展项目协作，就解决区域农业问题达成意向性战略合作。在京津冀一体化战略引导下，京津冀三地在农业科技协作方面达成一系列战略合作协议。

1. 签署框架协议推动政策联动

区域协同服务要求各方携手解决本区域面临的共性问题，京津冀区域内农业专业机构加强联合，为实现区域农业科技协同服务创造条件。2014 年 6 月，在京津冀供销社协同发展座谈会上，三地签署《京津冀供销社协同发展战略合作协议》，计划在太行山、燕山浅山区共同推进供销社主导的现代农业生态示范园区建设。京津冀三地以种业、休闲农业等为突破口，加强区域农业合作。2015 年 9 月，由天津市牵头，京津冀三地共同研究制定《京津冀休闲农业协同发展产业规划》，并将推出“京津冀休闲农业与乡村旅游”精品线路，三地将实现市场、信息、资源、线路共享，打造京津冀休闲农业旅游圈，开创京津冀休闲农业一体化发展新格局。2014 年 10 月，北京农商银行、天津农商银行与河北省农村信用社共同签署《京津冀金融服务一体化战略合作协议》，以此提升金融服务实体经济的深度、广度和持续性，构建覆盖三地的全面、立体化的农村金融服务网络。2019 年 4 月，北京市、天津市、河北省科协联合签署了《京津冀科协全面战略合作框架协议》，提出将在合作开展重点决策咨询项目、共同举办高水平学术交流活动、全面开展全域科普工作、建立市（省）会合作工作交流机制、推动京津冀学术交流共同体建设、探索建立服务创新驱动发展载体联盟、建设京津冀科普资源互动联盟、建设区域特色智库联盟、推进科协组织建设协同、开展科协信息化建设协同等方面加强合作，推进中国科协与京津冀科协向更高水平、更深层次、更宽领域一体化协同发展。

2. 加强专业化合作迎接共性挑战

水资源短缺是京津冀面临的共同挑战，农业作为用水大户，在节约用水方面的作用至关重要。早在 2004 年以前，北京就与承德进行了京津风沙源治理、“三北”防护林建设等方面的合作，共同落实《21 世纪初期首都水资源可持续利用规划》，联合推进首都水资源的保护以及水环境治理。自此之后，京津冀三地连续多年围绕节水用水安全、生态修复一体化等问题开展技术研讨。如，2018 年论坛主题是“水资源安全保障和京津冀协同发展治水一体化”，2019 年论坛主题是“京津冀水资源健康与示范”，为保障京津冀地区水资源安全共同商讨对策。为推进三地休闲农业协同发展，2017 年 5 月在天津滨海生态农业科技园区举办“京津冀休闲农业一体化发展高端论坛”。来自三地休闲农业企业的负责人，围绕规划建设、开放合作、政策保障等方面，共谋休闲农业发展对策。

（二）搭建服务平台，促进资源共享

1. 运用“互联网+”整合区域科技服务资源

搭建科技信息共享服务平台，能够促进农业科技供需双方的畅通交流，实现农业科技创新与推广应用的相互促进和有效对接，是提高京津冀农业科技协同服务能力的重要环节。随着“互联网+”时代的到来，京津冀打造多个信息共享平台，推动农业科技信息传播推广。2009年北京市科委联合中国科学院、北京科技大学、北京农林科学院等多家高校院所，共建首都科技条件平台研发实验服务基地，促进共享首都科技资源。目前平台已聚集了科技管理与技术专家379位，聚集了省部级以上资质的重点实验室、工程中心与检测机构28家，汇集了近百种的科技成果和700余项知识产权，为京津冀多家院所和企业提供科技服务。2015年北京农信通集团正式启动电商推广及综合服务平台“聚农宝”。平台融合物联网实景体验、质量安全追溯、O2O电商、农业众筹、线下活动、特色旅游等手段，以信息服务、农业众筹服务、农产品电子商务为主要业务支撑，打造中国“互联网+休闲农业”的第一品牌。

2. 项目联合攻关促进科技资源良性外溢

联合攻关是共同在技术研究、开发、应用、技术市场化等方面进行实质性协作与联合的一体化合作服务，京津冀三地通过项目合作、共建研究中心等方式，在共性问题关键技术方面加强联合攻关，促进了科技资源良性外溢。

在相关政策的引导带动下，京津冀陆续开展了一大批农业科技联合攻关项目，通过实施科技推广项目的形式促进农业科技新品种、新技术的推广应用及协同创新。自2006年开始，廊坊市先后引进清华科技园、中国科学院（廊坊）产学研基地和中科廊坊科技谷等大型科研产业化项目，通过北京“科技因子”的注入，进一步加快了产业结构优化升级；2010年以来，北京市农林科学院与天津、河北开展如“京津冀种植业高效用水可持续发展关键技术研究与示范”“京津冀蔬菜全产业链质量安全保障与科技示范工程”等技术联合攻关18项，共建科技示范基地40个，面积26万余亩。2014年8月，京津之间签署多项协议，充分挖掘北京全国科技创新中心、天津现代制造中心的优势，发挥首都科技条件平台的作用，以北京中关村、天津滨海新区等园区为重点，鼓励开放重点实验室、工程技术研究中心、企业中试基地、科技孵化机构等资源，在30个重点领域深化合作，共同推动双方创新链深度融合，

协同推进科技创新一体化发展。

3. 举办展会加强合作交流

展会具有展示、交易、交流、推广和示范带动的功能，是近年来兴起的科技推广服务新载体。在产品展示、品种推介方面，2014 年召开京津冀玉米良种京农科 728 推广交流会，致力于实现京津冀玉米良种京农科 728 在三地的共同推广，以促进京津冀种业协同发展。2015 年 8 月，由北京农信通集团、北京顺丰电子商务有限公司联合举办"北京农科城优质农产品电商对接会"，来自北京市科委及相关政府单位，以及京津冀地区的 65 家农产品生产企业参加展会，深入沟通农产品电商共建思路，共同探索线上线下融合的生鲜农产品运营模式。

（三）加强示范引领，实现协同发展

1. 以园区及基地建设为核心增强协同服务

农业科技园区作为农业科技组装集成、科技成果转化及示范推广的载体，以技术集约和资金集约为特征，以体制机制创新为动力，集农业新技术、新成果、新品种的研发试验、展示示范和技术培训于一体，为农民提供了看得见摸得着的服务，是农业科技服务的有效方式。京津冀三地通过共建科技园区、示范基地等方式加强农业科技服务。

2011 年 8 月，北京市决定在津冀两地筹建 3 个园区，分别是天津宝坻的北京科技园，天津蓟县的健康科技产业园和河北承德的中小企业科技园，积极将创新资源引向周边地区，推动区域间科技合作与产业对接。

2014 年 4 月，天津宣布与中关村国家自主创新示范区联合打造具有世界创新影响力的京津创新共同体，形成具有国际竞争力的（中关村）科技创新中心和 5 大创新社区，发挥中关村科研与产业的溢出效应和示范效应。

2015 年顺义区与威县合作，建立"威县・顺义产业园"，以承接顺义区外迁的装备制造、农产品深加工和商贸物流等产业项目，同时，发展特色农业，建设籽种产业基地、花卉苗木基地和农产品加工生产基地，以提高两地现代农业管理和科技服务水平。

北京市农林科学院小麦中心在唐山、廊坊、高碑店、徐水等地建立小麦良种繁育基地，繁殖品种京冬 8、京冬 22 等。2014 年繁种面积约 5000 亩，收获小麦良种约 200 万千克，为繁种户直接增加收入 60 万元。并在河北沧州等盐碱地块试种，发掘杂交小麦在低产田的优势及潜力；草业中心为天津、河北企业提供观赏草在盐碱地的绿化技术服务，在北京、天津、山东、河北等地沿海滩涂推广示范能源草10000亩以上，实现边际土地治理与生物质原料生产双赢局面。在天津团泊洼建立能源草示范基地，示范种植柳枝稷、芒草、芦竹、杂交狼尾草等4种能源草共20个品种，示范总面积10000亩；畜牧所拟与河北畜牧兽医研究所合作建立优质鸡养殖模式示范基地；玉米中心在河北、天津两地针对京科糯928、京科糯2016等甜糯新品种进行广泛试验示范。

2. 共同协作加强科技培训与指导

科技培训与技术指导是专业技术人员运用各种方式，定期或不定期地向农户、农业经济组织或中介机构介绍、示范、推广、培训并应用技术的服务形式。2008年以来，北京市级财政共投入资金约1.87亿元支持河北省的蔬菜种植、畜禽养殖、农业信息平台搭建和农业人才队伍建设等。与张家口市共同建设供京蔬菜专业合作社60个，建立京张农业协作蔬菜专业技术培训学校8所，培训农民共计2.5万人次，共同打造了“坝上蔬菜”品牌。据统计北京市农林科学院2014年在天津、河北两地开展技术培训50次，共培训1000人次，为农户提供水产、畜牧养殖、蔬菜、小麦、玉米种植等多项技术。河北谷子所也与北京市密云区展开合作，指导生产。

二、京津冀农业科技协同服务模式分析

京津冀农业科技合作取得初步成效，在合作模式上，京津冀通过共建产业园区和基地、开展产学研合作技术创新、依托技术交易辐射创新成果、推动企业间及内部产业链跨区域延伸等方式来加强区域创新合作，初步形成了从创新到产业化的完整链条。

（一）政府推动型科技服务模式

由于京津冀处于3个独立的行政区域，长期各自相对独立发展，京津冀现代农业协作仍处于初级阶段，而农业科技服务属于公益科技的范畴，具有很强的外部性，需要平台及制度的推动，因此政府推动是目前主要的合作模式，通过各委办局间签订战略合作协议，搭建资源共享平台，整合区域内人才、资金、技术等要素资源。

1. 战略合作协议

在京津冀协同发展被上升为国家战略之后，三地政府在科技创新、人才

建设、股权激励、财税支持、金融促进、产业培育、种业发展等方面进行了多次协商讨论，为推动三地农业科技服务协同发展提供了制度支持。并围绕合作目标、合作模式、合作领域等形成越来越多的共识，三地农业合作更是有了进一步实质性的推进，从之前的合作逐步向协同转变。在地方政府、科研机构、企业等共同推动下，《京津冀协同发展农业科技合作协议》《京津冀供销社协同发展战略合作协议》《京津冀金融服务一体化战略合作协议》《推进现代农业协同发展框架协议》等一系列顶层设计开始逐步落地，新的京津冀农业协作模式开始形成。

2. 平台建设

京津冀出台一系列政策引导，促进三地陆续开展一大批农业科技联合攻关项目。通过政府搭桥，举办高层论坛、学术会议、交流展会等，以会带展，促进区域合作、成果对接。为加快科技和信息传播速度，解决农民在市场信息上的不对称性问题，三地政府部门还加大了农村信息化服务体系和网络平台建设力度。北京成立农业农村信息化服务联盟，并支持河北搭建农业信息平台、建设农业人才队伍等，京冀共同搭建农产品产销对接平台，促进京外基地与京内研发和“菜篮子”产品销售网络实现有效对接。

（二）科研机构主导型科技服务模式

科研单位是农业科技服务的主要供给者。京津冀三地农业科研机构除为政府公益性机构、农民专业合作组织、企业和农民等不同主体提供产品、技术和信息等科技服务支撑外，还通过与涉农企业、地方政府及科研单位之间的合作，建立示范基地、组织农民技术培训、提供专家服务、联合攻关项目等，进行更直接的科技服务。

1. 院企合作

农业科研院所与三地的涉农企业、合作组织或协会联合，以技术、基地、资金、市场为纽带开展广泛合作。例如，北京营养源研究所与河北果仁食品有限责任公司合作，共同开发研制“二级压榨物理精炼杏仁油生产技术”“低脂杏仁粉生产技术”；北京农学院与河北绿舵农业科技有限公司建立科技合作关系；2010 年秦皇岛长胜农业科技发展有限公司牵头，会同中国芦笋研究中心、中国农业大学、中国科学院、河北科技师范学院等 12 家京冀两地单位共同组建“芦笋循环经济发展产业技术联盟”，推动芦笋产业发展。

2. 院区合作

科研单位与地方政府联合，以科技项目为京津冀合作的切入点，建立科技需求的互动机制，指导农业科研立项和科技服务。如，中国科学院与唐山市政府共建唐山高新技术研究与转化中心，推动30多个项目的成果转化和产业化；北京市农林科学院与唐山市曹妃甸区农林畜牧水产局签订了《关于加强农业科技合作的框架协议（2015—2017年）》，共同推进双方在农业科技领域的全面合作，促进该区农业科研、现代农业和相关产业发展。该院还与河北省科技厅、河北承德市隆化县政府、迁安市政府等津冀多家单位就加强高效实用技术推广促进地方产业发展等方面达成了合作共识。

3. 院校合作

科研单位间强强联合，通过联合申报课题、联合攻关项目共同开展科技合作。如，2015年12月，由中国农业大学牵头，中国农业科学院、北京市农林科学院、北京农学院、河北农业大学、河北省农林科学院、天津农学院和天津市农业科学院参加的“京津冀农业高等院所协同创新战略联盟”成立，组织多家科研单位共同申报国家、省市级重点示范推广项目。联盟的成立将促进京津冀主要农业科研单位从国家需求出发，加强战略政策层面研究创新，形成“战略—生产模式—技术和基础创新”相协调、可配套、见成效的创新体系，有效促进当地生态环境改善和现代农业发展。

（三）社会化主体延伸型服务模式

农业科技园区、示范基地、大型农业龙头企业围绕农业产业链需要，在京津冀一体化背景下，加强产业链的跨区域延伸，与农民组合结对，形成程度不同的利益共同体，以效益为导向给农民提供农业生产经营与农村社会发展所需的各方面科技服务。目前在京津冀地区主要有以龙头企业为主体的订单式服务模式和“企业+科研机构”的科技服务模式。

1. 龙头企业订单模式

以企业为龙头，组织农民共同参与而联结成的一种经济联合体，推行订单生产。企业对基地农户有明确的承诺，提供全程服务，包括品种、生产资料、新技术推广等。如，北京市龙头企业房山区凯达公司，积极响应“两头在外、中间在内”的政策要求，积极助力产业扶贫，以良好的农业种植管理技术、先进的深加工生产技术和实实在在的金融投资为主导，在京冀等地投资建设农业生产基地和深加工生产基地，实现一二三产业融合发展。2018 年与河北涞水县绿航家庭农场签订了“800 万元订单种植协议”，带动种植农户 300 余户，亩均收入 3000 余元。2019 年扩大订单种植，签订“1 亿元冻品购销协议”，并无偿提供加工技术、加工工艺、工厂员工培训、厂房规划设计、生产设备安装调试等相关支持。

2. *龙头企业拉动式服务模式*

企业是农业科技成果产业化运行中最重要的主体。三地政府通过税收、资金、保险等方式，帮助企业提升自主创新能力，力促企业成为创新的主体，进而带动京津冀服务组织及广大农户致富。如，首农集团所属的北京首农食品经营中心与河北瑞谷丰物流集团有限公司签约，双方共同投资 260 亿元，建设 10 个现代农产品物流园，形成一个空间布局合理，产业链完整的现代化安全食品生产、流通和运营体系。通过政府牵头引导企业合作，产生了以首农集团“承德三元滦平北京鸭产业化项目”为代表的“市场主导、政府推动、企业主体、农民受益”的农业合作模式。

三、京津冀农业科技协同服务机制探索

科技协同服务是指科技服务资源和要素通过有效汇聚，突破科技服务主体间的壁垒，充分释放彼此间人才、资本、信息、技术等服务要素活力而实现深度合作。其特点是参与者拥有共同目标和内在动力，通过直接沟通，依靠现代信息技术构建资源平台，进行多方位交流和多样化协作。

（一）区域联动机制

区域联动机制是指区域内，各方通过一定的联系方式，进行相互协调、合作响应、互动交流、联动协作，以提升发展效率的机制。京津冀地缘相接、地域一体、渊源深厚，在京津冀协同发展战略背景下，国务院成立京津冀协同发展领导小组并设立相应办公室。初步建立会商机制，总结、部署相关工作，协同重大合作事项。京津冀有关农业部门定期召开座谈会，建立定期磋商和会商协办机制，讨论确定京津冀农业科技合作政策、规划，研究解决京津冀协同发展中需要协调的重大问题，加强三地政策互动，促进协同发展。如京冀签署京涿农业协作、安全与发展备忘录，部署在农业技术、农业项目层面开展交流与合作，并建立信息通报制度，以共同防控动植物疫情和有害生物，合作筑起首都生态安全绿色屏障。三地农业部门签署《推进现代农业

协同发展框架协议》，强调三地将重点在籽种、会展、观光休闲、沟域经济等方面开展交流。在协议安排下三地农业部门又签署《京津冀协同发展畜牧兽医合作框架协议》，共同推进重大动物疫病联防联控转型升级，实行疫情信息共享和横向沟通，共建风险评估、预警模型和网络。同时共同开展品种联合审定制度，联合审定大宗粮食品种。

（二）政产学研合作机制

在政产学研合作机制中，政府起着极其重要的指引作用，政府通过提供政策支持、资金资助等形式直接参与产学研合作，对社会各种资源进行宏观调控，推动科技合作，促进科技创新。三地通过联合开展科技攻关、共建研发平台、共建科技园区、开展技术合作等，积极搭建“政产学研用”的农业发展平台，促进农业科技成果在京津冀地区的快速产出、转移、落地和产业化，实现农业转型升级、资源高效利用。

（三）资源共享机制

京津冀协调整合三地农业创新资源，共建一批重点实验室、工程中心、中试基地和成果转化基地等科技服务载体，为京津冀农业科技协同服务搭建良好的平台环境。发挥首都科技创新资源优势，建立首都科技条件平台研发实验服务基地，促进首都科技条件、信息咨询、数据共享等资源要素在京津冀地区对接共享、集中示范。京津冀三地建立资源整合共享机制，打破管理机制条块分割，京津冀农业三院大型仪器共享平台已在上线。通过促进现代农业领域仪器设备、科技成果、信息数据、研发队伍等各类科技服务资源的三地整合，利用联盟、协会、平台等多渠道，引导农业科技服务资源跨区域共享。

（四）联合攻关机制

京津冀三地利用各自科技优势，共同组建科研团队，针对农业生态环境、发展方式转变、农产品质量安全等共性问题，率先突破领域的关键技术环节，开展节水农业关键技术、蔬菜质量安全保障及科技示范等技术联合攻关项目，建立京津冀农业与水安全协同创新战略联盟，加强三地科技部门的协调与合作，围绕传统产业升级改造、新兴产业培育等重点领域，协调组织多地携手联合研发攻关，共同承担国家重大科技专项，以科技创新示范带动区域农业科技协同服务。

四、京津冀农业科技协同服务面临的问题和需求分析

（一）面临的问题

1. 京津冀区域现代农业整体协作意识不强

京津冀三地处于3个独立的行政区域，由于长期受计划经济和行政区划经济的影响，各自相对独立发展，跨区域合作发展意识不强，京津冀现代农业协作仍处于初级阶段。由于京津冀长期处于各自独立的行政区划，决定了各自在政策制定和规划过程中均从自己的利益出发，把其他区域及其利益仅作为影响本区域利益的因素来考虑，而不会把其他区域的利益或三地整体的利益作为发展目标来考虑，这就决定了三地无法形成错位发展、优势互补的格局，而是产生了相似的产业结构，且在区域农业经济发展中呈现出竞争的态势，三地都不愿意承担在京津冀协调发展的行政干预下降低自己的部分农业产业地位的风险，也不愿意承担从京津冀整体协调发展所带来的成本的增加，都在自己优势的基础上尽力借助外部力量谋取自己区域利益的最大化，造成三地现代农业区域整体协作的意识不强，农业协作过多地依赖政府推动，难以形成利用市场推进的机制，签订的协议大多停留在纸面上，没有实质性动作。

2. 资源共享范围和合作广度还有待提高

目前，京津冀区域内农业科技资源共享初见成效，三地大型科研仪器设备共享已进入推进阶段，并且都建立了信息网络平台，如北京的首都科技平台及科学仪器设备共享服务网、天津的科研条件网及大型仪器协作共用网、河北的科技基础条件网络平台等，为区域内人才培养、科学研究等提供了重要的物质保障。然而，从目前情况看，省际科技资源的共享范围和合作程度有限，尤其是区域之间科学数据资源尚缺乏有效管理，数据标准化、规范化方面也面临较多困难，数据应用服务系统和分布式数据库网上管理与发布服务技术尚不成熟，阻碍了区域科技资源的有效共享和高效使用。

3. 协同服务体制机制有待完善

虽然京津冀就联合开展战略研究、基础研究和国际科技合作等签订了一系列框架协议，中关村自主创新示范区也与天津滨海新区、宝坻区、河北廊坊市、唐山市等签署了战略合作框架协议，一批技术创新平台、成果转化平台相继建立，区域科技合作正进入一个以强化协同创新为特征的新阶段。但

是，与此同时，京津冀三地科技创新的功能定位和区域分工有待进一步明确，政府间高层次的协同创新磋商机制有待进一步健全，尤其是在区域科技规划、科技政策、重大项目、科技标准等沟通协同机制方面有待进一步完善，协同机制还缺乏有效的制度保障，致使区域农业科技服务的联系和协作程度还偏低。

4. 区域一体化的要素市场尚未形成

目前，京津冀市场对区域内资源配置的决定性作用还没有充分发挥，科技中介服务和技术交易市场自成体系，区域内技术承接能力不强，金融制度的地区壁垒和区内资源共建、共享与开放不足等，都割裂了一体化的区域要素市场建设，致使资源的流动受阻。其中，表现比较突出的仍是北京的人才虹吸效应。虽然京津冀三地的科研单位和高等院校已经开展了多方面的合作，但是，由于北京市周边各城市在落户指标、薪酬待遇、发展机会、公共服务、社会保障、职称认定等方面缺乏吸引力，众多高端人才还是优先选择北京。加之目前京津冀在支持科技人才创新创业政策、激励与评价政策等方面存在较大落差，三地一体化的人才市场也面临诸多的行政壁垒和制度障碍，致使区内科技人才、农技人才的培养与交流难以推进。

（二）农业科技协同服务的需求分析

1. “互联网+”推进全产业链农业科技服务

随着“互联网+”时代的到来，进一步推动了农业与第二三产业融合，在经济发展新常态下，农业将发展为上中下游一体、产供销+互促的第六产业。随着农业功能的不断拓展，京津冀地区对农业休闲功能、生态涵养功能、文化传承功能的需求越来越迫切。未来农业科技推广工作也将打造上下游一体的全产业链服务模式，围绕农业多功能性，在生态环境建设、资源高效利用、低碳绿色技术、观光休闲农业开发、文化创意开发等方面拓展科技创新与推广服务领域，促进科技成果的转化应用，提升农民科学文化、生态环保素养，促进科技与农业文化的有机融合。

2. 破解资源环境难题需要强化农业科技服务支撑

党的十八大报告将中国特色社会主义事业总体布局由“四位一体”拓展为“五位一体”，将生态文明提到更高的战略层面，科学发展、可持续发展将继续成为今后社会发展的主题。而京津冀三地同属缺水地区，水资源问题是三方面临的共性问题。“十三五”时期，京津冀地区将步入工业化、城市化、信息化和农业现代化“四化”全面加速推进时期，一方面人增地减趋势难以逆转，另一方面工业化、城市化以及农业自身所带来的农田环境污染、生态破坏、水域污染亟须得到有效遏制，资源环境约束对农业可持续发展的制约进一步强化。突破资源刚性约束、提高资源利用效率、改善生态环境的要求十分迫切，必须加快开发节水、节地、节能、节材技术和立体生态循环技术与农业生态修复技术示范推广，形成资源节约型、环境友好型农业技术体系。

3. 农业经营主体多元化要求转变农业科技服务方式

党的十八大报告中明确提出：培育新型经营主体，构建集约化、专业化、组织化、社会化相结合的新型农业经营体系。随着专业大户、家庭农场、农民专业合作社、农业社会化服务组织等新型经营主体的出现且不断壮大，以及经营规模化的新形势、新特点，需要不断创新农技推广方式方法。一是适应新型经营主体的服务要求，建立适宜不同区域、不同作物、不同规模的“技术服务套餐”，在管理、市场、金融、家政、法律、社会等多个方面提供信息和咨询服务，不断拓展服务范围，充分发挥新型经营主体的引领性作用，努力造就一批有文化、懂技术、善经营、会管理的新型职业农民。二是适应操作机械化。适应农业机械化发展的要求，做好农业机械化配套技术开发、集成示范，实现农艺农机配套融合。三是适应服务信息化的趋势，深化农业科技服务的数据源中心、服务源中心、物联网服务中心和农业网上交易中心的建设，具体开展农业远程咨询、视频诊断、信息推送等服务，快速及时服务京津冀居民。

4. 京津冀农业区域分工为科技服务提出新目标

根据京津冀现代农业协同发展的分工安排，也为农业科研院所的农业科技服务工作提出新的目标，具体见表 2-1。

表 2-1　京津冀农业科技服务目标

京津冀农业协同发展目标		农业科技服务目标
产业融合水平进一步提升	农产品加工业产值年均增长 10%以上，与农业总产值的比重达到 2.5∶1	农产品加工关键技术示范和推广
提升“菜篮子”产品供应保障能力	1. 河北供应北京的蔬菜占比提高 5 个百分点，肉蛋奶占比提高 15 个百分点以上 2. 农产品质量安全可追溯体系基本建立，实现信息共享、环节衔接，规模化生产的主要农产品“三品一标”覆盖面明显提高	“菜篮子”产品供应保障能力关键技术示范和推广 农产品质量安全可追溯体系建设

续表

京津冀农业协同发展目标		农业科技服务目标
提升协同创新能力	1. 物联网等现代信息技术在规模生产经营主体中得到广泛应用，农业基础资源和产业发展大数据中心初步形成 2. 京津全国“种业硅谷”建设	物联网等现代信息技术的示范和推广 新品种选育、示范和推广
改善农业基础设施和装备条件	高标准农田比例达到60%，节水灌溉工程面积占有效灌溉面积比例达70%，蔬菜设施生产比重达65%以上	农业节水技术示范与推广

五、推进区域农业科技协同服务的建议

（一）完善顶层设计，促进区域协同联动

1. 完善顶层设计，深化合作细则

加快京津冀区域农业科技创新政策体制机制突破，实现由“分散化”向“一体化”政策体系转变，建设创新政策共同体，在区域协同创新规划、农业科技资源配置、农业科技合作、政策制定和重大农业科技项目布局上统筹协调，加强顶层设计，形成区域农业科技协作规划一盘棋，深化合作细则，推动协议达成实质性进展，提高区域协同科技服务效能。

2. 加强组织领导，建立京津冀现代农业协同发展联席会议制度

建立京津冀现代农业协同发展联席会议制度，定期协调会商区域农业协同发展面临的重大问题，建立沟通协同机制，对现代农业协同发展工作统一领导、统筹谋划、宣传引导和监督检查。在农业部设立三地农业部门参与的协同推进工作办公室，统筹各方面资源，协调和指导规划实施工作。京津冀农业部门依据职能分工，结合本地实际，制定促进现代农业协同发展具体方案和配套政策，并设立专门机构，负责研究落实现代农业协同发展各项工作。研究建立京津冀农业协同发展专家咨询委员会，加强对重大项目、重大工程、重大政策的咨询论证。

3. 以产业需求为导向，建立三地共同参与的协调联络机制

积极探索建立指令性计划与指导性计划相结合的新型项目管理机制。建立和完善农业科技决策咨询制度，对京津冀三地重大农业科技问题进行统筹协调，对重大科技项目进行科学论证。在应用性研究领域，建立科研选题和

立项的公开、公示、公议制度，广泛听取并充分尊重农民、农技人员、企业和专家的意见，做到顶层设计与生产需求紧密结合，实现“选题从生产中来，成果到实践中去”。优先支持京津冀机构间、学科间和研发机构与用户间联合、互动项目。

（二）强化优势互补，推进资源要素高效利用

1. 建立京津冀农业综合科技服务联盟

2015 年 4 月，北京中关村国家自主创新示范区、天津滨海国家自主创新示范区、石家庄国家高新技术产业开发区及保定国家高新技术产业开发区均被纳入国家首批科技服务业区域试点名单，京津冀因借助各自的区域优势，以服务京津冀农业全产业链条为总体目标，借鉴长三角地区成立的“苏浙沪农科院联合科技兴农服务团”模式，依托三地农业科研、教育、推广单位的科技资源，以涉农企业、农民合作社、种养大户、家庭农场等农业经济组织为服务对象，建立农业综合科技服务联盟，在农业生产、加工、营销、立项各环节提供技术、信息、资源支持，以科技促进农业生产标准化、规模化、集约化和标准化发展，实现京津冀三地农业科技与生产、种养与加工、企业与市场的紧密对接，推进资源要素高效利用，促进农业增产、农民增收、企业增效，打造京津冀农业经济联合体。

2. 搭建“三地”农业科技服务资源共享平台

加快京津冀农业科技协同创新资源共享体制机制突破，推动农业科技服务从“小孤岛”成为“大资源”，坚持创新机制、整合资源、盘活存量、开放共享的原则，加强区域内产学研资源共享机制，打造服务要素共同体，搭建开放的市场平台，形成互联互通的人才市场、技术市场和多层次的资本市场，促进人才、技术与资金等创新要素在京津冀三地集聚和顺畅流动，提高京津农业高技术人才使用效率。促进京津冀重点实验室合作共享，结合京津冀地区政策，发挥各自优势资源，选取共同关注的领域，推动三地重点实验室开放共享和产学研合作。

3. 建设京津冀地区农业信息网络体系

加快京津冀地区农业信息网络体系的研发与应用，重点研究信息技术在农业上的应用和三地农业信息资源的共建共享，建立三地农业科技专家咨询库、农业新品种新技术信息库等共享的数据库，构建供各地农业科研机构进

行技术协作研发的网络平台。利用电子商务、物联网等现代科技信息及高科技手段，建立京津冀农产品销售信息网络平台，即时发布农贸市场与农产品生产及供求状况。

（三）推进产业链协作，探索协同服务新机制

探索建立以产品为单元，以产业链为主线，以科研项目为依托，围绕共性技术难题，整合相关科技资源，构建上中下游无缝对接的科技产业化链条，形成市场、科研、生产一体化的技术进步机制，引领支撑产业整体竞争力的提升。以产业技术创新战略联盟为范式，推进科研机构、推广机构、教学机构、企业等协同服务，提升科技推广与应用的合力。

1. 创新成果共同体，建立成果分类评价与快速转化机制

探索建立适合不同机构、不同人员的分类评价机制，切实解决重论文轻发明、重数量轻质量、重成果轻应用的问题。建立和完善科技成果第三方独立评估制度。基础研究成果以同行认可和学术影响为依据；应用性研究成果的评价阶段后移，以技术转移、生产和市场应用实际效果为主。建立合理的利益分配机制，提高各地区参与跨区域农业科技服务的积极性，并对具有重大应用前景的科技成果，采取媒体宣传、现场观摩、集中展示等方式发布和推介，促进技术转移。

2. 培育产业集群，发挥特色园区聚集示范作用

加快建立京津冀区域农业科技创新合作长效机制，推动“小科技”向“大创新”转变，整合各自的科研力量，加快推进京津冀农业科技协同创新中心共建，打造协同创新共同体。围绕三地农业主导产业技术需求和优势领域，以大型企业、科研单位或高校为依托创建多种形式的产业技术创新战略联盟、农业创新示范基地、特色产业科技园区，培育一批星火科技示范带，组建一批农业研发中心或科技传播站，支持开展产学研联合攻关，推动京津冀农业科技合作攻关平台建设，开展区域农业科技重点领域和关键农业技术的联合攻关研究，开展协同创新与农业科技成果落地转化。

3. 区域共赢，加强共性问题联合攻关

围绕都市型现代农业发展的需求，积极探索以任务分工为基础、以权益合理分配和资源信息共享为核心、以项目为纽带的协作攻关机制。探索建立首席科学家负责制，建设跨区域、跨学科、跨专业的创新团队，对区域农业

共性关键问题展开联合攻关。加快主要农产品突破性新品种和节地、节水、节肥、节药、污染防治等关键共性技术研发推广，如以农业废弃物回收和资源利用为重点，加大对生态农业新品种、新技术、新模式和使用设备的研究及推广应用力度。实施农业节能高效示范工程。加强农业用水标准化、精细化管理，提高农业用水效率，加快推进农业节水，探索适合京津冀实际条件的光伏温室大棚建设模式，以特色园区为载体，开展光伏农业科技示范。

（四）强化人才支撑，优化区域内科技资源配置

1. 加快推进新型职业农民培育和农村实用人才培养

进一步完善现有农民教育培训体系，改善师资力量，提高培训能力；实施新型职业农民培育工程，以吸引年轻人务农为核心，加快构建新型职业农民队伍。充分发挥京津高校众多的优势，大力发展农村人才学历教育，培养大批具有中高等学历的农村骨干人才和职业农民；在区域内建设一批具有农村实用技术人才实训基地，以农村基层组织负责人、家庭农场、农民合作社领办人和专业大户为重点，开展针对性培训。选拔一批龙头企业负责人、合作社负责人，进入高等院校接受专业技术、经营管理知识和法律知识教育，培育一批高素质农场创业兴业人才。

2. 加强京津冀高校和科研机构的人才交流

利用京津冀院校的教育资源优势，建立农业管理干部和科技人员互派交流制度，并实现常态化、制度化。建立实用人才交流制度，定期组织新型职业农民、农民合作社理事长、企业家到区域内其他地方参观学习。探索实施三地农业人才智力共享协议，统一资格认定标准，促进人才在三地的合理流动。

第二篇

产业发展篇

第三章 京津冀“菜篮子”均衡供应及保障机制

一、调研背景和调研内容

（一）调研背景

京津冀协同发展是重大国家战略，农业作为国民经济的基础，必须服从于、服务于这一战略。2015 年 3 月，北京市农村工作委员会、天津市农村工作委员会、河北省农业厅签署《推进现代农业协同发展框架协议》，强调三地将突出大城市农业功能定位，在多个领域开展合作交流，共同开发农业生产、生活、生态等功能。京津冀区域内，北京市与河北省在蔬菜产业方面的联系尤为紧密：一方面，河北省是北京市蔬菜的主供地，北京市批发市场中近 40%的蔬菜来自河北省；另一方面，北京市是河北省蔬菜的主销地。在此背景下，开展京冀蔬菜生产分布及流通调研，摸清河北省蔬菜生产和供京的基本情况，无论对于引导河北省蔬菜科学生产和上市，促进蔬菜产业快速发展，还是对于加强供需对接，平抑北京蔬菜价格波动，都具有重要意义。

为了解河北省蔬菜主栽品种、产量及生产分布情况、上市周期、技术水平、生产组织方式等，分析河北蔬菜生产规模及进京蔬菜供应量；了解北京市农产品批发市场，掌握河北进京蔬菜的销售与需求情况，进而从总体上把握进京蔬菜供需现状。2016 年 12 月课题组赴河北蔬菜主产区开展了京冀蔬菜供应情况调研。

调研主要内容包括：河北省主栽蔬菜品种，摸清种植和上市周期；河北省主栽蔬菜品种在主产县（市区）的分布；河北省主产县（市区）蔬菜的流向分布情况；摸清河北省蔬菜在北京市场销售情况、市场占有率和主销品种；通过对相关数据的搜集调查与统计分析，结合北京市批发市场信息资源，为河北省蔬菜主产县（市区）提供生产和营销信息服务。

（二）研究方法及数据来源

1. 区域选择

为开展北京蔬菜均衡供应研究，探索环京建设供京蔬菜应急保障基地的可行性，在调研区域选择上遵循区位优先兼顾蔬菜生产的原则，除需满足在地理区位上毗邻北京，运输距离小于或接近一小时外（简称“环京一小时物流圈”），还应是河北蔬菜主产区域及主要供京区域，最终选取河北省 8 个市的 20 个蔬菜主产大县（市区）开展本次调研，包括：承德市的滦平县、丰宁县、隆化县；张家口市的崇礼县、张北县、康保县、沽源县；廊坊市的三河市、广阳区、永清县、安次区、固安县、霸州市；保定市的定兴县、涿州市、定州市；唐山市的乐亭县；沧州市的青县；衡水市的饶阳县；邯郸市的永年县，总面积为 1.9 万平方公里，超过北京市总面积。

该区域向外环绕北京，交通发达，基础设施日臻完善，同城效应逐步显现，是京冀农业协同发展的核心地和桥头堡，有发展成为农业先进生产要素聚集区和农业多功能开发先行区的独特优势；向内与河北各县市区同根共生，“产程一体”“源程一体”，是河北农业对外开放的“领头雁”和“中转站”，是带动河北农业转型升级和保障北京“菜篮子”优质产品供应的重要力量，将形成服务京津市场的 1 小时稳定保障基地，确保北京“菜篮子”供应和食品安全。

2. 研究方法

本次调查主要针对三类对象：一是蔬菜主产县（市区）的蔬菜产业主管部门或农业信息主管部门，了解本县主栽蔬菜品种整体生产情况；二是具有代表性的蔬菜生产主体，如种植大户、家庭农场、合作社、生产基地、农业企业等，主要了解蔬菜上市及流向情况；三是在京大型蔬菜批发市场，如新发地批发市场等，调研进京蔬菜的来源及流向情况。

北京市农业局与河北省农业厅沟通协商，确定围绕此次调查开展合作，并明确以北京市农业局信息中心、河北省农业信息中心为牵头单位。明确大白菜、番茄、黄瓜等重点蔬菜的主产县（市区），每个县选 10 个生产主体进行流通模式及供京情况的调研，每个样本县（市区）确定 1~2 名联络负责人，由负责人按要求填报辖区内蔬菜生产情况调查表及生产主体调查问卷。

二、河北省蔬菜生产和流通情况

（一）蔬菜生产整体情况

河北省幅员辽阔，总面积为 18.7 万平方公里，属暖温带大陆性季风气候。全省南北跨六个纬度，地貌复杂多样，是全国唯一兼有高原、山地、丘陵、平原、湖泊和海滨的省份，有坝上高原、燕山和太行山地、河北平原三大地貌单元。河北省年平均气温在4~13℃，各地气温的年较差、日较差都较大，土壤条件较好，从北向南水平分布着黑土带、栗钙土带、棕壤褐土带等3个土壤带，由于土壤性差别较大，河北省适宜种植各类蔬菜，适合无公害蔬菜生产的发展。

根据气候和土壤性质，河北省自北向南分布着三大主要蔬菜生产区。冀北坝上高原地区，海拔高，昼夜温差大，环境质量优良，夏季气候冷凉，适宜夏季露地蔬菜生产。这里是我国夏秋蔬菜重点基地区域之一，涵盖本次调查的7个国家级重点蔬菜产业县，分别是：沽源县、张北县、康保县、崇礼县、隆化县、滦平县、丰宁县。河北省东北部和中南部的平原地区，冬季阳光较充足、连阴雾天少，适宜冬季设施蔬菜生产。这里是我国黄淮海与环渤海设施蔬菜重点区域基地之一，分布着本次调查的13个国家级重点蔬菜产业县（市区）。目前河北省形成了温室、拱棚、地膜、露地等多种栽培形式互补的周年生产格局，是全国少有的一年四季均可生产蔬菜的省份之一。

从蔬菜播种情况来看，2015年河北省蔬菜播种面积为1863万亩，比上年增长0.4%；蔬菜总产量为8243.7万吨，增长1.5%。其中，设施蔬菜播种面积为606万亩，增长1.0%；产量为2885.5万吨，增长2.3%。蔬菜产量占京津冀地区的92.1%。

本次调查的20个县（市区）自然资源丰富多样、区位优势日益凸显，农业产业规模较大、档次较高、链条较长，农副产品特色鲜明、市场化程度高，是首都“菜篮子”产品的重要供应地，形成河北省环京津蔬菜产业发展区。

2015年20个蔬菜主产县（市区）总蔬菜播种面积为627.7万亩，占全省蔬菜播种面积的34%，预计2016年将增长4.6%。蔬菜总产量为2676.9万吨，预计2016年增长2.6%，其中，设施蔬菜播种面积为311万亩，占全省设施蔬菜播种面积的51%，占该区域蔬菜播种面积的49.5%，产量为1604.6万吨，预计2016年设施蔬菜播种面积将持平，但产量将有1.6%的增长（见表3-1）。

表3-1　2015年20个蔬菜主产县（市区）占河北省蔬菜生产的比重

调查区域蔬菜播种面积	占全省蔬菜播种面积的比重	调查区域设施蔬菜播种面积	占全省设施蔬菜播种面积的比重
627.7万亩	34%	311万亩	51%

蔬菜播种面积50万亩以上的县（市区）4个，设施蔬菜超过20万亩的有7个，其中永年县的蔬菜播种面积在100万亩以上（见表3-2）。固安县、乐亭县、定州市、永年县的蔬菜占地面积分别占到了耕地面积的37%、38%、23%、40%，是当地名副其实的农业主导产业。

与2015年全国平均蔬菜单产2300千克/亩相比，该区域2015年蔬菜单产水平达到4176千克/亩，超出全国平均水平81.5%。设施蔬菜单产水平达到5158千克/亩，生产效率在全国位居前列。

（二）主栽品种及生产分布状况

1. 生产布局

河北省是我国蔬菜生产大省，经过多年的发展，全省范围内形成了区域化、专业化、规模化的六个特色蔬菜主产区。包括，坝上错季菜生产区、冀东蔬菜产区、环京津蔬菜产区、冀中蔬菜产区、沧衡蔬菜产区及冀南蔬菜产区，并在此基础上形成了冬春棚室、夏秋露地、春秋大中小拱棚三大蔬菜优势产区。本次调研的20个地区均匀分布在该6大区域内。具体包括：

（1）坝上错季菜生产区。主要针对全国夏季市场，特别是南方市场，以错季叶菜和果菜为发展目标，张家口和承德两市，也是北京夏淡季蔬菜的主产地。有沽源花椰菜、崇礼白萝卜、滦平球生菜、丰宁和张北大白菜等错季菜。

（2）冀东蔬菜产区。主要针对东北三省、北京和俄罗斯等市场，主要发展外向型蔬菜生产、观光蔬菜基地，重点发展日光温室、中小棚、地膜生产。本次调研的乐亭番茄为该区代表品种。

（3）环京津蔬菜产区。该区域与京津相连，交通便利，区位优势显著，主要针对北京和天津市场，重点发展温室、大棚蔬菜生产。以永清彩椒、固安和三河的黄瓜、涿州大葱和香菜、定兴茄子为代表品种。

（4）冀中蔬菜产区。主要针对省会市场，重点发展设施周年生产。以定州茄子和韭菜为代表品种。

（5）沧衡蔬菜产区。主要针对天津市场，重点发展秋冬、冬春茬大棚、温室及地膜蔬菜生产。以饶阳番茄、青县黄瓜为代表品种。

表 3-2 2015 年各县（市区）蔬菜生产情况

县（市）	蔬菜播种面积（亩）	蔬菜产量（吨）	亩产（千克/亩）	设施蔬菜播种面积（亩）	设施蔬菜产量（吨）	设施蔬菜亩产量（千克/亩）	设施蔬菜占蔬菜播种面积的比重（%）
滦平县	188900	750200	3971	82100	480270	5850	43
丰宁县	238400	928040	3892	34700	276200	7960	16
隆化县	192400	749500	3896	77000	346500	4500	40
崇礼县	118500	489900	4135	42400	195300	4606	36
张北县	—	—	—	—	—	—	—
康保县	368000	1112500	3023	—	—	—	0
沽源县	563375	1457537	2587	6000	15000	2500	1
三河市	102200	357700	3500	42700	214620	5026	42
广阳区	73100	352870	4827	43900	214570	4888	60
永清县	385400	1838400	4770	304900	1543600	5063	79
安次区	136500	529200	3877	84200	348900	4144	62
固安县	466000	1996000	4283	267800	1430200	5341	57
霸州市	135000	492800	3650	35000	162900	4654	26
定兴县	289600	1512900	5224	187200	1048700	5602	65
涿州市	188090	775062	4121	81040	322070	3974	43
定州市	570000	2680000	4702	360000	1942000	5394	63
乐亭县	507700	2686200	5291	314700	2053600	6526	62
青县	335952	1571467	4678	126034	335302	2660	38
饶阳县	380000	1706500	4491	242200	1242100	5128	64
永年县	1038202	4783200	4607	779416	3875012	4972	75
合计	6277319	26769976	4176	3111290	16046844	5158	49.5

（6）冀南蔬菜产区。主要针对山西、山东和西北市场，重点发展中小棚和露地生产。以永年大蒜和甘蓝为代表品种。

2. 主栽品种及其分布

20个县（市区）生产的蔬菜主要分为叶菜类、果菜类、储存类三大类。品种分布较为集中。2015年三大类蔬菜的播种面积、主栽品种及主要地区分布见表3-3。

表3-3　2015年各县（市区）蔬菜品种结构及区域分布

品类	播种面积（万亩）	主栽品种	种植面积较大地区
叶菜类	134.4	大白菜、甘蓝菜、花椰菜	沽源县、乐亭县、丰宁县和永年县
果菜类	211.6	番茄、黄瓜、豆角、茄子	饶阳县、青县、永年县
储存类	93.7	土豆、胡萝卜、白萝卜	沽源县、永清县

具体各类蔬菜品种及分布情况如下：

（1）叶菜类

叶菜类蔬菜播种面积为134.4万亩，占蔬菜总播种面积的21.4%，产量为573.8万吨。其中：大白菜播种面积最大，为51.4万亩，占叶菜类蔬菜总播种面积的38%，产量为258万吨，以露地种植为主，设施面积仅占4%；甘蓝菜面积为31.5万亩，产量为122万吨；花椰菜播种面积为16.4万亩，产量为50万吨（如图3-1所示）。

叶菜类设施种植面积占总播种面积的30%，其中甘蓝菜播种面积最大，为16.9万亩，韭菜、芹菜、甘蓝菜的设施面积比重分别达到89%、76%、53%。

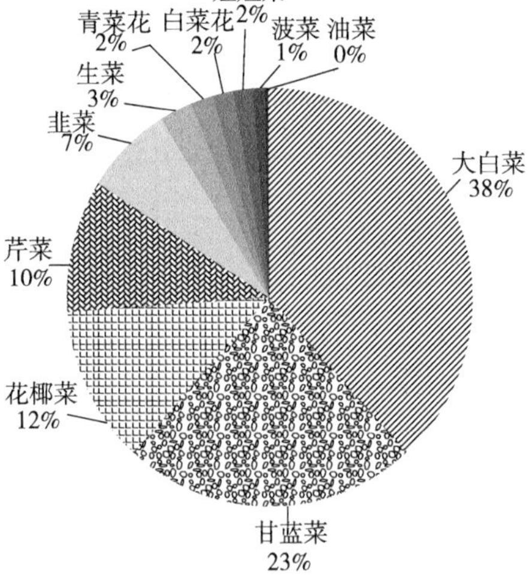

图3-1　2015年叶菜类主栽品种

物流圈内叶菜类播种面积较大的地区是沽源县、乐亭县、丰宁县和永年县（如图 3-2 所示），播种面积分别是 17. 9 万亩、17. 3 万亩、16. 4 万亩和 16 万亩，占叶菜类蔬菜播种面积的 50%。其中，大白菜播种面积最大的是丰宁县，9. 1 万亩；甘蓝菜播种面积最大的是永年县，8. 2 万亩；花椰菜播种面积最大的是丰宁县，7. 3 万亩（如图 3-3 所示）。

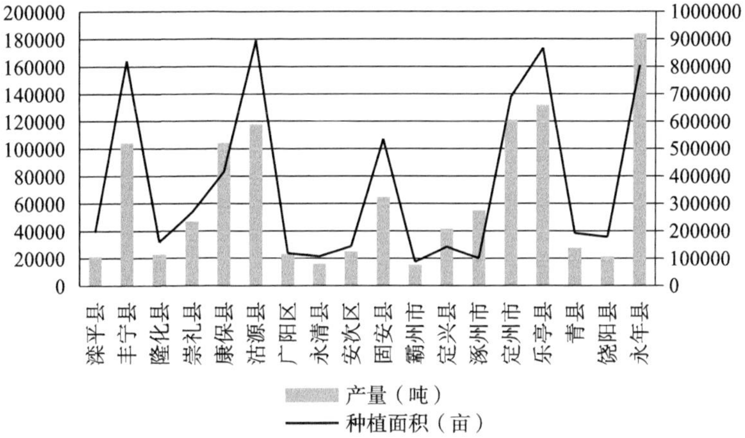

图 3-2　2015 年叶菜类种植分布

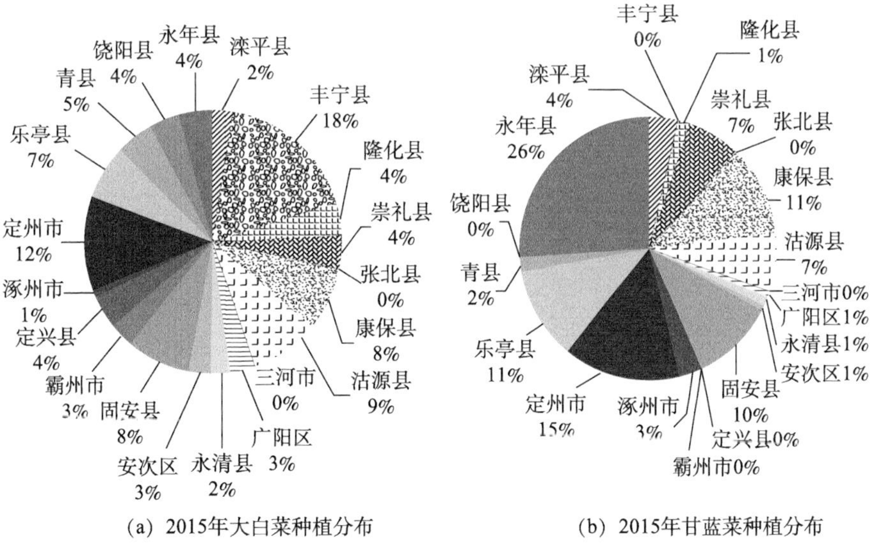

(a) 2015年大白菜种植分布　　　　(b) 2015年甘蓝菜种植分布

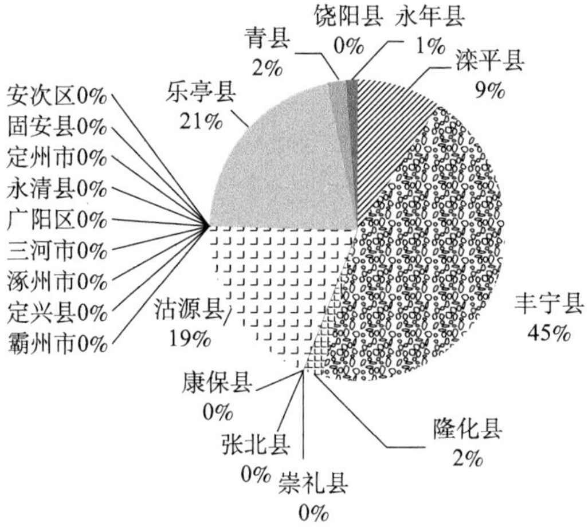

（c）2015年花椰菜种植分布

图 3-3　2015 年叶菜类主栽品种种植分布

（2）果菜类

果菜类蔬菜播种面积为 211.6 万亩，占蔬菜总播种面积的 33.7%，产量为 1046 万吨。其中，番茄、黄瓜播种面积最大，分别为 69.3 万亩、68.7 万亩，占果菜类蔬菜总播种面积的 66%（如图 3-4 所示），产量分别为 329 万吨、448 万吨，豆角面积为 29.9 万亩，产量为 69 万吨；茄子播种面积为 26.1 万亩，产量为 91 万吨。

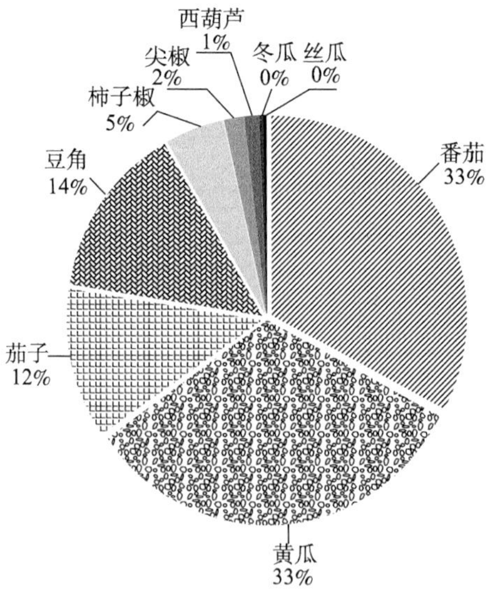

图 3-4　2015 年果菜类主栽品种

果菜类以设施种植为主，设施种植面积占总播种面积的 80%，其中番茄播种面积最大，为 60 万亩，番茄、黄瓜、柿子椒的设施比重均超过 80%，茄子、冬瓜超过 70%。

物流圈内果菜类播种面积较大的地区是饶阳县、青县和永年县，播种面积分别是 24.7 万亩、23.4 万亩和 21.7 万亩，占果菜类蔬菜播种面积的 33%（如图 3-5 所示）。其中，番茄播种面积最大的是饶阳县，8.6 万亩；黄瓜播种面积最大的是青县，19 万亩；豆角播种面积最大的是饶阳县，5.5 万亩（如图 3-6 所示）。

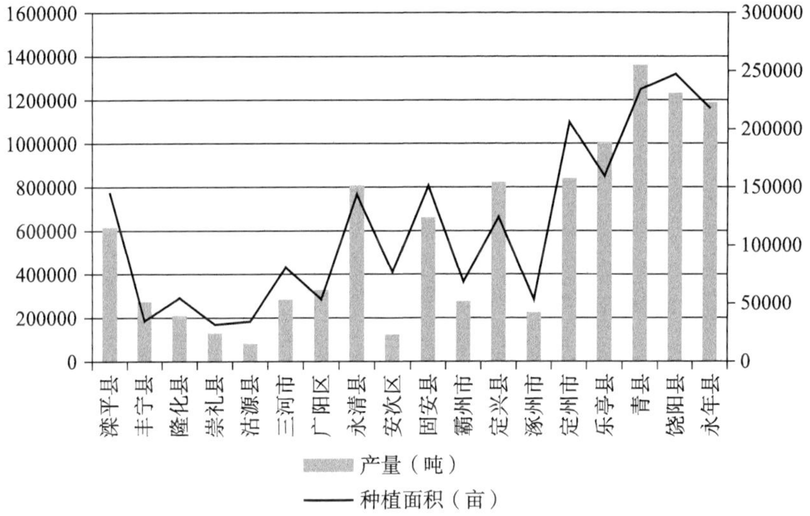

图 3-5　2015 年果菜类种植分布

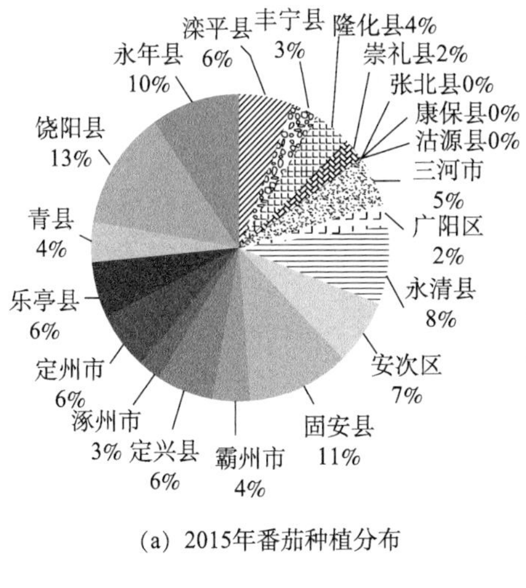

(a) 2015年番茄种植分布

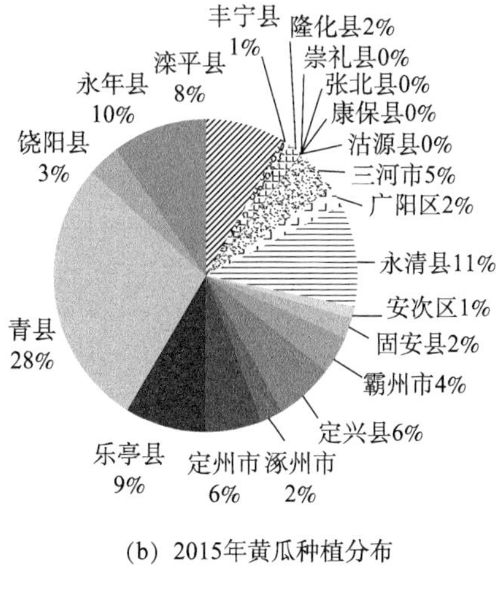

(b) 2015年黄瓜种植分布

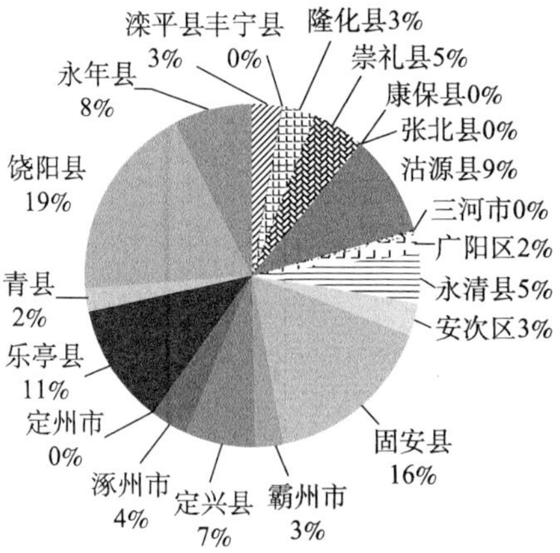

(c) 2015年豆角种植分布

图 3-6　2015 年果菜类主栽品种种植分布

（3）储存类

储存类蔬菜播种面积为 93.7 万亩，占蔬菜总播种面积的 15%，产量为 260 万吨。主要有土豆、胡萝卜、白萝卜和大葱（如图 3-7 所示）。其中：土豆播种面积最大，为 68.7 万亩，占储存类蔬菜总播种面积的 73%，以露地种植为主，产量为 151 万吨；胡萝卜面积为 12.3 亩，产量为 53 万吨，设施种植比重为 38.7%；白萝卜播种面积为 9.8 亩，产量为 46 万吨，设施种植比重为 44.7%。

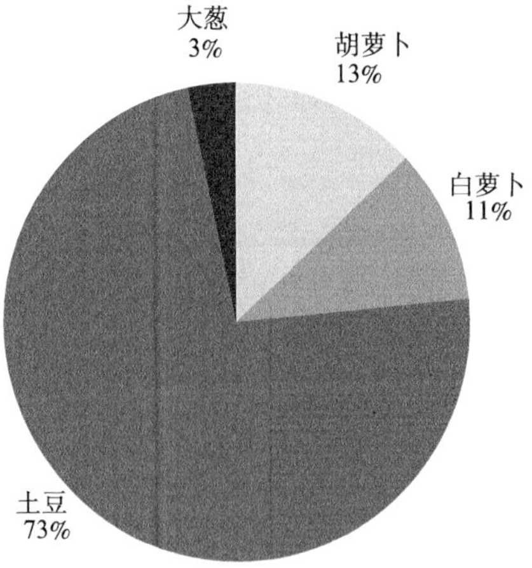

图 3-7　2015 年储存类主栽品种

物流圈内储存类播种面积较大的地区是沽源县、康保县、广阳区，播种面积分别是35万亩、28.5万亩和10万亩，占储存类蔬菜播种面积的78%。其中，土豆播种面积最大的是沽源县28万亩；永清县的胡萝卜、白萝卜播种面积均居第一，分别为6.7万亩、3.3万亩。

3. 生产组织方式

据调查，目前各县（市区）在蔬菜生产环节的产业组织方式主要存在以下几种形式：种植大户、农民专业合作社及现代农业企业。其中合作社是物流圈内蔬菜生产组织的重要方式。据统计，截至2013年，在河北省工商部门登记注册的蔬菜专业合作社已达到1850多家，占全省所有农民专业合作社总数的28%，物流圈内具有一定规模的蔬菜专业合作社越来越多。同时，蔬菜专业合作社的服务范围不断拓宽，已涵盖蔬菜生产、加工和流通的各环节。

在信息化建设方面，物流圈内各县（市区）依托河北省蔬菜信息网与河北省果树网，实现河北主要蔬菜批发市场价格查询信息化。并随着2010年河北省蔬菜行业发展联合总社的成立，着力推动了蔬菜产业提档升级和品牌化建设，申请注册了“冀园一品”集体商标和统一标识，为物流圈内蔬菜专业合作社跨区域、跨品种联合提供了便利。

同时，加强蔬菜标准园等项目建设，各县（市区）逐步形成了一批区域化、规模化、特色化的产品和基地。如饶阳的番茄基地，青县的黄瓜、甜瓜、羊角脆基地在全国都有一定的知名度和影响力。蔬菜生产的规模效应和集聚效应已经凸显出来。

4. 生产技术和效率水平

调研的各县（市区）通过引进、推广蔬菜新品种，制定统一的技术规程，加强先进、适用技术的引进示范，充分发挥科技在蔬菜生产中的带动作用，生产技术及效率水平在河北省居于前列。

（1）引进及制定一批新品种、新标准

调研的各县（市区）的各级农业技术推广部门、农业科研单位（院校）以及相关农资企业筛选、推广了一批蔬菜新品种，如永清县引进的番茄新品种普罗旺斯，使得蔬菜的抗病性、增产能力、耐贮藏运输能力大大增强。同时制定了一批如蔬菜栽培技术规程、无公害蔬菜技术生产规范、绿色蔬菜生产技术规程、蔬菜贮藏和冷藏运输标准、育苗技术规程、加工蔬菜生产企业

HACCP 应用指南等蔬菜产业相关技术标准，这些标准的实施有力地促进了蔬菜生产专业化和集约化经营，促进了农业产业竞争力的提升。

（2）科技支撑蔬菜生产

设施土壤活化技术、节水降湿灌溉技术、沼肥综合利用技术、病虫害生态防控技术、农业物联网应用系统、集约化育苗等一批蔬菜生产新技术得到广泛推广，截至 2013 年，在设施蔬菜优势产区已经建成的育苗企业已达 200 多家。通过科技支撑，蔬菜生产效率水平明显提高。如永清县利用沟施秸秆技术，蔬菜每亩平均产量由 1.2 万千克增加到 2 万千克，病害发生率降低了 36%，节约农药、肥料在 30%以上。节水灌溉技术广泛应用。以张北县为例，张北县是理想的无公害错季蔬菜生产地，也是全国典型的资源性缺水地区，人均水资源拥有量和亩均水资源占有量仅 572 立方米和 140 立方米，分别为全国平均水平的 26%和 9.7%，而蔬菜用水占农业用水 90%以上。自从实施高效节水灌溉以来，全县蔬菜种植实现了水肥的科学调控，省时省工又省力，蔬菜每亩用水量从大水漫灌的 400 多立方米降到了 140 立方米，而亩产量却提高了约两成。同时，由于有地膜覆盖，肥料随着水直接注入作物根系区的土壤中，减少了追肥量，施肥可减少 30%～40%，蔬菜亩均增产 900 千克，亩均可增收 400～500 元。

5. 生产周期

物流圈内依靠露地、设施种植以及张承两地的错季蔬菜，整体上实现了蔬菜全年生产、均衡供应的态势，产业实力整体提升。

（1）错季蔬菜上市情况

张承坝上及燕山、太行山山脉，海拔高于 500 米，夏季气候冷凉，昼夜温差大，日照充足，降水与蔬菜生长同步，适于多种蔬菜的越夏栽培。同时，张承环抱京津，交通发达，市场广阔，发展错季蔬菜生产具有得天独厚的自然地理及市场优势。张家口、承德也成为河北省错季菜生产的主要产区，错季蔬菜产量高、品质好、无污染，在市场上享有很高的声誉，对缓解夏秋淡季蔬菜市场供应，增加当地农民收入，起到了十分重要的作用。

据调查，张承错季菜在 7～9 月上市，市场占有率也逐年提高，在京津市场占有率达到了 35%，在东南沿海市场占有率为 12%，东北市场占有率为 7%。尤其是 7～8 月份，胡萝卜、大白菜在广州市场占有 90%的份额。由于错季菜品质较好，在国际市场也有一定份额，出口蔬菜的比例逐年加大，在承德光大集团、辛普劳公司等龙头企业的带动下，坝上地区的荷兰豆、球生菜、西蓝花、甘蓝菜、白萝卜、胡萝卜等蔬菜已经打入东南亚市场，通过几年的快速发展，张承地区错季菜初步形成了区域化、规模化、特色化的生产格局。

（2）露地蔬菜上市情况

露地蔬菜（不含错季蔬菜）是夏秋生产的主体，与大田粮油作物相比，种植效益较高，是农民增收的主要来源之一。露地蔬菜分布广，适应性强，全省范围内均有种植，与设施蔬菜相比，生长期短，易栽培，成本低，产量高，是平原地区夏秋蔬菜生产的主要种植形式。在4~11月份，露地菜国内市场占有率达70%以上。如永年的大蒜、永清的胡萝卜等，已打入国际市场，带动了当地农民增收。

除此之外，如番茄、黄瓜等茄果类已大部分实现设施种植，可实现周年生产（见表3-4）。

表3-4　各县（市区）主栽品种生产周期

主栽品种	生产周期
大白菜	以露地种植为主，4~12月
甘蓝菜	以露地种植为主，4~11月
花椰菜	以露地种植为主，5~9月
番茄	永清、固安、霸州、饶阳等地的设施番茄已实现周年生产 露地种植集中在6~10月
黄瓜	丰宁、永清、固安、霸州等地的设施黄瓜已实现周年生产 露地种植集中在5~10月
豆角	霸州的设施豆角已实现周年生产，其他县市设施种植集中在10月至次年6月 露地种植集中在5~10月
茄子	设施种植集中在10月至次年6月，露地种植集中在7~10月
土豆	以露地种植为主，6~10月
胡萝卜	以露地种植为主，5~11月
白萝卜	定兴的设施白萝卜已实现周年生产，其他县市设施种植集中在6~10月 露地种植集中在6~10月

6. 产品质量

河北省近年来不断加大无公害蔬菜生产力度，全省制定和推广了一大批多项蔬菜无公害标准化生产技术规程，基本覆盖了河北主要蔬菜种类。调查的20个蔬菜主导县（市区）全面普及了无公害标准化生产技术。目前已经初步形成了省、市、县三级农产品质量检测体系，包括12个省、市级农产品质量检测中心，25个县（市区）农产品质量检测中心，能够实现对全省大中城市蔬菜市场、无公害农产品认定产地、无公害蔬菜生产示范县、全省蔬菜生产大县（市区）及产地批发市场的主要蔬菜进行全面质量抽检。近年蔬菜质量抽检合格率都在99%以上。2014年“三品一标”认证产品超过4300个，位居全国前列。全省认证无公害蔬菜2747个，绿色产品1248个，有机产品11个。

同时加大监督及执法力度。按照国家颁布的《无公害农产品管理办法》等法律法规要求，在积极引导生产基地和生产经营企业搞好产品自检的同时，进一步加大了执法部门产品质量检测机构对蔬菜基地、龙头企业生产过程及市场产品质量的监督检验，增加了抽测次数和样点，并定期公布检测结果。根据河北省质量安全监测中心数据显示，全省2014年抽检蔬菜样品合格率达到99.4%，比2002年合格率提升了20多个百分点。

7. 产业化发展水平

随着河北省蔬菜品牌市场知名度的提升，蔬菜产值不断上升。调查的物流圈内各县（市区）蔬菜产业化水平也在不断提升。2014年张家口涿鹿县蔬菜种植面积已达到6万亩，蔬菜种植规模稳步提高。承德市食用菌生产规模达到9.8亿盘，自主品牌“兴香1号”香菇，远销美国、加拿大和国内北京、天津、山西等大中城市。

保定涿州设施蔬菜栽培已经形成日光温室、大棚、中棚、小拱棚、地膜和露地多元种植模式。廊坊市安次、固安、三河等区县，以精品高档蔬菜为发展目标，拓展蔬菜发展的多功能化，形成了安次茂雄特菜、万亩芹菜基地、香河的万亩荷花产业园、广阳的精品设施蔬菜、固安牛驼镇、彭庄乡绿色蔬菜种植基地等一大批集蔬菜生产、加工、休闲及参与体验功能于一体的多元化蔬菜发展示范园区。种植品种多元化，区域化种植规模初具雏形。

张家口和承德以规模化露天种植为主，主要是冷凉错季蔬菜，品种有番茄、黄瓜、茄子、甘蓝、架豆角、辣椒等。“合符”“玉亮”“佳和生态”“红庙农庄”“小五台”“宏商”等知名品牌影响力较大。

廊坊、保定13个区县以生产精品、特色绿色蔬菜为发展方向，其中，香河10余个特色蔬菜品种荣获全省农交会名优产品称号，80%销往京津市场。固安县建成万亩绿色番茄生产基地，三河市是河北省24个蔬菜产业示范县之一，属首批“全国无公害蔬菜生产示范基地县”。品种结构日趋合理，产业化水平逐步提高。以优质高效为重点，引进推广优良品种，绿色蔬菜规模生产基地良种覆盖率达100%，精细品种比重达80%以上。立足产品销售，鲜品上市品种与深加工品种相结合；立足良种推广，传统特色品种与高产高效新品种引进。近年来还重点扶持培育了廊坊市长征农业开发有限公司、三河市鑫宇农业发展有限公司、三河市山清种植有限公司等一批省、市、县三级蔬菜龙头加工企业（见表3-5）。

表3-5 蔬菜主产区县（市区）生产主体情况

区位	依托科技园区	依托基地	依托企业与合作社
承德丰宁	丰宁国家农业科技园区	大滩镇、凤山镇、石人沟乡冷凉时差蔬菜种植示范园	昌达农业开发有限公司 堃泰农业有限公司 丰宁思汗农业有限公司 丰大农业有限公司荣达有限公司 丰宁建泽合众食用菌种植专业合作社
承德滦平	滦平国家农业科技园区	长山峪镇设施有机蔬菜生产基地 平坊满族乡设施有机蔬菜生产基地 大屯万亩现代农业示范园	承德尚亚葡萄产业有限公司 北京金罗口农业发展有限公司 承德清谷农业发展有限公司 美绿源现代农业产业园有限公司 兴春和种植有限公司 富绿蔬菜专业合作社 绿丰蔬菜专业合作社 尚亚蔬菜种植合作社 槐香果树种植专业合作社
廊坊三河	三河国家农业科技园区	黄土庄镇蔬菜种植示范园 洵阳镇蔬菜种植示范园 李旗庄镇蔬菜种植示范园	鑫宇农业发展有限公司 璞然生态园有限公司 山清种植有限公司 菜营蔬菜专业合作社 三河市连海蔬菜专业合作社
廊坊广阳	广阳省级农业科技园区	金丰蔬菜园 长征香菇产业基地	廊坊市润绿园艺集团有限公司 河北汇丰源进出口有限公司 晴珑园绿色蔬菜示范园 清雅园绿色蔬菜示范园 双江绿色蔬菜示范园
廊坊安次	安次省级农业科技园区	杨税务乡绿色蔬菜种植区、落垡镇有机特色蔬菜种植区、落垡镇有机芹菜基地、茂雄万亩特菜基地、仇庄精品果蔬基地、杨税务乡落垡镇码头镇蔬菜标准园	幽州农业开发有限公司 亚绿湾农业种植公司 河北闰沃生物技术有限公司 欧华嘉利农业科技有限公司 康缘蔬菜合作社

续表

区位	依托科技园区	依托基地	依托企业与合作社
廊坊固安	固安国家农业科技园区	彭村、渠沟蔬菜种植示范基地 牛驼镇蔬菜种植示范园	农合果蔬、兴芦绿色蔬菜种植有限公司 河北欧朗斯农业开发有限公司 鑫中兴、昊缘、万兴、汇康等蔬菜种植专业合作社 兴芦绿色蔬菜种植有限公司
保定涿州	涿州国家农业科技园区	高官庄千亩蔬菜标准基地 河北惠友三兴蔬菜生产基地	润雅农业科技开发有限公司 惠友三兴农业科技有限公司 华乐种苗有限公司 高官庄镇润雅蔬菜标准园

三、北京市蔬菜需求特征及自产情况

（一）北京市蔬菜需求特征

1. 消费总量

根据2012年调研数据，以北京市人均每日蔬菜消费量1.142千克，全市常住人口2069.3万人，流动人口291.7万人，高校日蔬菜消费量0.0263万吨的基数进行测算，按照6.45%的损耗，测算一级批发市场蔬菜需求量，见表3-6。研究结果显示，北京每日蔬菜净消费量为2.721万吨，折算到批发市场流通层面，每日蔬菜总需求量为2.91万吨，年度蔬菜总需求量为1062.2万吨。

表3-6　北京蔬菜需求量测算

人均日消费量（千克）	人口数（万人）	高校日消费（万吨）	全市日总净消费（万吨）	损耗率（%）	批发市场日需求量（万吨）	年总需求量（万吨）
1.142	2361	0.0263	2.721	6.45	2.91	1062.2

2. 消费结构

北京市消费量最大的几个主要蔬菜品类，包括：小白菜、油菜、韭菜、芹菜、菠菜、茴香、球生菜、茼蒿、空心菜、莜麦菜等10种叶菜类蔬菜；黄瓜、茄子、番茄、柿子椒、小辣椒等5种果菜类蔬菜；葱头、南北瓜、胡萝卜、白萝卜、土豆、山药等6种储存类蔬菜。

如图3-8所示，2002—2015年，随着北京市常住人口从1423.2万人增长到 2170.5 万人，且人们追求健康饮食的理念不断加强，绿叶菜消费持续走高，尤其是这些主要蔬菜的消费量持续增加，13 年间涨幅达 132%，且主要蔬菜品种消费量占北京蔬菜消费量的比例维持在 54%~59%，年均变化率为 1.6%，比较稳定。

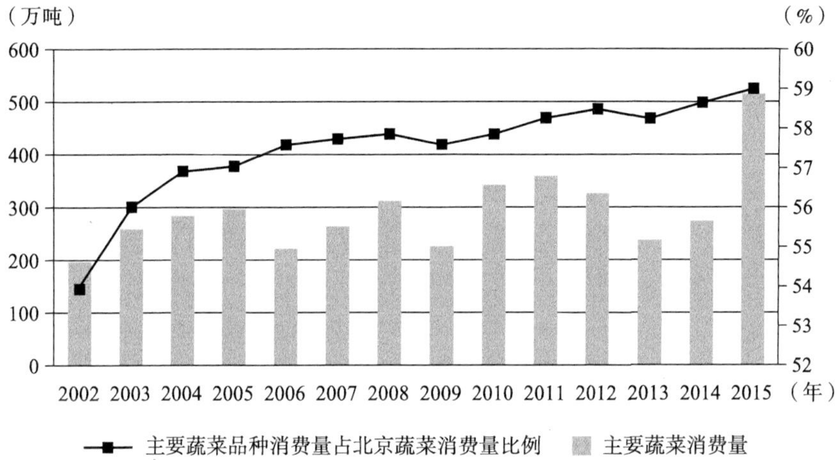

图 3-8　2002—2015 年北京市主要蔬菜消费比例

如图 3-9 所示，从蔬菜品种消费结构来看，2002—2015 年，储存类蔬菜和叶菜类蔬菜上市量占北京蔬菜上市量的比例不断提高。从 2007 年开始，储存类蔬菜上市量比例持续领先于果菜类蔬菜，果菜类蔬菜上市量比例不断减少，但仍高于叶菜类蔬菜上市量。

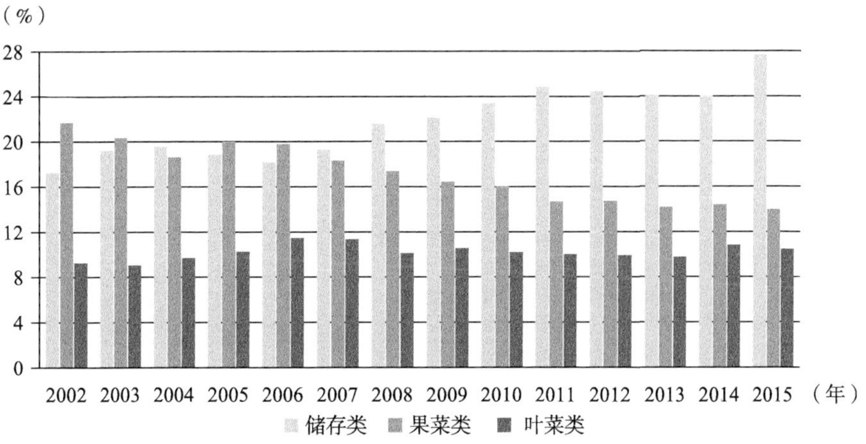

图 3-9　2002—2015 年北京市蔬菜消费比例变化

3. 消费意识

(1) 对农产品安全性的关注度较高

随着消费层次的升级，北京居民对农产品消费的安全意识、营养意识、价格意识也在增强。安全意识增强意味着消费者不仅需要“吃得饱”和“吃得好”，还要吃得安全、放心；营养意识增强意味着消费者不仅注重农产品的质量、外观特色、品牌及附加服务，还开始更注重农产品的营养；价格意识增强意味着消费者还关注农产品的性价比，农产品仅实现优质还不够，还要做到优价。

调查发现，消费者对质量安全关注度最高，达 86. 4%。其中，城镇家庭和农村家庭居民对蔬菜安全关注度分别为 50. 5%和 33. 5%，其次是新鲜和实惠，例如农村家庭中，关注蔬菜新鲜的占 31%，仅次于安全，关注蔬菜价格实惠的占 18%。城镇家庭中对实惠和购买便利均为 10%左右的关注度。

其中城镇家庭关注的前三位分别是安全、价格、购买便利，占比分别达 50. 5%、10%及 9%，农村家庭关注的前三位分别是安全、新鲜度及价格，占比分别达 33. 5%、31%及 18%。相比而言，除最为关注的质量安全外，农村家庭更关心蔬菜的新鲜度，城镇家庭则更为关注购菜的便利性。

外观观察是居民家庭辨别蔬菜安全性的主要依据，通过品牌标签、认证和可追溯标志的在城镇家庭中合计占到 28%，在农村家庭中仅占 19%（如图 3-10 所示）。

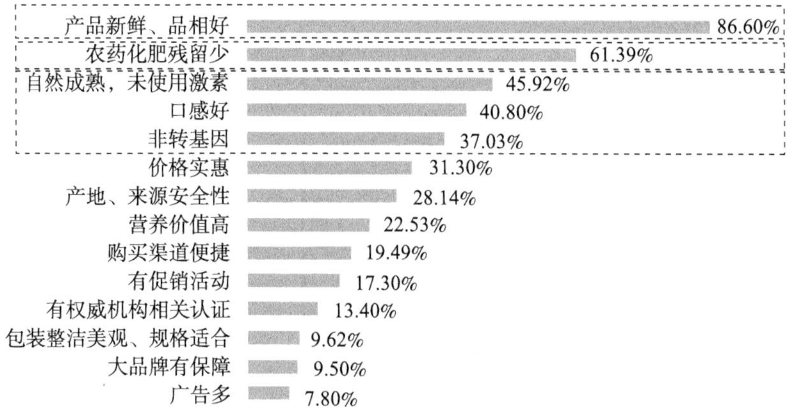

图 3-10　消费者购买蔬菜看重因素

（2）对蔬菜的新鲜度和营养价值较为关注

对北京的中高端消费者来说，蔬菜产品新鲜、品相好是购买蔬菜考虑的因素，营养价值高和有权威机构相关认证也是重要的因素，对新鲜程度的关注度为65.3%，对营养价值的关注度为36.6%。

（3）对农产品知名品牌较为信赖

通过调查发现，六成多的消费者购买过有机农产品或超市中的安全优质农产品。大多消费者认为有机农产品比普通农产品更营养、更健康，种植环境好，生长中少农药或无农药，是天然无添加的产品。多数消费者不约而同地提到了希望由政府或国家政策对有机农产品质量监管体系进行主导，可以出台有机产品的质量标准或强化现有标准。

（4）餐饮行业对净菜需求较高

北京餐饮企业主要需求基本是20~30个品种，包括大白菜、茼蒿、生菜、白萝卜、胡萝卜、冬瓜、土豆、黄瓜、番茄、青红椒、圆茄子、大葱、姜、芹菜、甘蓝菜、菠菜、香菜，并以净菜需求为主。而且大的餐饮企业都以指定采购（如首旅集团、华天集团）或统一的农产品采购平台（如东来顺）为主。对蔬菜的新鲜程度、口感、安全等要求较高。

4. 消费习惯

（1）居民家庭蔬菜消费品种较为集中

北京居民家庭对蔬菜消费品种具有明显的偏好。黄瓜、番茄、土豆、甘蓝菜、茄子、芹菜、架豆角、韭菜、菠菜、柿子椒、油菜、西葫芦、葱、大白菜、白花椰菜、冬瓜等16个品种属于常年消费品种，占到日常消费量的65.7%。

（2）居民家庭蔬菜消费具有季节性

北京居民家庭蔬菜消费品种的季节性与蔬菜生产供应的季节性基本一致。四季度蔬菜消费量要多于第二、三季度，平均多消费0.0675千克左右，幅度为6.1%。5月份和8月份，居民对黄瓜、番茄、茄子、柿子椒等4种果菜类蔬菜消费量占全部蔬菜消费总量的28%左右，对芹菜、韭菜、菠菜的消费也有较强的偏好；11月份和1月份，居民对大白菜的消费明显增加，其次是番茄、黄瓜、茄子等果菜类蔬菜。

（3）中高端消费者对新鲜度更为关注

中高端人群的农产品消费第一关注点是农产品的新鲜程度，他们更愿意在大型超市/大卖场购买安全优质的有机农产品，也尝试通过网购形式购买农产品，对于农产品品牌的依赖程度比较高。

5. 购买渠道

（1）普通家庭以早晚市和农贸市场为主要购买场所

早晚市和农贸市场（菜市场）是北京居民购买蔬菜时的首选场所，有超过75%的家庭第一意愿是在这两个场所购买蔬菜。在城镇家庭中，有43.4%的家庭第一意愿是在早晚市购买蔬菜，34.3%的家庭第一意愿是在农贸市场（菜市场）买菜；农村家庭中，第一意愿是在农贸市场（菜市场）买菜的占45%，在早晚市买菜的占30%。另外，在城镇家庭中，生鲜超市、社区菜店合计占到两成左右，也是城镇居民购买蔬菜的重要渠道。

（2）中高端消费者以大型超市/大卖场为主要购买场所

大型超市/大卖场是购买农产品的最主要渠道；其次是农贸市场和小区便利店；有三成的消费者也经常在果蔬/肉品/粮油专营店和批发市场购买农产品。对农产品质量安全越关注的消费者在购买产品时，对大型超市/大卖场、果蔬/肉品/粮油专营店这种更为专业的渠道相对更青睐（如图3-11所示）。

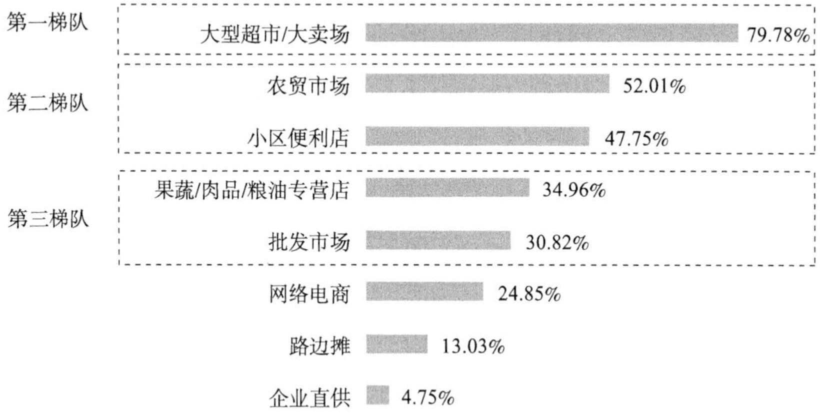

图3-11 北京消费者购买蔬菜主要渠道

（二）北京市蔬菜自产情况

经过多年的发展，北京市蔬菜形成了以出口蔬菜、加工配送蔬菜、观光休闲蔬菜为主的产业化模式。在产业化发展过程中，各区结合当地蔬菜发展的优势和特点，形成了各具特色的蔬菜区域主导产业，如延庆区的出口菜、大兴配送菜、房山区食用菌、通州区加工菜等。但基于北京耕地成本高、耕地面积下降等影响，蔬菜产量逐年下降。据统计，2015 年北京蔬菜播种面积为 81.4 万亩，总产量为 205.1 万吨，总产值为 71 亿元。蔬菜单产水平为 2520 千克/亩，与本次调查的河北蔬菜主产县（4197 千克/亩）相比，单产水平较低，仅为河北单产水平的 60%。从种植结构看，生菜、大白菜等叶菜类蔬菜面积约占 49%，番茄、黄瓜等果菜类蔬菜面积约占 27%，萝卜等储存类蔬菜面积约占 7%。从上市规律看，北京自产蔬菜呈现“两淡两旺”的上市规律，两个淡季为 1~4 月和 12 月冬淡季以及 8 月、9 月夏淡季，两旺季为 6 月、7 月春旺季和 10 月、11 月秋旺季。

根据年度蔬菜总需求量为 1062.2 万吨测算，目前北京自产蔬菜自给率仅约 20%。城区附近的新发地、大洋路、岳各庄三大批发市场主要以销售外埠蔬菜为主，比例高达 80%以上。与批发市场数据相比较（见表 3-7），番茄产量基本可以满足总需求，芹菜、黄瓜、茄子自产占比也较高，均达到或超过了总需求量的 50%，但是由于北京蔬菜生产存在明显的淡季和旺季特点，在淡季期间内，大部分品种还是要依靠外地蔬菜输入补给。自产占比最低同时也是市场消费最大的品种是土豆，主要依靠外地供应。

表 3-7 蔬菜主要消费品种的自产与需求情况对比

消费排名	蔬菜品种	批发量（万吨）	自产量（万吨）	自产占比（%）
1	土豆	71.3	1	1.4
2	大白菜	56.8	27.9	49
3	甘蓝菜	51.4	7.2	14
4	番茄	34.8	32.6	94
5	黄瓜	31.3	21.9	70
6	花椰菜	29.4	6.6	23
7	白萝卜	29.7	10.9	37
8	茄子	22.4	12.4	56
9	芹菜	19.1	16.4	86
10	豆角	16.4	5.3	32

以上对北京市蔬菜需求特征及自产情况进行了分析，主要研究结论概括如下：

（1）北京日蔬菜总需求量为 2.91 万吨，年度蔬菜总需求量为 1062.2 万吨。

（2）北京市蔬菜消费品种结构较为稳定，消费量比较大的蔬菜有 21 种，其中，叶菜类10种、果菜类5种、储存类6种，且消费量持续增加。

（3）蔬菜消费需求变动受质量安全性、新鲜度和品牌因素的影响，总体上消费者对质量安全关注度最高达86.4%，其次是新鲜程度和营养价值。此外，餐饮行业对净菜有较大需求。

（4）北京居民家庭日常蔬菜消费品种具有明显的偏好，且与蔬菜生产供应保持较为一致的季节性特征，主要上市品种替代不明显。中高端消费者对有机、绿色、无公害的有一定认知，更加关注知名品牌。

（5）购买渠道上，普通家庭购买农产品的主要场所是早晚市和农贸市场，中高端消费者主要在大型超市和大卖场。居民意愿网购蔬菜的比例达70%（高于全国50%）。

（6）北京蔬菜自给率较低。北京蔬菜虽产业化水平较高，但与庞大的消费市场相比，北京市蔬菜供需缺口较大，自产蔬菜难以满足本地消费需求，蔬菜供应以外来为主。

四、京冀蔬菜流通现状及模式分析

（一）京冀蔬菜流通主体分析

1. 蔬菜产地经营者

（1）蔬菜专业合作组织（菜农）

菜农和蔬菜专业合作组织处于蔬菜流通的前端，其中菜农以自销方式参与蔬菜流通，蔬菜专业合作组织通过统一流通维护菜农在交易中的地位。据统计，截至2013年，在河北省工商部门登记注册的蔬菜专业合作社已达到1850多家，占全省所有农民专业合作社总数的28%。菜农专业合作组织在蔬菜销售方面的做法主要采用三种方式：第一种方式是采用“公司+合作社+社员”的模式，实现大规模、订单化生产销售；第二种方式是通过菜农专业合作组织建立开拓市场、销售渠道、创立产品品牌、控制农产品质量，以协助农民进行销售；第三种方式是以菜农专业合作组织形式与经销商进行交易，提高交易价格，维护菜农在市场中的地位。

（2）蔬菜经纪人

经纪人在产地蔬菜流通中起到了积极作用，蔬菜经纪人多数来自农民，其本身作为一种销售渠道，在客商和菜农之间起着沟通、中介作用，主要从事蔬菜收购、储运、销售以及销售代理、信息传递、服务等中介活动。经纪人了解新的信息，有较强的市场意识，同时具有生产、包装、储运、销售的知识，对菜农销售蔬菜有很大帮助。在更大层面上，经纪人了解市场供求状况，因而在一定程度上也可以引导当地农民的生产。

（3）田头市场

田头市场是菜农自发形成的，没有固定经营场所，一般随着流转土地的变化而变化，具有规模小、灵活方便的特点。田头市场的形成能够减少支出成本，如进场费、场地租赁费等，有助于提高蔬菜的新鲜度。河北蔬菜主产区的供京蔬菜大多通过田头市场直接销往北京。蔬菜田头市场是农民走向市场的第一窗口、销售蔬菜的第一场所、获取市场信息的第一渠道和蔬菜流通的第一环节，在促进农业稳定发展、推动农民持续增收、满足城乡消费需求方面发挥着不可替代的作用。

（4）产地批发市场

产地批发市场分布于蔬菜产地，方便了蔬菜的集中销售。一般建有交易场地和交易大棚，配有地磅以及小型检测室和检测设备。主要功能包括：①维持公平，建有产地批发市场的农村地区，周边乡镇通常由政府组织打击地头交易，减少私下交易维持市场公平；②传递信息，产地批发市场是蔬菜信息的重要集散地，一些市场还通过登记造册方式，联系着菜农和经销商，及时通知和安排双方到市场进行交易；③集中销售，通过市场组织货源，能够满足大批量客商的要求；④食品安全控制，每天对售出市场的蔬菜进行安全检验，虽然设备简陋，但是也能够起到一定的安全控制作用。

2. *蔬菜第三方物流企业*

蔬菜第三方物流是物流专业化的重要形式，其内联生产基地，外联各要货单位，为生产排忧解难，为吃菜单位提供方便，通过物流、配送服务，提高自身的经济和社会效益，为了使蔬菜产品冷链与现代化大市场、大流通对接，蔬菜第三方物流在流通环节担负了重要作用。第三方物流企业通过与菜农签订契约，规定双方在生产、销售、服务及利益分配和风险分担等方面的权利和义务，建立利益共享、风险共担的合作机制，通过点对点的运输节约社会资源，提高了蔬菜流通效率，其专业的冷链设施，能更好地保障蔬菜质量。第三方物流企业能把物流企业先进的科技带到农业领域，可以提供蔬菜加工延伸服务，提高蔬菜产品的附加值，进而推进蔬菜产业化，实现蔬菜的产供销一体化。

3. 蔬菜销地批发市场

销地批发市场承担着集货、交易、信息收集、价格形成和结算等功能，是蔬菜流通产业中最主要的主体。20 世纪 70 年代，北京市出现了第一个农产品批发市场——大钟寺农产品批发市场，此后批发市场逐步成为蔬菜流通的核心环节。目前北京已形成新发地、大洋路、岳各庄、八里桥、水屯等八大农产品批发市场，现已是河北进京蔬菜的主要流通销售平台。蔬菜销地批发市场目前的主要交易方式是摊位即期对手交易，经销商租赁摊位进场交易，交易主要为现货，由经销商与供应商、零售商直接交易。经销商是批发市场里从事蔬菜流通的实体，批发市场向经销商收取摊位费和手续费。蔬菜批发市场广泛吸收各地菜源，对调节蔬菜供求、蔬菜价格形成、保障蔬菜市场供应、提升蔬菜流通的效率和质量方面起到积极作用。

（1）城市蔬菜零售商

超市、社区菜市场和集贸市场处于蔬菜流通末端，承担着蔬菜的分销和零售职能。城市蔬菜流通主体除了批发市场外，还包括大中小型超市、蔬菜直营店、社区菜市场和早市等。

（2）蔬菜网络销售商

随着信息产业发展迅速，农产品网络销售正在成为一种新型的跨地区的农产品流通渠道。蔬菜网络销售和信息产业的主要形式是农产品电子商务网站，举办该类网站的主要有各级农业部门和政府、批发市场和农贸市场、经销企业、农业信息网站，以及其他少量农业合作组织、配送加工企业等。蔬菜网络销售和信息产业目前虽处于初级阶段，但其对蔬菜流通的作用将日趋加大。蔬菜网站的直接作用是通过发布市场信息而形成蔬菜市场行情和价格，从而打破了物流和交易场所对蔬菜交易的限制，大大减少了交易时间和交易成本。

（二）京冀蔬菜流通渠道分析

河北省是北京蔬菜的主要供给地之一，随着京津冀一体化战略，京冀为打开蔬菜流通通道，做了诸多工作，在项目对接上，已形成京张合作、京承合作、京保合作及京廊合作。张家口蔬菜销售量占北京蔬菜总销售量的 15%；京承各类农业合作项目达 100 多个；廊坊借助区位优势，建设农副产品进京绿色通道，全市 60%的瓜菜销往京津；保定承接了北京新发地在高碑店、定兴、涿州 3 个分市场建设。河北省供应北京超市的蔬菜每天达到 1100 吨以上，6 个合作社率先进入北京开办了 108 家社区直营店，日销售 1500 吨。

1. 蔬菜生产流向分析

（1）河北蔬菜外销情况

目前，河北省蔬菜的外销率达到 70%，不仅已成为全国蔬菜生产大省，同时还是蔬菜的输出大省。河北省蔬菜辐射 27 个省区市，在全国各大城市的市场占有率稳步提高。河北蔬菜占北京市场的 53%以上，天津市场的 42%以上，居外埠进京津蔬菜市场份额之首；盛夏季节的张家口、承德的大白菜和胡萝卜等错季菜在广州、深圳、上海等地市场占有率达到 70%以上。蔬菜出口规模不断增加，蔬菜出口的国家和地区已达 30 多个。出口量最大的国家是马来西亚，其次是韩国和日本，出口格局包括亚洲市场、欧洲市场和北美市场，其中 70%以上出口到亚洲市场。

（2）河北蔬菜供京情况

据北京市场统计，河北和山东是北京蔬菜的主要供应地，占到全年上市量的 50%以上。5 月份随着天气转暖，露地蔬菜生产逐渐取代设施大棚，河北蔬菜供应比例上升较快，到 6 月份河北蔬菜基本占到北京蔬菜总量的四成，其中廊坊、保定等北京周边地区蔬菜供应比例较大。7 月、8 月、9 月，蔬菜整体上市量处于较低的水平，这 3 个月通常被称为“夏淡季”，典型特征是露地蔬菜生产转向张家口、承德等冷凉地区。这 3 个月河北蔬菜平均占到北京蔬菜供应总量的近五成，是一年四季中供应比例最高的时期。大白菜的供应比例更是超过了 90%，其中张家口的供应比例接近 50%。

在本次调研中，各县（市区）利用环北京一小时物流圈的地理优势，将北京作为蔬菜主销地点。平均供京比重达 49%，一半以上供京比例超过 50%，其中丰宁县、崇礼县、广阳区、永清县、固安县蔬菜的供京比重更是超过了 80%，是河北供应北京的主要地区（如图 3-12 所示）。

2. 不同经营主体的蔬菜流通渠道

为进一步摸清河北蔬菜流通模式与路径，课题组在对 20 个蔬菜主产大县（市区）生产情况进行调研的基础上，每个县（市区）选择 10 个生产主体，共涉及农户 54 个、合作社 93 家、企业 43 家。通过问卷调查与访谈相结合的方法，获取农户、合作社、企业的蔬菜流通渠道情况。

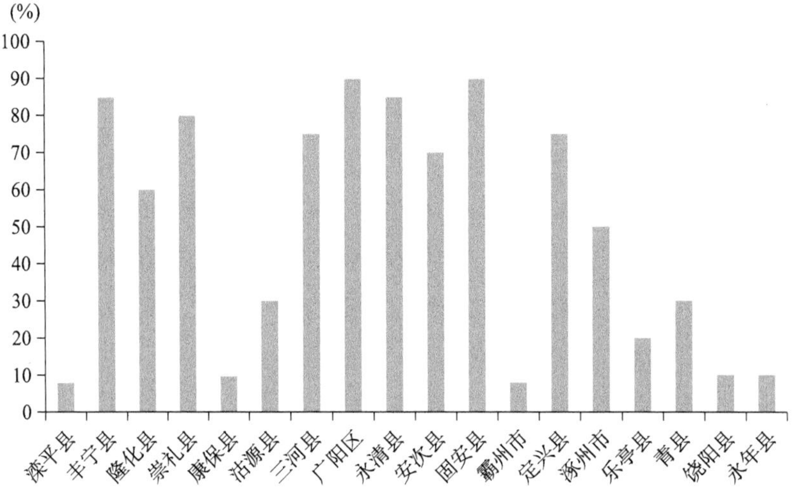

图 3-12　各县（市区）蔬菜供京比重

调查结果显示，种植大户的销售渠道较为单一，商贩或批发市场约占整个销售渠道比重的98%，仅一家种植大户将种植的甜菜全部售予加工企业用于净菜加工。供应北京方面，年供应量5万吨，约占大户生产总量的49.5%，其中丰宁、崇礼、广阳、固安、涿州、三河地区供应北京量较大。叶菜类的大白菜、花椰菜、菠菜、芹菜，果菜类的番茄、黄瓜、豆角、茄子，储存类的土豆、白萝卜供京量较大。

合作社在销售渠道上相对增多，主要有商贩、批发市场、加工企业、超市、观光采摘五种类型，但商贩、批发市场仍是主要渠道，约占总体的80%。供应北京方面，年供应量35.7万吨，约占合作社生产总量的58%，其中隆化、永清、固安地区供应北京量超过80%。合作社销路相对较广，除北京外，东北三省、天津、上海也是主要销售区域。

企业销售方面商贩、批发市场约占60%，企业与超市签订单的较多，农超对接约占20%，此外还有部分出口型企业，运往欧洲、日本等地。供应北京方面，年供应量46.7万吨，约占企业生产总量的47%。

3. 京冀蔬菜供求渠道对比

供需渠道是产品产业链的起始点和中间连接节点，同时也是连接整个产业链的通道，包含着蔬菜产品的采购方式、储存、运输方式，供需渠道是否稳定畅通、高效有序，决定着整个市场物流效率，是影响市场供需比的重要因素（见表3-8）。

河北省蔬菜供京的渠道较为单一，商贩或批发市场占整个销售渠道的80%以上，而这种传统的销售模式，物流链长、交易成本高、信息反馈效率低下，大大提高了蔬菜供应的成本与风险，限制了河北环京一小时物流圈蔬菜供应的优势发挥。

表 3-8 京冀蔬菜流通供求对比

分类	北京需求侧	河北供给侧	问题
销售意愿	（1）普通家庭日常消费比重高，早晚市购买 （2）中高端人群超市采购消费增多 （3）注重营养均衡	（1）蔬菜销售以批发渠道为主，超市流通比例不高 （2）针对不同消费人群的定制性生产不多	（1）扩大直销渠道，增加超市供应比重 （2）满足中高端定制化消费 （3）农产品搭配型供应
流通渠道	（1）70%批发市场、20%大型超市、10%社区店，70%电商 （2）应急保障收购	（1）蔬菜等流通渠道对于中间商的依赖大 （2）农业生产者的供求信息获取、运输能力有限 （3）电子商务等新型营销方式需要培训	（1）便利化销售模式问题 （2）社区直供问题 （3）电商发展问题 （4）正规化农产品上市渠道 （5）加强产销信息对接 （6）培育新型农业经营主体

（三）京冀蔬菜流通模式分析

蔬菜流通模式是指在蔬菜流通过程中由流通主体、流通环节、流通渠道以特定的组合来完成对商流、物流、信息流的转移，从而完成蔬菜交换的方式。蔬菜作为一种易损耗的农产品，其在流通过程中具有一定的特点。目前，河北省蔬菜流通模式主要包括以传统的批发市场为核心，以农贸市场、零售企业、机关、餐饮为基础零售端的传统流通模式；另一种模式是现代业态的以超市为核心，以第三方物流作为农产品流通手段的蔬菜直销模式。

1. 传统流通模式

传统流通模式以批发市场为核心，能够完成将初级、适合不同层次购买能力的农产品输送给消费者，优势表现在强大的集散功能，实现的是农产品的走量，可对接零售企业（连锁店、超市等）、农贸市场、餐饮以及食堂等，承担着约70%的农产品流通任务。进入农产品批发市场的流通商包括合作经济组织、中介组织（个体农产品流通运销公司、运销商、收购商、经纪人、批发商、零售商）。

现阶段，河北省的蔬菜流通过程大部分是采用传统流通模式，即蔬菜从农民的田间地头到市民的菜篮子里，至少要经过产地采购、运输、批发、零售等几个过程，中间还夹杂着大大小小的蔬菜经销商，流通环节很多，具体如图 3-13 所示。

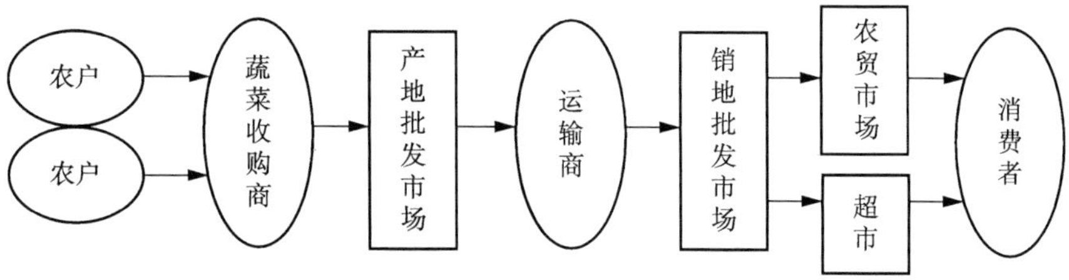

图 3-13　河北供京蔬菜传统流通模式

而在河北省蔬菜的供应过程中，农产品批发市场无疑起到了很关键的作用。近几年来，河北省批发市场的数量在不断增长，设施和功能不断完善，目前 58 个县（市区）建成了年收入 500 万元以上的蔬菜专业批发市场，石家庄桥西、定州等 16 家国家农产品定点批发市场，全部与农业部蔬菜信息网联网，新发地在保定建立分市场，使蔬菜价格与产销地之间的供需信息能够及时上网、互联互通。

蔬菜种植者销售蔬菜，之后蔬菜被经销商们转到产地批发市场，再运到销地蔬菜批发市场，最终到达零售终端销售给消费者，从而形成了典型的“散—聚—散”三段式物流模式，如图 3-14 所示。

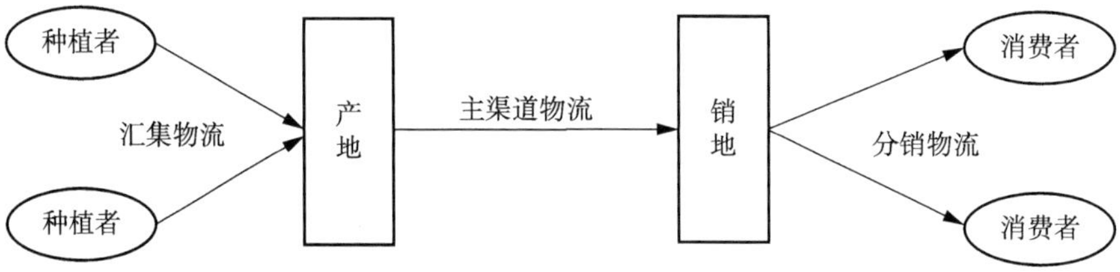

图 3-14　三段式物流模式

据本次调研，河北蔬菜 60%的流量是通过直接与北京批发市场进行交易，或间接通过商贩经批发市场进入北京市场。而河北省内的许多大型批发市场也都处于蔬菜物流供应链的重要环节，如保定市的工农路蔬菜果品批发市场、三丰果品批发市场、定州蔬菜批发市场等，借助自身强大的集散功能将大部分蔬菜送往不同的销售终端，形成了较为稳定的蔬菜销售渠道。可以说，批发市场已经成为蔬菜等农产品流通和交易的中心，成为农产品流通网络的节点，联结着农产品起始的生产和终端的消费。根据调研，通过商贩及批发市场等多级营销环节进行交易、流转的蔬菜占到产量的 80%以上。

目前，通过批发市场和农贸市场等多级营销环节进行交易、流转的蔬菜占河北省蔬菜总量的比例超过了 70%。蔬菜属于附加值低的初级农产品，其对流通费用的承受力有限，在这种销售模式中，每个环节的中间商都会以提供的服务为参考，收取适当的费用。相关资料显示，河北蔬菜的流通费用占零售价格的比例超过 65%，流通环节过多，造成蔬菜流通成本增加，最终导致销售价格升高。另外，蔬菜属于生鲜产品，具有易损耗的特质，销售过程中过多的装卸、运输、搬运环节会造成蔬菜的损耗，蔬菜容易失鲜甚至腐烂，特别是在运输甚至仓储设备都无法达到蔬菜保鲜的情况下，会导致其价值降低。在很多情况下，很多类蔬菜从田间地头到消费者手中，会有 1/3 的营养成分在整个流通过程中被消耗甚至丢弃。在传统的批发市场销售模式流通中，存在过多的环节，不但加大了蔬菜的损腐成本，而且收益不高。许多发达国家的蔬菜中间环节少，供应链发展相对较完善，我国蔬菜的流通损腐率很高，达到 30%左右，是发达国家的 5~6 倍。将流通过程中蔬菜的损腐成本都转嫁到消费者的身上，是造成蔬菜零售价格上涨的直接原因。

2. 蔬菜直销模式

蔬菜直销模式是指蔬菜生产者或合作社直接将蔬菜或经过一定程序加工处理后的蔬菜半成品，通过不同销售方式以及流通渠道运往企事业单位、食堂、超市、蔬菜直营店及普通消费者等（如图 3-15 所示）。这种模式最大的优点是减少流通过程中冗余的环节，从而大大降低了在流通过程中蔬菜的损耗，维持蔬菜价格的稳定。参与主体涉及农户、合作社、超市、政府、运输商（或者第三方物流），其中政府不参与流通过程中利润的分享，只是作为组

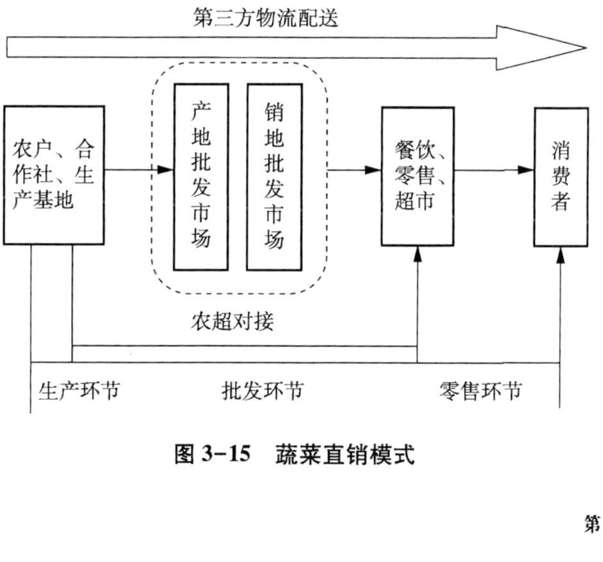

图 3-15　蔬菜直销模式

织协调、调控者参与其中。政府参与的动机是基于蔬菜流通的正向外部性。蔬菜直销模式的根本目的是减少流通成本，使利润向生产端和消费端回流。

首先，蔬菜直销模式可以使全程质量监管变得更加容易，尤其是对蔬菜生产、运输等过程的监管，可以为居民消费者提供质量安全可靠，品种丰富新鲜的蔬菜。其次，能够有效解决蔬菜产销间信息衔接不通畅问题，使蔬菜销售渠道更加稳定。根据本次调查结果，目前河北蔬菜生产者主要的直销方式有农超对接、蔬菜直营店、农企对接等（如图 3-16 所示）。

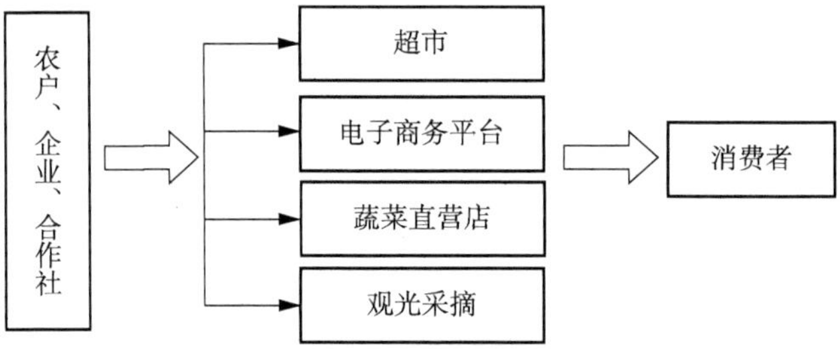

图 3-16　蔬菜直销模式渠道

（1）蔬菜“农超对接”“农校对接”等直销模式

蔬菜“农超对接”“农校对接”“农餐对接”等直销模式将蔬菜经过一系列加工处理后直接运送至零售业者、超级市场、蔬菜专柜、农贸市场、消费大户、学校、机关食堂等，通过减少中间环节，降低蔬菜价格。2012 年北京市开展“农超对接”的超市已扩展至 10 家，经营生鲜的卖场超 400 家，与全国 120 家农业合作组织建立了合作关系。通过“农超对接”渠道的直接采购额占果蔬总采购额的 45%，降低果蔬经营成本 10%～15%。京津作为华北地区的经济中心、文化中心，辖区内的政府机关、学校、企业数量众多，集体食堂每年消费蔬菜数量可观。仅北京市就有各类学校 3367 所，有学生与教职工达 376 万人，庞大的消费群体为蔬菜直销提供了先决条件。近年来，河北省各蔬菜合作社积极拓展销售渠道，进军北京、天津等大城市。挂靠大中型超级市场扩展“农超对接”，与高等学校农校对接，同时不仅与农贸市场合作签订销售协议进行订单生产，还积极扩展新的销售渠道。如固安县顺斋瓜菜种植专业合作社继与北京京客隆商业集团签订 15 年的“农超对接”产销合同后，向蔬菜产业合作化、产业化迈进重要一步。该合作社现有社员 1200 户，瓜菜种植面积 1. 2 万亩，带动了周边 21 个村街 3000 户农民致富。

（2）蔬菜直营店模式

“农社对接”作为新型的农产品流通模式，是在居民社区开办固定的农产品销售场所，农产品通过产地直接输送到居民社区销售，保证农产品新鲜、低价，尤其适用于蔬菜类生鲜农产品销售。从2010年开始，由河北省一些城市供销合作社建立“三位一体”蔬菜直采直销平台，即依托龙头企业、配送中心，一头连接蔬菜合作社直接采购，一头深入城市社区建立直销超市、门店对居民销售。“三位一体”的蔬菜直采直销平台减少了批发零售环节，降低了流通费用，对平抑菜价，解决卖菜难等问题发挥了积极作用。目前，河北省有7家蔬菜专业合作社在北京开办直营店，开办之初由当地社区居委会负责安排闲置房源作为经营场所，并由北京市商务委员会一次性补助70%的装修费用，并补助前三年场所50%的租金，永清清源蔬菜专业合作社抢占首都核心区，在西城区建设7个直营店，每个店日销2吨左右。

（3）蔬菜电子商务模式

随着电子商务的兴起，京东、苏宁、天猫等电商的迅速发展为蔬菜产业指出了新的销售模式。蔬菜种植户和专业合作社可以借助互联网、智能手机在网上直接面向终端客户进行销售，免去了传统流通过程中的场地费、批发市场入场费、管理费、人工成本等费用。尤其适用于精细菜、高端菜的销售。电子商务模式可以采用三种方式：一是通过农业信息网络平台进行蔬菜信息供给，如河北果蔬网（http://www.hebchina.com/），及时发布产品信息，为新型规模化蔬菜经营主体的销售提供便利；二是拥有特色蔬菜、高档蔬菜的农民专业合作社依托实体经营场所建立自身的电子商务销售渠道；三是通过在淘宝、天猫等电子商务平台上注册网店的形式进行电子商务交易。

（4）农企对接模式

农业龙头企业具有较高的规模与声誉优势，通过龙头企业以订单合同的形式进行蔬菜加工和精细菜销售。龙头企业可以获得加工原料的稳定供应，蔬菜生产经营主体也可以提高产品质量，规避了市场价格风险。2014年邯郸县帮农、素丽和富成蔬菜专业合作社与安徽省亳州市某食品公司签订了朝天椒收购合同，种植朝天椒约67万公顷，按最低保护价计算，总产值500万元以上，直接带动农民增收。北京市农产品加工企业有1000多家，将对蔬菜等鲜活农产品形成稳定的市场需求。随着生活水平的提高与消费者消费理念的转变，罐头蔬菜、速冻蔬菜、深加工蔬菜市场份额逐步扩大，河北省蔬菜经营主体与京津冀地区农业产业龙头企业对接将对促进农业产业化与农业增收产生重要作用。

3. 蔬菜不同流通模式比较

根据以上分析，参与蔬菜供应的生产经营主体有：生产资料供应商、蔬菜种植户、个体商贩、生产加工企业、超市等。供应链情况如图 3-17 所示。

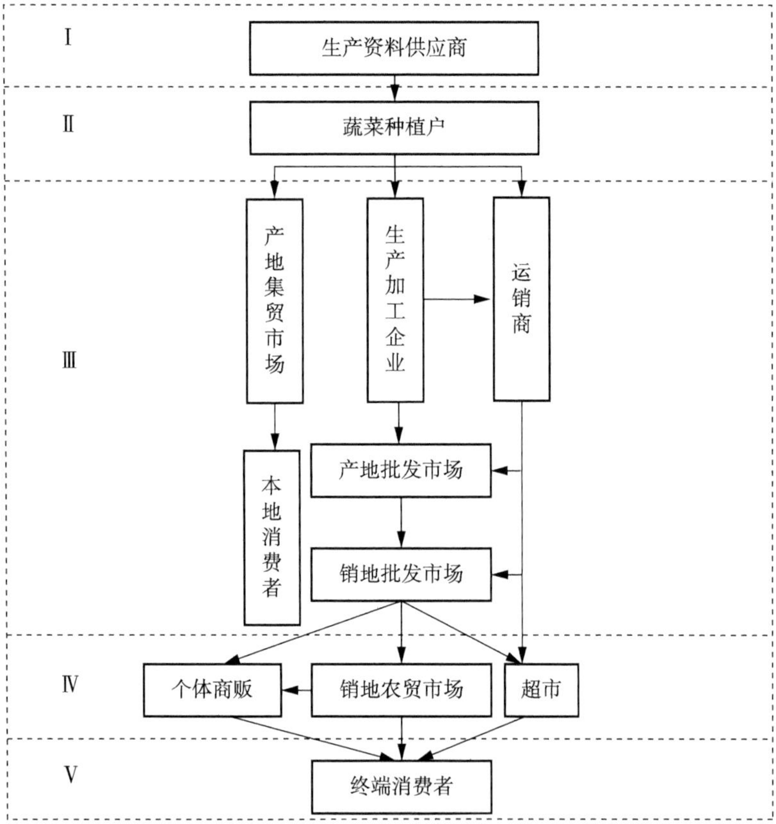

图 3-17 蔬菜供应链

传统流通模式与蔬菜直销模式主要区别于第三阶段，与传统流通模式相比（见表 3-9），直销流通链条的缩短不仅可以节省流通成本，同时信息反馈的质量也提高了，有效改善了农户与消费者之间的信息不对称问题，也降低了蔬菜止损率。

表 3-9　京津冀蔬菜不同流通模式比较

模式	形式	优势	劣势
传统流通模式	农户（合作社）+批发市场+零售端+消费者	强大的集散功能，适应生产力、生产关系的发展	流通成本高，流通效率低，流通速度慢，流通环节多
蔬菜直销模式	农户（合作社）+超市（直营店等）+消费者	减少了流通成本，让利于生产者、消费者，减少了超市等销售商成本，实现三方共赢	生产端组织化程度低，无法匹配强大的零售终端，规模经济发展作用下的终端进入成本高，资产专用性成本高

五、京冀蔬菜供求均衡分析

结合前文对河北省供给端及北京市需求端的数据分析，从供求数量、结构、渠道、质量等方面对比分析京冀蔬菜均衡供应情况及存在的问题。

（一）供求均衡对比

1. 供求数量对比

根据居民蔬菜消费调查，目前，北京市每年蔬菜需求总量在 1062.2 万吨。而本次调研的河北 20 个环京蔬菜生产大县（市区），2015 年蔬菜总产量是 2676.9 万吨，按照调研，河北蔬菜产量 49%进京，年供应量将达到 1311 万吨，足够供应北京市蔬菜需求。虽部分县（市区）表示考虑到生产规模不断扩大与土地、用水资源矛盾的问题，未来将逐渐地控制、调整蔬菜生产规模，但蔬菜主产地位不会改变，河北将是北京市蔬菜应急储备的重要保障地之一（如图 3-18 所示）。

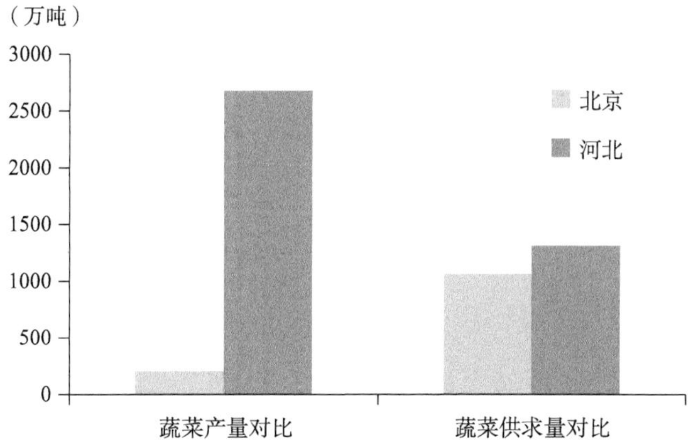

图 3-18　2015 年京冀蔬菜产量及供求数量对比

2. 供求结构对比

（1）居民消费品种结构

根据调查，北京市居民主要蔬菜品种消费需求基本稳定。北京市日常消费的蔬菜品种有 40 多种，其中，叶菜类、储存类蔬菜需求较大，分别占总量的 28.0%和 19.6%。黄瓜、番茄、土豆、甘蓝菜、茄子、芹菜、架豆角、韭菜、菠菜、柿子椒、油菜、西葫芦、葱、大白菜、白花椰菜、冬瓜等 16 个品种属于常年消费品种，占到日常消费量的 65.7%。

从河北的调研数据看，调研区果菜类、叶菜类、储存类蔬菜占比分别为 48%、31%及 21%，番茄、黄瓜、豆角、茄子、大白菜、甘蓝菜、花椰菜、土豆、胡萝卜、白萝卜为主栽品种，其中八种为北京市的常年消费品种，常年消费品种在河北省也均有种植，产销结构基本相符。而根据表 3-7，北京市消费前十名的品种的批发量作为北京的需求量，与物流圈各县（市区）的产量相比（如图 3-19 所示），各品种均能满足北京的消费需求，大白菜、番茄、黄瓜等品种的供给量更是远超过需求量，在满足北京消费的同时也可销往其他地区。

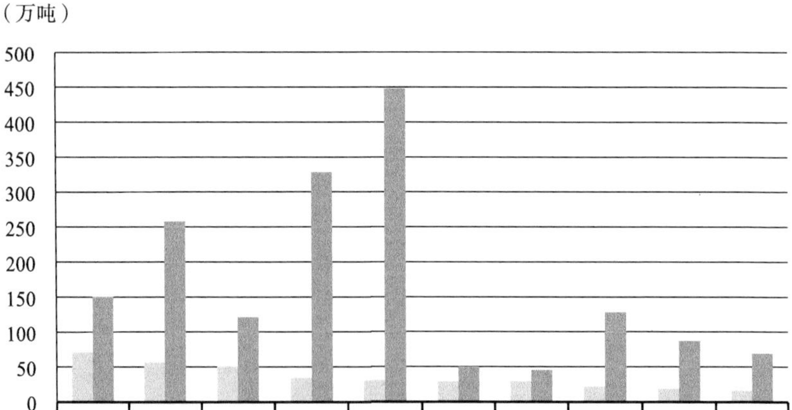

	土豆	大白菜	甘蓝菜	番茄	黄瓜	花椰菜	白萝卜	茄子	芹菜	豆角
需求量	71.3	56.8	51.4	34.8	31.3	29.4	29.7	22.4	19.1	16.4
供给量	151.0	258.2	121.8	329.2	448.3	49.8	45.6	128	87.2	69.3

图 3-19 主要消费品种供需量对比

（2）居民消费品种的季节性

北京市居民家庭蔬菜消费品种有一定季节性。夏秋季节对果菜类和叶菜类蔬菜的消费增加，而冬春季节则倾向于消费大白菜、土豆、白萝卜等储存类蔬菜。5 月和 8 月，居民对黄瓜、番茄、茄子、柿子椒等 4 种蔬菜消费量占全部蔬菜消费总量的 28%左右，对芹菜、韭菜、菠菜的消费也有较强的偏好。11 月和 1 月，居民对大白菜的消费明显增加。

而与北京消费的季节性相比，20 个蔬菜生产大县（市区）已实现四季均可生产蔬菜，其中番茄、黄瓜等果菜类已大部实现设施种植，可实现周年生产，7~9 月的夏淡季更是北京蔬菜消费的主要来源，这段时间大白菜 90%来源于河北，蔬菜供应可以满足北京的季节性需求。

3. 供求质量对比

随着消费层次的升级，北京居民对农产品消费的安全意识、营养意识、价格意识也在增强。蔬菜的质量安全性是居民购买蔬菜时关注的首要问题，蔬菜产品新鲜、品相好、营养价值高和有权威机构相关认证也是重要的因素，而餐饮行业对净菜则有较大需求。此外消费者品牌意识较强，对有机蔬菜需求较大。六成多的消费者购买过有机农产品或超市中的安全优质农产品。大多消费者认为有机农产品比普通农产品更营养、更健康，种植环境好，是天然无添加的产品。

与北京的消费需求相比，河北省近年来也不断加大无公害蔬菜生产力度，基本覆盖了河北主要蔬菜种类。近年蔬菜质量抽检合格率都在 99%以上。2014 年“三品一标”认证产品超过 4300 个，位居全国前列。但产品缺乏营销意识，品牌知名度较低，发展的有机蔬菜较少，且加工较少，难以满足北京的净菜需求。

而随着京津冀一体化发展，北京消费者的蔬菜需求，为河北蔬菜生产提供了广阔的销售市场，而北京市场对安全、营养、绿色蔬菜的需求，也为河北蔬菜加速规模化种植、标准化生产提供了发展空间。

4. 供求渠道对比

供需渠道是产品产业链的起始点和中间连接节点，同时也是连接整个产业链的通道，包含着蔬菜产品的采购方式、存储、运输方式，供需渠道是否稳定畅通、高效有序，决定着整个市场物流效率，是影响市场供需比的重要因素。

北京市普通家庭购买农产品的主要场所是早晚市和农贸市场，中高端消费者主要在大型超市和大卖场。居民意愿网购蔬菜的比例达70%（高于全国50%）。

相比之下，河北省蔬菜供京的渠道较为单一，商贩或批发市场占整个销售渠道的80%以上，而这种传统的销售模式，物流链长、交易成本高、信息反馈效率低下，大大提高了蔬菜供应的成本与风险，限制了河北环京一小时物流圈蔬菜供应的优势发挥。

（二）河北蔬菜供京优势分析

1. 区位政策优势

环京一小时物流圈的蔬菜主产大县中有四个县（市区）与北京接壤，平均进京车程约1.5个小时，依托北京巨大的消费市场与河北大规模生产基地对接，发展环京蔬菜供应保障基地具有区位上和市场上的优势。且随着京津冀协同发展战略上升为国家战略，京津冀交通加速一体化发展，2016年国家发改委等多部委发布《京津冀农产品流通体系创新行动方案》，提出加快构建“环京津一小时鲜活农产品物流圈”，京津冀三地农产品流通领域的发展将驶入快车道，将鼓励蔬菜在产地实现预冷、初加工及分拣，以提高农产品配送效率，本次调研的环京一小时物流圈蔬菜主产大县（市区），作为京津冀农业协同发展的“桥头堡”，其市场容量及吸引范围将不断扩大，北京要抓住这一历史机遇，加强与河北及周边各区沟通协调，充分发挥农业科技、农业品牌、农产品流通、农业信息化等多方面优势，打造互联互通、深度融合、协同发展的农业发展体系，加速环京“菜篮子”供应保障基地建设。

2. 生产空间优势

受级差地租的影响，北京市蔬菜生产的综合成本较高，据北京市农研中心经管站测算，每生产100千克蔬菜的成本，北京市是河北省的282.4%，导致农民种菜积极性不高。近十年来北京市蔬菜种植面积一直呈下降趋势，已由2006年的11.5万亩降至2015年的81.4万亩。总产量也由2006年的341.2万吨，下降到2015年的205.1万吨，已连续十年呈递减趋势（如图3-20所示）。根据自产蔬菜的年产量和常住人口数量计算人均可分配蔬菜数量，北京只有95.3千克，自给率仅约20%，供需缺口大。

相对而言，与北京毗邻的20个河北蔬菜生产大县（市区），2015年蔬菜播种面积为627.7万亩，是北京蔬菜播种面积的7倍，产量为2676.9万吨，更是北京蔬菜产量的 13 倍，而人口仅为北京的 40%，人均蔬菜量达 3138 千克，是北京人均蔬菜量的 32 倍（见表 3-10），其生产规模足以保障北京蔬菜的稳定供应。

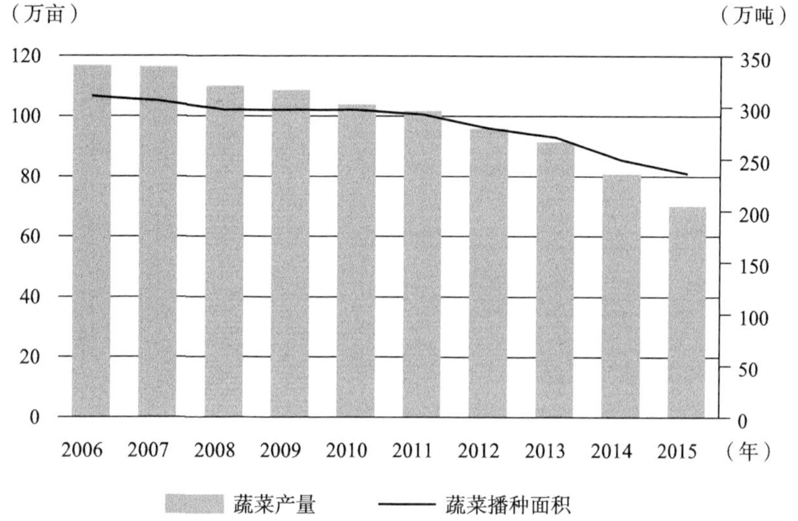

图 3-20　近十年北京蔬菜播种面积及产量

表 3-10　京冀蔬菜自给对比（2015 年）

	蔬菜面积（万亩）	产量（万吨）	人口（万）	人均蔬菜量（千克/人）
北京	81.4	205.1	2152	95.3
河北	627.7	2676.9	853	3138

就各县具体情况而言，2015 年永年县蔬菜产量最高，达 478 万吨，康保县、沽源县、永清县、固安县、定兴县、定州市、乐亭县、青县、饶阳县蔬菜产量均超过 100 万吨（如图 3-21 所示）。而与各县（市区）常住人口相比，沽源县人均蔬菜量最高（如图 3-22 所示），达 6536 千克/人，定兴、永年、饶阳、乐亭人均也均超过 5000 千克，供给量充足。特别就与北京相邻的固安县、丰宁县、涿州市、广阳区、三河市来说，2015 年蔬菜产量分别达到 199.6 万吨、92.8 万吨、77.5 万吨、35.2 万吨及 35.7 万吨，总和 440.8 万吨，接近 2015 年北京自产蔬菜总产量的 2 倍。人均蔬菜量方面分别达到 4990 千克、2379 千克、1201 千克、860 千克及 1568 千克，自给率充足，完全可达到供应北京的需要。

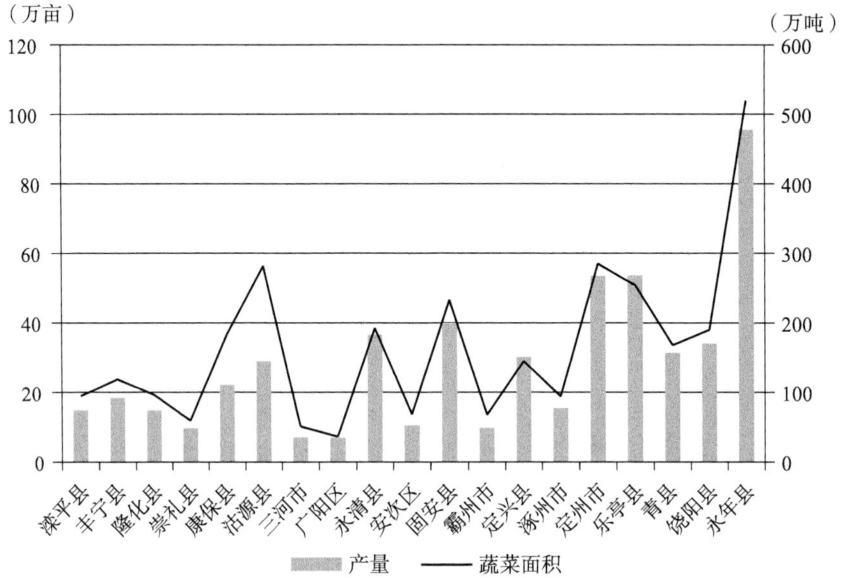

图 3-21　2015 年各县（市区）蔬菜产量及播种面积

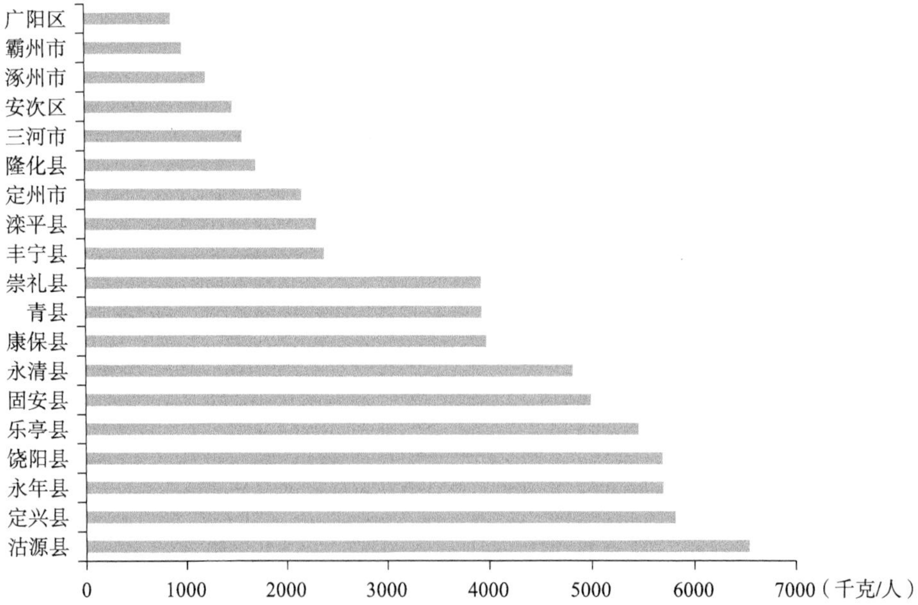

图 3-22　2015 年各县（市区）人均蔬菜量排名

3. 生产周期优势

北京自产蔬菜具有明显的季节性规律，有 1—4 月和 12 月冬淡季以及 8

月、9月夏淡季，在淡季期间内，大部分品种要依靠外地蔬菜输入补给。物流圈内的张家口、承德是全国四大错季冷凉蔬菜主产地之一。由于气候冷凉、无霜期短，尤其是坝上地区，7月、8月最高温度为25℃左右，蔬菜可以安全越夏，从而上市时间较晚，能够与国内大多数蔬菜产区错季互补。由于上市时间的交错，可根据市场需求和蔬菜品种的生育期选择播期，一般在4月、5月、6月育苗或直播，坝下地区从6月开始上市，坝上地区从7月中旬开始，一直持续到9月底，集中上市期为3个多月。正好能弥补北京蔬菜夏淡季供不应求的情况，是保证北京蔬菜周年供应、价格稳定的重要菜源。

在生产品种方面，北京消费的主要品种中土豆、甘蓝菜、花椰菜的自给率均不到20%，尤其是市场消费最大的品种是土豆，自产仅占1.4%，而在20个河北蔬菜生产大县（市区）的生产中，土豆是储存类蔬菜中播种面积最大的，甘蓝菜、花椰菜播种面积也位居前列，正好与北京的需求相对接。

六、京冀蔬菜供求均衡面临的主要问题

（一）整体协作意识不强，合作机制有待完善

1. 长期独立发展，协作意识不强

北京、河北处于独立的行政区域，由于长期受计划经济和行政区划经济的影响，各自相对独立发展，跨区域合作发展意识不强，在蔬菜产业发展方面，各自在政策制定和规划过程中均从自己的利益出发，把其他区域及其利益仅作为影响本区域利益的因素来考虑，而不会作为发展目标来考虑，这就决定了两地蔬菜产业无法形成错位发展、优势互补的格局，而是产生了相似的产业结构，且在区域经济发展中呈现出竞争的态势，造成两地蔬菜产业整体协作意识不强，合作难以进一步推进。

2. 缺乏整体规划，协作机制有待进一步完善

“诸侯经济”致使京冀区域之间在市场基础上的整合还存在许多深层次的制度障碍，特别是行政区划和财税体制造成京冀之间的利益分割，缺乏健全的合作机制，影响应急保障问题的解决。蔬菜产业发展上缺乏两地整体的发展规划，京冀蔬菜产业的功能定位和区域分工有待进一步明确，政府间高层

次的协同磋商机制有待进一步健全，尤其是在发展规划、科技政策、重大项目、科技标准等沟通协同机制方面有待进一步完善。

（二）产业链条较短，高端需求较难满足

1. 属传统蔬菜生产，附加值较低

河北蔬菜虽然产量高，规模大，可以满足北京市民的基本消费需求，但与北京蔬菜的产业化发展水平相比，河北蔬菜生产还属于传统生产，附加值较低，产业链条较短，有机蔬菜、品牌蔬菜、净菜加工等较少，出口蔬菜、加工配送蔬菜、观光休闲蔬菜等产业化模式还未形成规模，尚不能完全满足北京高端消费者的需求，产品质量仍有待提高。

2. 组织化程度不高，开辟市场能力有待加强

蔬菜生产仍以农户为主体生产，大部分合作社是由农民自发组织的，这种合作社实质上是具有互助性质的合作组织，存在规模较小、融资困难、机构不健全、组织化程度低等问题，其生产的蔬菜品种较为单一，较难实现多样化、规模化不间断供货，且农民对市场信息和需求不了解，整体文化水平不高，对市场需求较难判断，谈判能力不足，难以适应现代化生产需要。

3. 品牌优势不突出，产业化经营水平仍需提升

虽然近年来河北蔬菜的品牌影响力在提升，廊坊的精品特色蔬菜、保定的设施绿色蔬菜、张承的冷凉错季蔬菜，在首都中高档蔬菜市场份额不断扩大。但整体上品牌优势、地域特色仍不明显，与首都高端市场需求还有一定差距，需加大科技投入力度，合理调整种植结构，提高产出效率，培育品牌影响力，根据北京市建设“菜篮子”应急保障供应基地的生产需要，优化区域布局，依托北京大市场，增加河北蔬菜的销量及效益，进一步提升产业化经营水平。

（三）蔬菜流通链较长，流通效率有待提高

1. 仍以传统流通模式为主，直销渠道难打开

进京蔬菜仍以传统流通模式为主，但蔬菜属于附加值低的初级农产品，其对流通费用的承受能力有限，且属于生鲜产品，具有易损耗特质，因此传统流通模式物流链长、交易成本高，不仅加大蔬菜损腐成本，收益也有限。农业合作社（园区）与超市、社区对接的新型直销模式广受关注，但受高房

租、超市入场费用等因素影响，普遍遭遇终端拓展难题，在城市中拓展“最后一公里”难度大。

2. 物流基础设施落后，增值型服务功能有待提高

河北蔬菜供京虽有距离优势，但河北蔬菜加工、仓储、冷链等物流基础设施落后，物流渠道环节多，运作主体多样，市场“脏乱差”现象普遍，蔬菜运输中损害率高。蔬菜采后商品化处理建设的投入仍不足，目前蔬菜商品化处理主要以手工作业为主，自动筛序机、净菜加工机等设备缺乏，影响了直销渠道的建立。

3. 农产品运输受京津市区交通管制，流通成本高

鲜活农产品进京，受机动车尾号限行、进京证办理、货车限行等交通管制，运输车辆不能当晚装卸完毕驶出北京，则只能选择第二天晚上返程，加大了运输周转成本，使新鲜蔬菜运输时间延长，对合作社、直营店等经营规模影响明显。如河北固安顺斋合作社，产品全部供应北京，但需安排 38 辆货车进行配送，物流成本大大增加。

（四）产销信息不对称，销售渠道较为单一

1. 市场信息获取渠道有限，卖难现象时有发生

由于河北蔬菜生产组织化水平偏低，协调生产和消费的主体（协会、合作社或龙头企业）缺位，无法将农户、收购商、销售商、物流企业等主体有机联系在一起，产销信息不对称，农户种植往往具有一定盲目性，造成产品积压而贱价销售，或品种过于单一，抵抗自然灾害的能力差等问题。需要依靠信息化手段及时发布市场信息，给农户以预判的标准。

2. 蔬菜供应与消费者的多样化需求存在差距

北京的蔬菜需求呈现周期性、生产标准化、品种多样性以及注重消费体验、提倡一站式采购等多样化特征，而河北的生产供给与差异化消费需求还存在差距，缺乏满足中高端消费者的定制化销售等。

3. 电子商务发展水平低，与消费者购买意愿对接不足

河北的蔬菜销售渠道以大型批发商为主，超市所占比例较低，电子商务刚刚起步，大部分生产主体还未发展。而相比而言，北京本地有规模正常运营的涉农电商 110 多家。北京本地鲜活农产品经电商渠道销售的总量在 3 万~5 万吨，占本市生产量比重很低。而北京市居民愿意尝试网上购买蔬菜的比例

达70%（高于全国50%）。这些与河北实际的消费渠道没有实现有效对接，需要加强河北农业经营主体发展电子商务的意识与技术培训，协助其进入北京农产品电子商务市场（见表3-11）。

表3-11 北京蔬菜需求侧与河北蔬菜供给侧内容对照

分类	北京需求侧	河北供给侧	问题
总量方面	人口规模大，蔬菜需求总量大，年需求量1062.2万吨	（1）生产总量大，2015年年产蔬菜2676.9万吨 （2）生产规模偏大，需适当缩减规模	（1）提高用水效率 （2）提高土地产出率、劳动生产率 （3）应急保障问题 （4）区域如何布局
结构方面	（1）消费品种增多但主要品种需求稳定 （2）叶菜需求多	（1）生产品种多样，但规模有限 （2）主要蔬菜品种和区域比较集中，叶菜类有优势，有明显季节性 （3）蔬菜产销链不健全	（1）生产品种结构和优势品种 （2）农户组织化问题 （3）蔬菜产销链建设问题
意愿方面	（1）普通家庭日常消费比重高，早晚市购买 （2）中高端人群超市采购消费增多 （3）注重营养均衡	（1）蔬菜销售以批发渠道为主，超市流通比例不高 （2）针对不同消费人群的定制性生产不多	（1）扩大直销渠道，增加超市供应比重 （2）满足中高端定制化消费 （3）农产品搭配型供应
意识方面	（1）安全意识、新鲜意识较强 （2）品牌和产地意识相对较弱 （3）品种多样性、周期性，净菜	（1）农产品质量工作是重点，"三品一标"认证超过4300个，位居全国前列 （2）农产品生产品牌300多个 （3）推进农产品产地加工，能力不断提高	（1）"三品一标"水平提高问题 （2）农产品质量监管问题 （3）有机、特色农产品品牌培育问题 （4）农产品产地加工、储存、配送水平提升
流通渠道	（1）70%批发市场、20%大型超市、10%社区店，70%电商 （2）应急保障收购	（1）蔬菜等流通渠道对于中间商的依赖大 （2）农业生产者的供求信息获取、运输能力有限 （3）电子商务等新型营销方式需要培训	（1）便利化销售模式问题 （2）社区直供问题 （3）电商发展问题 （4）正规化农产品上市渠道 （5）加强产销信息对接 （6）培育新型农业经营主体

七、推进京冀蔬菜供求均衡发展的几点建议

根据以上分析，针对京冀蔬菜均衡供应在体制机制、生产、流通、销售等环节存在的问题，为实现应急保障、流通高效、供需对接，从政策机制、高端生产、流通网络、信息服务四方面提出有关对策建议。

（一）以首都蔬菜应急保障为核心，建立京冀蔬菜协同共赢发展机制

1. 加强顶层设计，实现互利共赢

以京张合作、京承合作、京保合作、京廊合作为基础，加快京冀两地在“菜篮子”应急保障供应方面的协同合作，突破政策体制机制，实现由“分散化”向“一体化”的政策体系转变，在供应基地建设规划、流通体系布局、科技资源配置、关键技术联合攻关方面统筹协调，加强顶层设计，以“互利共赢”为原则，制定“环京一小时物流圈蔬菜供应保障基地建设规划”，双方责、权、利各有侧重，在河北重点保障生产的同时，明确北京在资金、人才、技术、政策上给予支持。

2. 统筹区域布局，打造京冀蔬菜产业共同体

根据区域资源优势开展产业链协作，打造“研发和销售环节在内，生产环节在外”的协同发展模式，形式包括订单生产、建立生产基地、产销对接等。同时，围绕产业链建立利益联结机制，充分调动各地区不同主体的参与积极性。一方面，可将北京先进的农业科技推广应用到河北地区，促进蔬菜生产效率的提高；另一方面，也可解决河北蔬菜的销路问题，并在一定程度上提高北京蔬菜市场的供应保障能力。

3. 建立京冀蔬菜流通协调机制，加强应急保障能力

积极与河北省农业厅、商务厅沟通协调，建立分管京冀农产品产销体系的专职协调组织机构，及两地蔬菜流通联席会议制度，统一部署京冀市场，对河北蔬菜的生产、区域布局合理引导。环京联合建立蔬菜应急保障基地，加强北京蔬菜应急保障能力。联合推进叶类菜蔬菜生产基地政策性农业保险体系建设，完善利益补偿机制。

4. 推进多层次协作，建立联合机制

两地检验检疫部门联合，实行联检联控。加快产地检测点建设和跨区域质量追溯体系建设，推进京冀农产品生产过程中的投入联控以及产后的联检，共同打造跨区域的农产品质量安全管理体系。同时，做好产后初加工，推广“净菜入京”，树立河北蔬菜安全、优质、新鲜、干净的品牌形象；地区间联合，实现优势互补。推动北京各区与河北对应的毗邻县联合，如大兴与固安、房山与涿州、密云与丰宁等，加强蔬菜产销合作，通过优势互补，生产替代产品；两地科研单位联合，突出科技创新。鼓励两地科研单位，根据蔬菜产

业发展和科技需求，加强协作，合作共建一批高水平的重点实验室、科技示范基地等，在品种研发、节水技术、信息化技术应用方面联合攻关，共同申报研究课题，形成一批先进、实用的科技成果。

（二）以满足高端农产品需求为引导，提升河北蔬菜生产能力和水平

1. 发挥北京技术优势，建立科技示范基地

发挥北京在农业技术方面的优势，依托北京的科研单位，在河北建设科研示范基地，将百名专家对接百个基地的“双百对接”模式延伸推广到河北；依托河北现有的蔬菜生产科技园区、示范基地，推广应用基于物联网技术的农业生产经营管理、农产品质量安全、农业环境监控系统等，精准监测地温、气温、墒情、土壤养分等作物生产环境指标，科学指导生产活动；协助河北逐步建设全省的农情田间监测系统，全面推进农业物联网技术在河北农业生产经营管理领域中的应用，提高生产效率及效益。

2. 顺应“互联网+”趋势，培育生产经营主体

通过典型示范、学习培训、指导服务等多种形式，引导各类新型农业经营主体顺应互联网与农业深度融合的新趋势，在生产、加工、营销等各环节主动与互联网融合发展，打造生产经营新的增长点；引导合作社开辟网上营销渠道，建立完善的企业管理信息系统，培养合作社市场谈判能力，加强与超市对接；鼓励专业大户、家庭农场开办特色网店，加强线上销售，在河北开展鲜活农产品电子商务示范培训，在河北产地批发市场建设蔬菜电商示范基地，培育“互联网+农业”的新型农业经营主体。

3. 产业引导，建立环京蔬菜应急保障基地

探索产业引导，有计划培育北京大型农业龙头企业与河北环京蔬菜生产企业、合作社、大户对接，促进河北蔬菜规模化、品牌化发展。积极支持北京龙头企业在河北建立外埠蔬菜生产基地，并依靠技术进步，提高其用水效率及土地产出率、劳动生产率，将基地进一步打造为环京蔬菜应急保障基地；推广新发地批发市场、顺鑫农业、首农等京冀联合方式，重点扶持农产品流通企业，推动龙头企业参与蔬菜供应链整合，鼓励流通企业跨地区兼并重组和投资合作，促进河北蔬菜生产形成产加销一体化、农工贸一体化的经营模式。

4. 合力推行“一县一品”，打造特色优势品牌

利用北京的科技优势，针对20个蔬菜主产县（市区）的不同自然地理条

件及生产基础，推行“一县一品”，聚焦资源打造一到几种特色优势蔬菜品牌，在蔬菜产业竞相发展的格局中打造各县（市区）的自身特色，扩张优势，建立经济发展的蔬菜产业“坐标系”，开辟适合各县（市区）发展的蔬菜产业结构调整升级新路子，并将其建设成北京蔬菜供应基地，提高河北蔬菜在北京乃至全国市场上的竞争力，发挥区域协同发展效能。

（三）以流通成本最小化为宗旨，布局两地蔬菜流通网络

1. 发展短链式营销，促进垂直一体化流通模式发展

支持“农超对接”、电子商务、直营店、集团消费等新型流通业态，支持河北新型农业经营主体在北京建直营店、开展“农超对接”“农餐对接”等项目。引导京冀大型农产品流通企业、生鲜超市与农业企业、农民专业合作社进行对接，建立集农产品生产、加工、包装、销售于一体的新型农产品供应链，促进垂直一体化流通模式发展。

2. 优化农产品批发市场布局，提高两地农产品流通效率

优化京津冀农产品批发市场布局，结合非首都核心功能疏解，北京农产品市场功能外迁，构建农产品流通网络。采取规划先行，结合目前的开发项目，对北京在河北省农产品物流网络节点整体布局，从战略角度围绕“环京一小时物流圈”，与河北共建农产品市场与物流产业园区。在冀东、京南、冀西北分别建立3~5个京冀共营的蔬菜专业物流市场，优化资源配置，辐射带动河北“菜篮子”产品流通。

3. 支持河北冷链物流发展，提升深冬储备能力

重点支持河北环京、中心城市大型农产品批发市场进行功能提升与拓展，推动冷链物流发展。加大对公益性批发市场的投资力度，鼓励北京大型批发市场在河北建立分支机构，对仓储、物流配送设施、场地给予政策优惠。合理规划，升级改造过程中统一冷链配置标准，加强对交易环境温度控制与冷库配套建设，保障生鲜产品质量安全，提升蔬菜深冬储备能力，研究解决鲜活农产品运输配送车辆进京和停靠问题。

（四）以蔬菜供需精准对接为目的，共建信息化服务平台

1. 信息资源共享，建立京冀农产品市场信息采集发布平台

完善农产品市场信息采集、分析、发布平台，在原有的监测主体及农产品批发市场等市场监测预警信息采集点的基础上，对接河北信息采集点和河

北批发市场采集点，定期采集合作社、家庭农场（大户）、农产品加工贸易企业以及农资企业生产和销售信息，通过建立网站、微信公众号、LED显示屏等方式将京冀蔬菜供求信息、产品展销、批发市场价格预警等信息发布给相关商户及农业组织。并建立两地联席的专家分析师队伍和预警信息分析会商发布制度，分析和发布蔬菜生产、加工、销售、价格、成本收益、供求趋势等信息，为蔬菜生产经营主体和政府决策提供有效的信息服务。

2. 开展持续研究，推进农产品市场监测预警

依托中国农业大学、中国农业科学院、北京市农林科学院、河北农业大学等两地的专家团队，开展持续跟踪研究，建立京冀农产品市场监测预警体系。在“环京一小时物流圈”内建立生产监测点，利用信息化手段，在蔬菜主产季开展生产和上市监测；在北京市主要农产品批发市场建立监测点，开展蔬菜销售监测；开展北京市民蔬菜消费行为跟踪调查，分析消费习惯、消费结构和消费偏好等。基于上述三方面数据，结合京冀两地定期会商，对京冀农产品供求状况形成判断。同时，利用大数据分析工具，开展相关的农产品市场分析，用于验证前述研究结论。在此基础上，建立京冀农产品市场监测预警的工作机制，从而保证在必要时期采取干预措施。

3. 发展电子商务，打造环首都农产品电商平台

借助北京电子商务发展优势，与天猫、淘宝网、京东商城、1号店等大型知名电子商务平台合作，建立环首都特色馆，组织具有河北地方特色的“三品一标”农产品集中入驻，开展网上销售。推进龙头企业、合作社通过电子商务平台与采购商对接，实现大宗农产品线上交易。瞄准北京高端产品和消费人群，发展有机农产品私人和集团定制，实现优质优价，提高种植收益。发展O2O交易，开展线上下单、线下体验，线上线下相结合的营销方式。

第四章

北京“菜篮子”外埠基地建设现状及发展思路

在当前北京加快农业“调转节”、疏解非首都功能背景下，为进一步加强紧密安全绿色“菜篮子”外埠生产基地建设，巩固长期而稳定的“菜篮子”产品外埠供应基地，全面提升首都“菜篮子”工程建设水平，有效保障首都“菜篮子”产品生产供应、质量安全和价格平稳，课题组调查了北京市农业农村局近年来（2015—2017年）扶持的“菜篮子”外埠基地建设情况，重点从基地分布、基地位置、地块类型（自建、订单、联营）、产品供京、质量安全、新技术应用等方面摸清情况，并根据我市农产品供应整体情况和疏解非首都功能形势下我市蔬菜、畜禽产品供应能力，对“菜篮子”外埠基地建设取得的成效和需要进一步充实的政策措施开展分析研究，探讨如何建立更加紧密的绿色优质可持续基地，也为出台下一轮“菜篮子”外埠基地建设政策奠定基础。

一、北京“菜篮子”外埠基地建设背景

（一）统筹谋划，缜密做好顶层设计

菜篮子工程建设一直是北京农业发展的重要方向，但由于农业资源有限、总量不足，北京蔬菜自给率偏低，而城乡居民对菜篮子产品的需求则日益提高，因此加强菜篮子区域间合作的需求已日益迫切。

2010年起，北京市政府先后颁布《关于统筹推进本市“菜篮子”系统工程建设，保障市场供应和价格基本稳定的意见》《北京市“菜篮子”产品外埠基地扶持资金管理暂行办法》《北京市“十二五”农产品区域合作发展规划意见》等。为强化与兄弟省市，特别是周边主产地的产销、购销合作，形

成稳定可靠的生产货源，北京市先后签署了《京张蔬菜产销协作框架协议（2013—2017）》《京津冀畜牧业协同发展合作框架》，后者重点从产业对接、执法联动、检测资源共享、人员科技信息协作等方面，按照做精畜牧业要求，不断优化畜牧产业布局，疏解畜禽养殖总量。目前，本市区域合作的范围不断延伸，地域显著扩张，合作对象遍及河北、天津、山东、山西、内蒙古、江苏、海南等省、自治区、直辖市，包含菜、肉、蛋、奶等各类品种。

支持和鼓励本市农产业产业化重点龙头企业，到外埠建立多种形式的“菜篮子”合作基地，提升淡季首都市场蔬菜产品和全年肉、蛋、奶的供应能力。按照市农业农村局《资金管理办法》《支农项目支出预算管理办法》和《北京市“菜篮子”产品外埠生产基地扶持资金管理暂行办法》等的规定，确定“菜篮子”外埠基地建设补助标准，分别给予自建露地 400 元/亩、大棚 800 元/亩、温室 2000 元/亩，联营订单 260 元/亩的一次性扶持；畜禽按照每个生猪、肉牛、奶牛基地 200 万元，每个肉种鸡基地 300 万元，每个蛋种鸡基地 500 万元的标准进行补助。2015—2017 年，北京市共有 16 家农业企业的 69 个外埠基地获得了政府支持，扶持资金共 6300 万元，基地生产的产品有 60%以上供应北京市场。其中，蔬菜基地占绝大多数，比例约为 80%。每年获得扶持的外埠基地数量相差不大，蔬菜基地、生猪基地、原料乳基地以及肉鸡基地的占比也大致相同，体现了政府扶持政策的稳定性（见表 4-1）。

表 4-1　政府扶持蔬菜和畜牧产品基地数量（2015—2017 年）

年份	2015 年	2016 年	2017 年	合计
蔬菜基地（个）	18	17	19	54
生猪基地（个）	3	2	2	7
原料乳基地（个）	2	2	2	6
肉鸡基地（个）	0	1	1	2
合计	23	22	24	69

（二）设立标准，严格筛选扶持基地

为保证扶持政策落实，扎实推进北京“菜篮子”外埠基地建设，基地必须经过层层筛选，选择条件如下：

（1）企业条件。企业必须为北京市国有涉农企业、农业产业化龙头企业、大型批发市场等涉农企业及农民专业合作社。对于在外埠基地建设中业绩和

成效突出、规模效益高、品牌信誉好、在稳定首都市场供应工作中发挥过重要作用的企业优先予以支持。

（2）基地条件。企业在外埠投资自建的生产基地，租地合同期限达到5年以上；企业与外地合作联营建设的蔬菜基地，本市企业必须控股且联营合同达到5年以上；企业与外埠签订长期供货合同的蔬菜生产基地，签订的供货合同期限达到5年以上；企业在外埠投资自建的畜禽生产基地，必须与本市畜禽屠宰加工企业签订长期有效的供货协议且协议期限达到3年以上。

（3）生产条件。外埠蔬菜生产基地，总生产规模须达到1000亩以上，其中，企业自建基地集中连片面积须达到500亩以上，联营基地集中连片面积须达到800亩以上；畜禽生产基地规模标准为：基础母猪1000头以上的生猪基地、存栏奶牛1000头以上的奶牛基地、年出栏100万套以上的肉种禽基地、存栏12.5万套的蛋种鸡基地、年出栏肉牛1000头以上的肉牛基地。

（4）产品条件。蔬菜产品须为北京市场日常需求量较大的常用产品；畜禽产品须为肉、蛋、奶等主要畜产品，且基地所生产的蔬菜、畜产品须60%以上供应北京市场。

（5）产品质量安全条件。外埠基地农产品进入北京市应当提供有关部门出具的产地认定证明或“三品”认证证明，必须符合北京市质量安全及初包装等相关标准，确保质量安全合格。

（三）紧抓关键，强化项目考核管理

为规范和加强预算绩效管理，提高预算资金管理水平，合理配置资源，优化支出结构，规范预算资金分配，提高财政资金的使用效益，根据《北京市财政支出绩效评价管理暂行办法》等文件规定，北京市农委成立了绩效评价工作组，由评价工作组结合项目的特点，按照文件规定的评价方法，依据项目单位提供的资料，在参照“财政支出项目绩效考评指标体系（范本）”的基础上，增设了四级指标，制定“菜篮子”产品外埠基地建设项目绩效评价指标体系，遴选业务专家、财务专家和管理专家组成专家组，对该项目的执行情况进行评价，衡量和考核“菜篮子”产品外埠基地建设项目的绩效，了解、分析、检验资金使用是否达到预期目标、资金管理是否规范、资金使用是否有效。通过总结经验，分析问题，采取措施进一步改进和加强财政专项资金管理，提高财政资金使用效益。

二、北京“菜篮子”外埠基地发展现状

（一）调研总体情况

课题组采用问卷调研方式，从河北、山东、内蒙古等地选取具有代表性的“菜篮子”外埠基地进行调查，对外埠基地的基本情况，包括基地位置、基地类型（自建、订单、联营）、质量安全、供京情况、新品种新产品新技术及生产技术规范应用、增收情况等进行了分析。

本次调研获得 14 个企业的 64 个基地数据，约覆盖了北京市农委扶持“菜篮子”外埠基地的87%，有效问卷 60 份，问卷有效率达 93.4%，能够充分说明北京“菜篮子”外埠基地建设及扶持情况。其中，含 2015 年获得北京市农委扶持的外埠基地 18 个，2016 年扶持的外埠基地 19 个，2017 年扶持的外埠基地 23 个。14 个企业中，主要经营蔬菜的企业 10 个，外埠基地 44 个；主要经营畜牧的企业 4 个，外埠基地 16 个（见表 4-2）。

表 4-2 北京市扶持外埠基地情况

序号	企业名称	外埠基地数量（个）	蔬菜种植基地数量（个）	畜牧养殖基地数量（个）
1	北京裕农优质农产品种植公司	2	2	—
2	北京方圆平安食品开发有限公司	1	1	—
3	北京顺鑫石门农产品批发市场有限责任公司	2	2	—
4	北京天安农业发展有限公司	5	5	—
5	北京沱沱工社生态农业股份有限公司	1	1	—
6	万丰大地（北京）蔬菜有限公司	5	5	—
7	北京康安农业发展有限公司	7	7	—
8	北京绿富隆农业股份有限公司	4	4	—
9	北京美农东方（农业）科技发展有限公司	2	2	—
10	北京绿奥蔬菜合作社	4	4	—
11	首农食品集团	20	13	7
12	北京顺鑫农业股份有限公司	4	—	4
13	中地种畜有限公司	3	—	3
14	北京六马科技集团	2	—	2
	合计	60	44	16

（二）“菜篮子”外埠基地建设情况

1. 基地区域分布较为集中

60个外埠基地主要分布在河北、天津、内蒙古、山东、山西、江苏等地。其中，河北所建基地数量最多，达47个，约占北京市农委扶持“菜篮子”外埠基地总数的70%，其余依次为天津、山东、山西、内蒙古、江苏等地（见表4-3）。这主要是因为北京农业企业建设外埠生产基地时，多数会优先在环京地区先行先试，一是环京地区具有地理上的优势，可以缩短从地头到餐桌的时间，降低物流仓储成本；二是环京地区如唐山、张家口、承德等属于欠发达地区，土地、劳动力成本较低，可有效降低企业负担；三是北京与周边的河北市县接触较多，关系良好，这些地区自然会成为首选。

表4-3　蔬菜和畜牧基地分布情况

省份	基地总量（个）	蔬菜基地		畜牧基地	
		数量（个）	分布	数量（个）	分布
河北省	47	37	唐山（13）、张家口（7）、廊坊（2）、承德（4）、定州（3）、衡水（2）、保定（2）、石家庄（1）、沧州（3）	10	承德（6）、唐山（1）、廊坊（1）、沧州（2）、
天津市	5	4	蓟县（3）、武清（1）	1	滨海新区（1）
内蒙古	2	1	呼和浩特市（1）	1	乌兰察布市（1）
山东省	3	2	德州（1）、滨州市（1）	1	寿光（1）
山西省	2	—	—	2	大同市（1）、晋中市（1）
江苏省	1	—	—	1	徐州市（1）
合计	60	44	—	16	—

这些基地中，蔬菜基地总面积为8.54万亩，其中，露地3.67万亩，温室3.42万亩，大棚1.45万亩。其中，河北蔬菜基地面积最大，在“菜篮子”外埠基地总面积中占比最多，为89.06%；其次为天津，基地面积占比为6.12%（见表4-4）。

畜牧基地仍以分布在河北为主，占60%以上。近年来，本市农业产业化重点龙头企业充分发挥作用，在外埠建立多种形式的畜禽基地，保障北京市猪肉、鸡肉、牛乳等“菜篮子”农产品的供应。以北京顺鑫农业股份有限公司和首农食品集团为例，2015—2017年，北京顺鑫农业股份有限公司建立7

个生猪养殖基地（河北6个、山东1个），4个获得政府资金扶持；首农食品集团建立了2个生猪养殖基地、3个奶牛养殖基地以及2个肉鸡养殖基地，均获得政府资金扶持。随着区域合作的拓展以及养殖规模的扩大，截至2018年7月，首农食品集团建设奶牛外埠基地13个，主要分布于山东、河南、河北、内蒙古、吉林、云南等地，外埠基地奶牛存栏共计5.5万头；肉牛养殖基地位于河南，存栏共计3700头；外埠生猪养殖基地9个，存栏共计10万头。

表4-4 “菜篮子”外埠基地分布情况统计（蔬菜）

省份	温室（亩）	大棚（亩）	露地（亩）	合计（亩）	占比（%）
天津	2250	2130	850	5230	6.12
内蒙古	30	268	620	918	1.07
山东	400	1300	1500	3200	3.75
河北	31549	10819	33730	76098	89.06
山西	—	—	—	—	—
江苏	—	—	—	—	—
合计	34229	14517	36700	85446	100.00

2. 基地类型选定结合企业实际

农业产业化龙头企业到外埠建立蔬菜基地，合作模式以自建、订单、联营等为主，其中，不论从基地数量还是种植面积上，联营模式占比最大，基地有26个，种植面积为6.07万亩，占比达71.09%；其次是订单模式，基地有14个，种植面积为2.03万亩，占比达23.81%；自建模式占比最小，基地仅有4个，种植面积为0.44万亩，比重不足10%（见表4-5）。

目前，北京在津冀共建设164个蔬菜生产基地，其中：绿控基地95个，扶持建设外埠蔬菜生产基地达69个，超过30万亩。

表4-5 蔬菜基地类型

类型	数量（个）	温室（亩）	大棚（亩）	露地（亩）	合计（亩）	比重（%）
联营	26	29059	10520	21161	60740	71.09
订单	14	3345	3973	13028	20346	23.81
自建	4	1825	24	2511	4360	5.10
合计	44	34229	14517	36700	85446	100

在畜牧业外埠基地建设中，企业根据自身情况会选择不同经营模式。从调研情况看，农业企业畜牧产品外埠基地的建设以直接投资居多，即以自建

为主。一是由于养殖业实行规模化养殖，科技含量较高，土地和劳动力需求不密集；二是自建基地实行统一引种、饲料、防疫消毒，形成生产、加工、销售一条龙体系，提高了生产效益，确保了产品质量，从源头上控制食品的质量安全。

目前，北京市已在津冀建立畜牧业外埠基地 57 个，年出栏生猪 45 万头，肉禽 6000 万只，年产生鲜乳 7 万吨，实现了产业疏解和首都市场畜产品安全供应的有机结合，提升了首都肉蛋奶市场供应和应急保障能力。

3. 供京品种丰富、数量充足

北京市农委扶持的外埠基地供京蔬菜品种，均为北京市的常年蔬菜消费品种，包括土豆、大白菜、洋葱、大葱、甘蓝菜、胡萝卜、番茄、白萝卜、黄瓜、茄子、芹菜、辣椒、蒜、花椰菜、姜、生菜、油菜、韭菜等约 40 余种。从各基地的供应品种数量上来看，有的基地只供应 1 个品种蔬菜，而最多的则供应 16 个品种的蔬菜。

从总量上看，2015—2017 年，这些外埠基地供京蔬菜总数量从 8.5 万吨增加到 18.06 万吨，占基地所产蔬菜总量的 75%左右。其中，河北省是供京蔬菜数量最多的省份，在四个省份中供京蔬菜数量占比基本达到 75%以上。

从各地供京蔬菜情况来看，四个省份的供京蔬菜数量在逐年增长。其中，天津基地的供京量占基地产量比重维持在 95%以上，内蒙古维持在约 7.35%，山东维持在 60%，而河北基本维持在 72%左右（见表 4-6）。

表 4-6　外埠基地蔬菜产量和供京蔬菜情况

省份＼项目	供京数量（吨）			供京量占基地产量比重（%）			各地供京数量占比（%）		
	2015 年	2016 年	2017 年	2015 年	2016 年	2017 年	2015 年	2016 年	2017 年
天津	26650	28980	31240	98.16	95.55	95.71	31.35	13.25	17.30
内蒙古	125	137.5	151.25	7.35	7.35	7.35	0.15	0.84	0.08
山东	4800	4800	8900	60	60	60	5.65	6.02	4.93
河北	53446.5	77446.25	140327.6	72.94	72.92	71.33	62.85	79.89	77.69
总计	85021.5	111363.8	180618.9	77.21	76.06	73.35	100.0	100.0	100.0

供京畜产品主要有生猪、肉鸡和牛乳。北京顺鑫农业股份有限公司、中地种畜有限公司、北京六马科技集团 3 个企业供应生猪，首农食品集团供应生猪、肉鸡和牛乳。2015—2017 年，获得政府扶持的外埠基地生猪供京量均达到产量的 75%以上，鸡肉产品的供京数量（2015 年除外）也趋于产量的

60%，而原料乳的供京数量占比却在逐年减少，且远远低于60%（见表4-7）。

表4-7　畜产品外埠基地产量和供京情况

	单位	供京数量			占产量比重（%）		
		2015年	2016年	2017年	2015年	2016年	2017年
生猪	头	79044	81040	72699	75.4	75.7	76.6
原料乳	吨	2519.62	2722788	1304928	35.3	13.3	5.7
鸡肉产品	吨	0	32000	34647	0	55.6	57.4

4. 冷链物流服务体系全面形成

（1）做好农产品调控。“菜篮子”农产品各种形式的外埠基地主要以“产销挂钩，以销定产”为核心，北京“菜篮子”农产品市场需要什么就组织生产什么，最大限度减少无效供给，形成更加适销对路的“产业菜单”。以北京美农东方（农业）科技发展有限公司为例，与各基地合作社紧密型合作，采取以销定产的模式，在基地的生产环节拥有话语权，可以根据不同客户、不同渠道的需求分配蔬菜品种和数量。

（2）保证冷链物流运输。为有效延长“菜篮子”农产品保存期、保障新鲜度、保持营养成分，为消费者提供安全、新鲜、营养的农产品，绝大部分外埠基地实现全程冷链运输配送。北京康安农业发展有限公司建立自有冷链物流运输团队，其中，拥有自有物流运输车辆60多辆，日均出车100多车次，日配网点近400个，日均供货180多吨，基本可实现全程全天候冷链运输。北京绿富隆农业股份有限公司自有冷链配送车辆4辆及合作冷链车辆10余辆。首农食品集团建有北京篮丰蔬菜配送有限公司，拥有专业的冷链物流车队，被北京市政府确定为市级蔬菜配送中心。

（3）建造配套仓储设施。为促进“菜篮子”农产品低温保鲜，各基地就近自建或租用冷库。裕农优质农产品公司配备采收运输车，随时采收，随时上车，及时入库。北京康安农业发展有限公司建有冻品和日杂仓库2400平方米。北京绿富隆农业股份有限公司自有冷库仓储设施3200平方米，主要用于蔬菜储存周转。

（4）利用运输绿色通道。为降低流通成本，实现规模效益，同时，提高对基地的组织管理能力，主体企业积极利用北京鲜活农产品运输绿色通道。首农食品集团基地蔬菜供京通过自营型进行加工包装、物流配送，然后通过北京市生活必需品蔬菜类交通绿色通道，直接由公路货运进京仓储、销售。

北京绿富隆农业股份有限公司在物流运输方面，多数也走鲜活农产品运输绿色通道。

5. 质量安全实现全方位把控

（1）加强源头监管。从源头上保证“菜篮子”农产品质量卫生安全。畜牧业养殖注重品种择优和养殖方式科学。例如，为确保食品安全的源头可控，北京顺鑫农业股份有限公司鹏程食品分公司充分利用小店畜禽良种场的种猪优势，基地实行统一引种、统一饲料、统一防疫消毒、统一用药、统一收购，并严格执行休药期制度，形成了密闭式、一体化的货源生产体系，实现了食品安全源头的完全可控。北京六马科技集团外埠基地通过品种间遗传交流提高大体型种猪产崽数，同时通过选育提高法系猪适应性和抗病性，从而形成六马大体型高繁法系种猪，为“菜篮子”工程提供更多标准化、统一化的安全猪肉产品。蔬菜产业注重种植基地选择和建设。例如，首农食品集团重视基地选择，选址必须远离三废污染源和公路主干线，且具备保护措施，基地建有肥料库，农药库、滴灌设备库和综合农资库等，要求各农资隔离存放，且进行严格的出入库登记管理。北京美农东方（农业）科技发展有限公司采取“统一种植计划、统一技术指导、统一质量标准、统一生产资料供应、统一购销”的方法，进行标准化、规模化生产基地的建设。北京康安农业发展有限公司设有单独的质量管理部门，建有完善的质量安全体系、制度，基地严格按照无公害标准进行蔬菜安全生产，所有到工厂的原料都要进行农残速测验证，从源头确保产品安全，并且不定期送外部权威检测机构进行检测。

（2）强化过程控制。加强生产过程管理，促进基地科学用药、合理施肥。北京美农东方（农业）科技发展有限公司发挥现代化信息服务手段的作用，正在建设覆盖所有基地的信息化监控网络，可以实时监控各基地的生产情况和环境指标。北京六马科技集团每年进行夏季和冬季两次大检查，对育种、生产、生物安全和工程方面严格把控，对于每次检查中出现的问题提供相应的整改措施。同时，在生物安全方面制定了严格的生物安全防疫措施，严格控制和积极预防腹泻、蓝耳等突发状况的发生，保证生产平稳进行。北京新发地农产品批发市场所有基地全部使用滴灌灌溉，每一个生产基地都有一套完整的生产管理体系，基地田间有完整的田间档案记录，在农药的使用管理方面更是严格把关，有明确的农药使用指南和完整的农药使用管理发放及记录，对每个基地的土壤、灌溉水每年都要进行理化检测。

（3）实施标准化管理和建立可追溯体系。龙头企业通过构筑完整的产业链、标准化的生产加工方式、严格的质量可追溯体系，为市场和广大消费者提供绿色、健康的产品，切实发挥其在践行食品安全行动中的示范作用。首农食品集团在畜禽养殖、农产品种植、食品加工等行业不断强化标准化的养殖、种植和检测程序，制定科学化的管理机制，旗下所有食品企业均通过了ISO 9001国际质量管理体系、HACCP食品安全管理体系、ISO 14001环境管理体系和OHSAS 18001职业健康安全管理体系认证，所有产品均获得QS生产许可。北京新发地农产品批发市场所有基地完全按照GLOBAL GAP标准化农业进行作业，对所有基地实现“六个统一”的管理模式，即统一品种、统一农药、统一标准、统一检测、统一标识、统一销售。中地种畜有限公司积极按照国家对规模化牧场要求进行，并制定牧场标准化操作流程（SOP），狠抓奶牛饲养管理的重点环节。北京美农东方（农业）科技发展有限公司严格按照无公害、绿色、有机蔬菜栽培标准，通过推广蔬菜新品种及配套栽培、防虫网、诱虫板、诱虫灯、诱捕器、高效低毒农药等无公害关键集成技术，为蔬菜产品质量提供了有力保障，其全部基地均已取得“三品认证”。首农食品集团率先构建从奶源到加工的质量可追溯体系，北京顺鑫农业股份有限公司鹏程食品分公司构建了目前国际市场上最先进的RFID食品安全可追溯体系。北京方圆平安食品开发有限公司、北京德润通农业科技发展有限公司完善实施了产品追溯系统，实现了农产品从田间履历记录到最终消费者餐桌的全程可追溯。

（4）重视检验检疫。检验检疫是保障“菜篮子”农产品新鲜安全优质的关键一环，为此农业龙头企业不断建立健全自检自控的质量管理体系。首农食品集团严把采收环节，采收必须超过安全间隔期，且经过采收前风险评估，采收员工均通过卫生培训，采收器具经过清洁消毒。北京六马科技集团生物安全部每个季度对母猪群进行抗体检测，确保母猪群体内没有蓝耳、猪瘟、伪狂犬等恶性疾病。对于新入种群的每头后备种猪都检测其抗体，保证种群的健康水平，根据检测的抗体水平，科学地制定免疫方案，始终让猪群保持在高水平的抗体保护中。裕农优质农产品公司每季度将各品类蔬菜送至第三方检测机构检测农残一次以上，加工厂每批次样品均会进行自检，确保基地蔬菜生产的安全性。北京方圆平安食品开发有限公司不断加强对产品的农药残留检测力度，实现了24小时视频传输监测和检测结果同步上传上级区植保站，从根本上保障消费者“菜篮子”的食品安全。北京顺鑫石门农产品批发市场有限责任公司设有食品检测中心，具备专业检测人员、检测技术和先进的检测设备，蔬菜在进入顺鑫石门市场后，经食品检测中心进行农残快速检测，确保蔬菜的食品质量安全。天安农业基地蔬菜实行二次检测制度，在打药后第一次采收前对需采收样品实行按批次全检，蔬菜到天安后，对基地产品进行3%~8%的抽检，且每年1~2次送至第三方专业检测机构检测。

6. 科技推广工作积极推进

（1）引进新品种。北京六马科技集团公司拥有自己的饲料研发团队，提供从仔猪到出栏的一系列适用于各阶段“大体型”猪的预混或全价饲料。其中，徐州六马基地，定位大体型丹系精选种猪基地，引进优秀丹系种猪通过遗传交流和育种选育，培育出符合六马标准的大体型丹系种猪；山西六马作为六马法系精选种猪基地，从法国科普利信种猪育种公司引进高产法系种猪900头，后续将进一步加大高产法系猪的引进，通过品种间遗传交流提高大体型种猪产崽数，同时通过选育提高法系猪的适应性和抗病性，从而形成六马大体型高繁法系种猪。沱沱工社与河北丰宁昌达农业开发有限公司合作引进了紫甘蓝、黄色樱桃番茄、茄子、春白菜等7个新品种。北京裕农优质农产品公司引进小品种鲜切蔬菜品类5种，包括紫甘蓝、细叶苦苣、奶油生菜、紫叶生菜、甘蓝菜等，极大地丰富了鲜切蔬菜的应用种类。北京美农东方（农业）科技发展有限公司与国家蔬菜技术工程研究中心合作为基地合作社引进了6大类31个蔬菜品种。北京绿奥蔬菜合作社从日本引进贝贝南瓜新品，从北京农科院引进京绿栗，在合作基地推广种植。

（2）推广新技术。中地种畜有限公司采用先进的全混日粮（TMR）饲养技术，配套引进TMR取料器、搅拌机等设备，保证奶牛采食日粮中精粗比例稳定、营养浓度一致，全价日粮确保了牛奶的品质和奶牛健康。沱沱工社与河北丰宁昌达农业开发有限公司合作建立了有机技术规程。裕农优质农产品公司自主基地率先引进测土配方施肥、地膜覆盖、膜下滴灌等技术进行生产管理，并统一进行质量安全控制，确保了所生产蔬菜能够100%达到无公害标准。北京绿富隆农业股份有限公司积极开展新技术的引进和应用，在蔬菜种苗繁育方面，采用日光温室条件下嫁接换根等；在病虫害防治方面，采用以物理防治为主，药剂防治为辅的综合防治措施，如应用黄板、防虫网等，杜绝使用国家禁用农药；在蔬菜施肥方面，采用经过充分腐熟的农家肥以及国家规定的肥料等，并在基地建设鱼池，内部消化蔬菜废弃物。北京天安农业发展有限公司在多年的实践基础上总结提出的一套以病虫控制为核心，理化诱控、生物防治、生态调控、科学用药等有机结合的蔬菜病虫全程绿色防控技术体系，覆盖蔬菜生产的各个环节，提升基地绿控水平。万丰大地（北京）蔬菜有限公司每个基地都配有专业的农药残留快速检测仪，对每一批次进京产品进行严格检测，确保安全、优质的产品进京。

（3）加强人才培养。北京中地种畜有限公司重视科技进步，不断提高产业化经营的科技含量公司与中国农业大学、西北农业科技大学等高校，与美国、德国等国内外同行业积极开展交流合作，引进科学的管理方式和先进的设备，提高奶牛生产过程中的科技含量。北京六马科技集团建立从饲养员到场长的绩效考核制度，生产成绩和个人成长与公司的效益挂钩；公司定期举行生产知识讲座，对公司内外技术人员进行培训。首农食品集团注重植保安全防护，邀请院校专家定期对外埠基地常见病虫害进行科技讲座，对植保人员进行安全操作培训，重视物理防治和生物防治等绿色防控技术的应用。北京方圆平安食品开发有限公司以农科院和大专院校为后盾，与当地农技推广部门组织技术小组，通过专业培训、现场指导等方式，向农民提供技术服务。

三、北京“菜篮子”外埠基地建设经验

（一）订单模式：“公司+加工基地+订单农户”运作

以企业为龙头，组织农民共同参与而联结成的一种经济联合体，推行订单生产。企业对基地农户有明确的承诺，提供全程服务，包括品种、生产资料、新技术推广等。做好农产品调控。“菜篮子”农产品各种形式的外埠基地主要以“产销挂钩，以销定产”为核心，北京“菜篮子”农产品市场需要什么就组织生产什么，最大限度减少无效供给，形成更加适销对路的“产业菜单”。

（1）北京新发地农产品批发市场。通过与农户签订蔬菜产品供应协议，为农户提供种子（种苗）、化肥、农药、销售和技术等一条龙服务，为生产无公害、优质蔬菜打下了基础，同时，推进了当地蔬菜标准化种植，促进了优势农产品产业带的形成。2015 年各加工基地累计合同收购量达到 1.7 万吨，涉及合同订单农户 3000 户，技术辐射基地周边 2000 户，农户单位面积产量提高 20%以上，实际收入大幅度提高。

（2）昌达农业开发有限公司。该基地是北京沱沱工社生态农业股份有限

公司在河北丰宁所建外埠基地，属于订单模式。昌达农业开发有限公司成立于2006年3月，是一家专门从事集蔬菜种植、加工、销售于一体的有机基地专业公司。2017年1月昌达公司与北京沱沱工社生态农业股份有限公司签订了有机蔬菜种植采购合作协议，以基地采购订单的模式进行合作，合作期限为5年。北京沱沱工社生态农业股份有限公司年初做好订单计划，昌达基地按照计划进行种植、有机蔬菜分装认证，北京沱沱工社生态农业股份有限公司负责人工成本、生产资料、运输等所有运营成本及产品销售。2017年在基地种植马铃薯、胡萝卜、红葱头、西兰花、黄瓜、芹菜、甘蓝菜、番茄等品种有机蔬菜1027亩。随着市场需求增大，继续加大种植面积，增加技术服务力度，有机蔬菜面积达到3000亩，双方引进了紫甘蓝、黄色樱桃番茄、茄子、春白菜等新品种7个，建立了有机技术规程，开展有机技术培训2次，培训人员70人，从而确保有机蔬菜的供应，为北京市民提供健康、安全的有机蔬菜。2017年该基地获得“菜篮子”外埠基地补贴资金21万元。

（二）自建模式：“公司+生产基地”运作

1. 畜牧产业

畜牧基地基本以自建为主，实行统一引种、饲料、防疫消毒，形成生产、加工、销售一条龙体系，提高生产效益，确保产品质量。

（1）徐州六马种猪科技有限公司。该基地是北京六马养猪科技有限公司自建外埠基地，位于江苏省徐州市铜山区大彭镇沙塘村东，是“江苏省畜牧生态健康养殖示范基地”“江苏省动物防疫合格单位”“全国长白猪协作组成员单位”。2015年获得“菜篮子”外埠基地补贴资金200万元。徐州六马种猪科技有限公司现有核心群基础母猪存栏1100余头，是六马丹系长白、大白种猪核心基地。着眼于未来养猪产业的需要，从种猪选育、环境设计、生物安全控制、饲养管理、动物营养等各个环节，徐州六马种猪科技有限公司不断优化技术体系，确保生产出中国乃至世界最优质的种猪。在生物安全方面，徐州六马种猪科技有限公司采用国际先进的生产设计理念，即新风换气、早期隔离断奶、保育部分清群，实时跟踪监测，实现了猪瘟、伪狂犬的净化，确保为客户提供最优质健康的种猪。2017年8月15日公司通过农业部“动物疫病净化创建场”的现场验收，同时还与扬州大学共同建立了兽医硕士研究生工作站。

（2）首农食品集团山东分公司寿光牧场。该基地属于首农食品集团自建外埠基地，主要经营项目为奶牛养殖、奶牛养殖技术咨询服务、农作物种植、牛场设计等。牧场占地523亩，总投资22903.11万元，有泌乳牛舍3栋、泌乳干奶牛舍1栋、综合牛舍1栋、后备牛舍3栋、挤奶厅1栋、犊牛暖棚1栋、青贮窖6个、干草棚2个、精料库1个，办公生活区1个。公用工程设施齐全，供电系统、供水系统、粪污处理区（包括固液筛分车间、混合搅拌池、固粪堆放场、厌氧发酵池、氧化塘）等设施一应俱全。牧场按照牛奶优质、管理先进、饲喂科学的建设要求和原则，采用散栏牛舍进行饲养，实行TMR饲喂、并列式挤奶台集中挤奶、自动清粪及自动粪污处理，实现奶牛养殖的规模化、集约化及标准化，并开创了“种养结合、区域集中、分群饲养、品种多元化”四要素饲养模式。2015年该场获得“菜篮子”外埠基地补贴资金200万元。寿光牧场现存栏奶牛共计4185头，其中成乳牛1920头，青年牛944头，育成牛697头，母犊牛624头。日产奶达59吨，主要供应给首农集团山东乳业有限公司、北京三元食品股份有限公司等，有力保障北京奶制品的市场供应。2017年供应北京市场原料奶1204吨，供京比例达40.16%。

（3）首农食品集团河北滦平华都食品有限公司。该基地是首农食品集团自建外埠基地，位于河北省滦平县，是集种鸡饲养、饲料加工、肉鸡孵化、商品肉鸡放养、肉鸡屠宰加工、熟食制品加工、调味料生产、食品安全检测、冷链物流配送及国内外销售于一体的肉鸡产业基地。现拥有父母代种鸡场6座，总存栏规模40万套，年孵化种蛋4000万枚的商品肉鸡孵化场一座，设计产能20万吨的饲料加工厂一座，年屠宰加工肉鸡3000万只的屠宰加工厂一座（获得中国伊斯兰协会清真认证），年产出口及内销熟食2万吨的熟食工厂一座，年产调味品4000吨的调味料工厂一座。带动当地农户及合作组织建立了年出栏3000万只肉鸡的标准化商品肉鸡养殖小区、现代化养殖场，建立了“从农场到餐桌”的食品产业链经营体系。基地目前年加工饲料17万吨、屠宰加工肉鸡3600万只、生产鸡肉产品6万余吨，熟食1.2万吨，产调味品4000吨。该基地2016年、2017年分别获得“菜篮子”外埠基地补贴资金300万元，共计600万元。该基地2016年供应北京各类鸡肉产品3.2万吨，供应比例63%，2017年供应北京各类鸡肉产品3.4万吨，供应比例达57%，主要产品分别为冰鲜产品、速冻产品、生食调理、熟食调理、调味料产品五大体系，主要销售渠道为机关食堂、商超、快餐和农贸市场。基地通过国家出口食品生产企业卫生注册，并建立和实施ISO 9001质量管理体系、HACCP危害分析与关键控制点管理体系、ISO 22000食品安全管理体系和食品安全可追溯体系，确保鸡肉加工流通过程的食品安全。同时，公司自建检测中心，配备了液相色谱——质谱联用仪、荧光 PCR 检测仪等先进的检测设施，建立了毛鸡宰前、宰后的兽医检验检疫制度和加工各环节的质量管理标准，对饲料生产、鸡群养殖、生产加工、流通销售全过程进行检测监控，严格控制生产过程中的产品温度、微生物、理化指标等项目，有效保证食品安全。

（4）北京中地种畜有限公司。采取自建方式建立外埠基地。该公司成立于 2004 年 6 月，主要从事现代化大型奶牛牧场运营及种畜进口业务，是中国领先的大型奶牛养殖企业及优质原料奶生产商，是农业部等部委认定的全国农业产业化重点龙头企业。公司在北京、天津、河北、山西、内蒙古等地建有 8 座现代化牧场，是京津冀重点生鲜乳生产供应基地。截至 2017 年底，公司奶牛存栏总数约 65000 头；全年总奶量近 30 万吨，商品奶量 28.5 万吨。为提高首都市场农产品保障供应能力，中地种畜积极响应北京市农委号召，积极申报建设“北京外埠畜产品生产基地”，承担北京市“菜篮子”产品工程、保障北京“肉蛋奶”生产基地建设任务。

目前，该公司已经在外埠建立了 3 个生产基地：一是廊坊中地牧场，位于河北省廊坊市文安县新桥工业区第一生产大队。2015 年申报成为外埠禽畜产品基地，于 2016 年 1 月正式投产，截至 2017 年底，牛群存栏 11386 头，其中，泌乳牛 5037 头，年产牛乳 4 万吨。二是天津中地牧场。2016 申报成为外埠禽畜产品基地，于 2017 年 4 月正式投产，截至 2017 年底，牛群存栏 6186 头，其中泌乳牛 3082 头，年产牛乳 1 万多吨。三是天镇中地牧场，位于山西省大同市天镇县三十里铺乡二十里铺村。2017 年申报成为外埠禽畜产品基地，截至 2017 年底，牧场奶牛存栏 13249 头，其中泌乳牛 6231 头，年产量近 5.4 万吨，该公司 60%以上产品供应北京市场。

公司通过先进的管理方式和设备的引进，精确控制牛奶生产过程，确保牛奶安全和质量。第一，科学饲养、规范管理，生产优质产品。公司在牛奶生产过程中实行标准化管理，积极按照国家对规模化牧场要求进行，并制定牧场标准化操作流程（SOP），狠抓奶牛饲养管理的重点环节。按照奶牛生理特点科学分群、合理投入，采取规范的防疫手段，选用从美国、德国进口的冷冻精液配种，进口奶牛的后代表现更加突出，使牧场成为当地良种养殖、繁育、推广的示范企业，为加快当地奶牛良种化进程提供了有力的保障。第二，重视科技进步，不断提高产业化经营的科技含量。公司与中国农业大学、西北农业科技大学等高校，以及美国、德国等国内外同行业积极开展交流合作，引进科学的管理方式和先进的设备，提高牛奶生产过程中的科技含量。采用先进的全混日粮（TMR）饲养技术，配套引进 TMR 取料器、搅拌机等设备，保证奶牛采食日粮中精粗比例稳定、营养浓度一致，全价日粮确保了牛奶的品质和奶牛健康。

在奶牛的日常管理方面，公司充分重视奶牛的福利，采用卧床休息，散栏饲养等新技术，牛舍内安装通风系统与喷淋降温系统，为奶牛提供清洁舒适的生活和休息环境。先后完成对挤奶设备、奶牛卧床和其他基础设施的改造，实现了奶牛自由采食、自由饮水（冬季饮用温水）、自由运动的散栏饲养，使奶牛福利得到有效保证，奶牛的健康状况和产奶量都有很大改善，为生产优质牛奶提供了可靠的保证。牧场新装监控系统，加强各个生产环节的监控管理，并使用先进的挤奶系统和全自动挤奶设备，安装 Dairy Comp 305 管理软件，使奶牛场最重要的挤奶环节实理了自动脱杯、电脑计量、自动监测奶牛健康状况、生产数据实时传输的现代化管理，挤出的牛奶密闭传输冷链贮存，充分保证了牛奶的卫生。

2. 蔬菜产业

蔬菜基地中实施自建基地模式的公司中，万丰大地（北京）蔬菜有限公司和北京方圆平安食品开发有限公司较为典型。以万丰大地（北京）蔬菜有限公司为例，通过自建实行统一品种、统一购药、统一标准、统一技术、统一检测、统一销售，实现了对产品产量和质量的有效把控，且引导周围农户自发跟随，通过“品种+农药+培训”带动当地农户提高产品质量，开拓销路，增加收入。

（1）万丰大地（北京）蔬菜有限公司天康果蔬种植专业合作社。属于企业自建外埠基地，成立于 2014 年 4 月，位于河北省沧州市肃宁县窝北镇垣城南村，有自建温室大棚 625 亩，主要种植番茄、圆茄子、甘蓝等。产品收获后，基地使用公司提供的标准化周转筐，根据约定的产品标准，进行分级、分拣，达品规者直接从地里采用标准化周转筐运输进京，其余在本地就地销售。对于进京产品，尽量做到全程不倒筐，减少流通过程中的二次包装，提升农产品物流运输效率，减少农产品在流通过程中的损伤。基地严格把控蔬菜生产过程中的各个环节，提高生产组织化程度，加强质量安全管理，尽量做到统一育苗，统一用肥，统一用药，统一检测，将标准化实施在播种、收获、打包、配送全流程。基地配有专业的农药残留快速检测仪，对每一批次进京产品进行严格检测，确保安全、优质的产品进京。2017 年该基地获得“菜篮子”外埠基地补贴资金 125 万元。

（2）北京方圆平安食品开发有限公司。公司成立于 1999 年，位于北京市朝阳区孙河乡，近邻北京首都机场，地理位置优越。近年来，公司逐渐由单一的农业公司发展成为拥有十余万亩种植基地的实业公司，产业覆盖籽种、种苗、果蔬生产、物流销售、旅游服务等诸多行业，形成以农业为核心，以蔬菜、水果、种苗培育为龙头业务，带动种植、加工、销售等配套发展的、多元化的新型农业企业。公司采取了自建方式建立外埠基地。立足于发展绿色、安全、无公害农业，以北京为中心，在纬度、海拔高度不同的地区建立大型的蔬菜生产、加工、流通基地，生产基地达十余万亩。为确保让消费者吃上“新鲜、自然、安全、健康”的蔬菜，全面推行标准化生产，实行错季生产，保障市场需求品种常年可供。实施产品追溯系统，把种植品种、种植计划、采收时间等全部纳入统一管理，消费者通过二维码就可查询所购产品的生产信息。生产基地建有独立的农残检测室，建立了从农田到餐桌的全程质量控制体系，对所需进库产品逐品种进行快速检测，合格方可入库，从源头保证产品质量。实施 24 小时全程检测监控，检测结果实时上传到区植保中心，2017 年农业部市场抽检、区质检抽检合格率达 100%。公司全年为北京家乐福、沃尔玛、盒马、永旺、京客隆、超市发等连锁超市提供蔬菜配送业务，并为中国大饭店、长城饭店等 30 多家宾馆、酒店、机关和企事业单位进行定点供货服务。

（三）联营模式：“公司+生产基地+流通销售”运作

由北京市公司与津冀等地的合作社、企业、农户等生产经营主体共同投资，通过优势互补组建产业化的联合体，根据市场需求开展一体化生产和销售模式。

（1）北京美农东方科技发展公司。对所有基地采取“统一种植计划、统一技术指导、统一质量标准、统一生产资料供应、统一购销”的方法，进行标准化、规模化生产基地的建设。建立“生产基地平台+流通销售平台”，探索出了一套产地集采、销地直配的流通模式，结合超市资源，建立稳定的供销渠道，在公平贸易的基础上，把基地和销售渠道捆绑成一体，做到每个环节可控、可调，切实做到既保障供应，又促进联合体发展的要求。

（2）润泽蔬菜种植专业合作社。该外埠基地是北京新发地农产品批发市场在河北张家口赤城县建立，属联营模式。赤城县润泽蔬菜种植专业合作社成立于2011年12月，注册资金150万元，2015年与北京新发地农产品批发市场开展合作，获得项目扶持资金80万元，加上企业自筹资金200万元，完成2015年基地总投资280万元，其中固定资产投入93.1万元。目前，该基地在柳林屯和郭家屯两个村拥有流转土地1000亩，新筹建蔬菜大棚101栋，带动周边农户种植蔬菜2000亩，种植面积达到3200亩，种植品种主要有西蓝花、有机花椰菜、球生菜、大白菜、娃娃菜、番茄、南瓜和萝卜等。基地秉承“绿色、科技、高效、安全”发展理念，种植的松花菜、生菜、大白菜、娃娃菜、西蓝花、草莓育苗繁殖、甘蓝制种等蔬菜种植全部达到无公害质量生产标准，实现了规模化经营、标准化生产。基地不断强化科技支撑，已与北京中保集团和张家口市农科院建立了技术合作关系，现有高级农艺师2名，中级农艺师3名，机械操作师2名，技术熟练工38名，并拥有全套的种植机械，实现了机械化作业。同时，基地采用膜下滴灌、生物有机肥和生物菌肥、有机农药等种植技术，实现了供京蔬菜绿色、安全目标。2015年销往北京市场蔬菜5000吨，2016年供京蔬菜约7000吨。

四、北京“菜篮子”外埠基地建设取得的成效

（一）提高首都“菜篮子”控制率，稳定首都“菜篮子”供应

1. 开拓外埠基地，稳定北京农产品供应

北京农业资源十分有限，市场需求又极其庞大，“菜篮子”自产自足既不现实、也不经济。根据2015年北京市居民蔬菜消费调查，目前北京市每年蔬菜需求总量约1062.2万吨，然而受级差地租的影响，北京市蔬菜生产的综合成本较高，据北京市农研中心经管站测算，每生产100千克蔬菜的成本，北京市是河北的282.4%，导致农民种菜积极性不高，北京市蔬菜种植面积和产量逐年下降，2015年产量仅有205.1万吨。根据自产蔬菜的年产量和常住人口数量计算人均可分配蔬菜数量，北京只有95.3千克，自给率仅约20%，供需缺口大。近年来，北京市按照“本地稳总产提单产、外埠建基地促流通”的总体思路，充分发挥市场的作用，不断完善农产品供应链条，努力稳定“菜篮子”产品供应，保证了首都的正常运行和市民的日常所需。目前，河北已成为北京最重要的农产品来源地，2017年河北蔬菜占北京全年市场供应量1/3。

2. 强化全程管控，保障供京农产品质量安全

在外埠基地建设中，企业根据自身情况会选择不同经营模式，从调研情况看，农业企业外埠蔬菜基地的建设以联营、订单和自建模式为主，蔬菜生产管理实现了管理操作规范化、病害控制重预防、生产环节抓关键、质量安全控全程，为北京市民的菜篮子源源不断地提供着安全放心高品质蔬菜产品。畜牧养殖业外埠基地主要以自建模式为主，实行统一引种、饲料、防疫消毒，形成生产、加工、销售一条龙体系，生产效益和产品质量都有了保障。如北京顺鑫农业股份有限公司在河北和山西的7个生产基地，全部由公司投资建设，便于公司全面掌控生产，保持产业技术优势，确保产品质量。

（二）强化区域合作，促进外埠农业产业升级

1. 发挥科技优势，推进科技成果转化

北京农业企业科技支撑优势明显，在外埠基地建设中充分展现了“科技兴农”的首都农业发展模式，转化使用农业科技成果较多，提高了当地农业生产效率和产品质量。一是引进种养新品种。如，首农食品集团不仅有自己的研发团队，还长期与科研机构合作，是全国种猪科技成果转化示范基地，正在建设的宣化生猪养殖基地，养殖的全是北京特色品牌——北京黑猪，年出栏可达50万头，全部供应北京市场；沱沱工社为河北合作企业引进了7个蔬菜新品种，建立了有机技术规程。二是引进先进技术和设备。北京农业企业利用生产技术具有的领先优势，促进当地生产技术的改进。如北京方圆平安食品开发有限公司引进真空吸附式自动化播种机、智能温室大棚，采用信息化控制系统，减少农资消耗，降低投入成本，同时，应用农业智能设备物联网，推行追溯二维码体系，实现了农作物从种到收全程可视监控。三是提供技术培训。在生产过程中，总部技术人员在新技术应用、病虫害防治、畜牧防疫等方面进行全程指导，通过对当地农业工作者进行专业技能培训，提高了当地农民的技能水平，使之具有娴熟的安全作业能力。

2. 转变生产方式，改善当地自然生态环境

北京“菜篮子”外埠基地建设项目的实施，逐步改造了传统农业的生产方式，有利于促进水源地保护、生态涵养能力建设，推动农业节水用水的体制机制创新和技术研发推广，加快了高端高效节水农业产业体系建设，促进农村生态文明建设，有较好的生态环境效益和可持续影响。通过应用膜下滴

灌技术，每亩蔬菜平均用水量 100 吨，有效遏制了菜区地下水资源过度开发；精准施肥、合力用药等技术的推广，减少了蔬菜塑料包装材料、减少使用农药化肥的施用；现代化、工厂化、大型畜牧养殖的推广建设，大大提高了粪污处理能力，促进了当地农业的可持续发展。

3. 拓展基地区域范围，满足产品市场多样化需求

北京农业企业建设外埠生产基地时，通常会考虑物流成本、土地成本和劳动力成本，因此多数会优先在环京地区先行先试，待发展成熟后逐步向全国布局。如首农食品集团现有 22 个外埠蔬菜种植基地，其中河北就有 18 个，天津有 2 个。随着企业外埠生产基地建设经验的逐渐丰富，产品市场也日益广阔，外埠生产基地建设也渐次向全国辐射，如天安农业现已在河北、山东、海南、云南、湖北、甘肃、内蒙古等 10 个外埠省份建立了 20 余个蔬菜基地，康安农业在北京、天津、河北、山东、内蒙古、河南等省区市建设自营、联营及合作型基地 20 多个。

（三）拓展首都企业发展空间，增强首都企业影响力

1. 调动企业积极性，推动企业“走出去”

北京土地资源有限，劳动力资源也趋紧，在一定程度上制约了北京农业企业的发展，而北京“菜篮子”外埠基地项目的实施，加快了企业“走出去”的步伐，拓展了发展空间，增强了企业发展后劲。如北京首农食品集团有限公司投资建设的河北三元工业园，集乳品研发、生产加工、物流于一体，与附近的定州牧场有机衔接，形成了“规模化牧场+现代化加工”的完整产业链条。北京方圆平安食品开发有限公司依托在蔬菜育苗、种植、加工等环节的先进技术及行业优势，在全国 12 个省区市建立产销联合体，推进产销深度对接，带动蔬菜专业化、标准化生产，提升了产业综合效益，每年为首都市场供应安全、达标蔬菜达 3.5 万吨。

2. 整合优势资源，提升企业整体竞争力

北京农业企业通过建设外埠生产基地，整合全国各地的优势资源，形成完整的生产体系，生产能力成倍提高，企业竞争力大幅提升。一是充分利用各地不同的地理资源，合理布局生产，使生产品种更丰富，淡季供应能力大幅提高；二是外埠基地的土地、劳动力资源丰富，成本较低，能有效降低企业生产成本；三是可以迅速扩大生产规模，提高生产组织化程度，推行统一

标准化生产，提升农产品质量，提高农产品市场占有率，使企业整体竞争力大幅跃升。

3. 突出质量核心，培育首都高端农产品品牌

在外埠生产基地建设过程中，北京农业企业坚持高标准高质量发展的目标，围绕绿色生产、绿色经营、绿色消费，推动企业向抓质量、抓特色、抓品牌方向发力。一是推行标准化生产，签订农产品质量安全保障合作协议，严格把控农产品质量标准，确保农产品质量；二是构建农产品可追溯体系，运用物联网等现代技术手段，对生产全流程进行监控，实现农产品生产、包装、储运和销售信息跟踪；三是注重品牌建设，“三品一标”认证率较高，培育出了一批具有竞争力的农产品品牌，在全国树起了首都农业绿色安全的高端形象。

五、北京“菜篮子”外埠基地建设存在的问题

（一）外埠基地农产品调控有待加强

1. 外埠基地蔬菜供给存在区域性短缺、结构性短缺

目前北京外埠基地主要集中在京津冀地区及北方，由于冬季北方温度过低，难以满足蔬菜多品种供应，无法保证首都冬季“菜篮子”充足供应。且对蔬菜不同品种的供求状况预测存在一定的不足，难以避免某些蔬菜品种的结构性短缺，造成菜价上涨。

2. 农业补贴有待有效整合、集成

当前我国农业补贴的资金投入渠道较多，分散在政府各个部门，主要涉及财政、农业、外贸、粮食、民政和银行等相关部门，因政出多门，协调困难，交易成本高，难以形成支农资金的整合效应，降低了补贴的效率，这在北京“菜篮子”外埠基地的补贴上也体现出来，而且，农业补贴力度也有待提高。

（二）外埠基地农产品质量安全监管有待强化

1. 农产品质量安全监管有待提升

外埠基地农户相对科学素质较低，有时盲目追求产量，使用违规投入品，再加上产地对各项“三品认证”不够重视，农业投入品的规范化管理不规范，技术人员无法做到完全监督到位，导致生产中的农产品质量安全

控制较难。

2. 部分基地的环境选择不达标

当地一些加工业违规排放对蔬菜质量安全造成影响。部分基地所在地区有些小型生产加工厂在夜间生产，排放超标气体和污水，对当地的地下水和空气质量产生严重的负面作用，严重威胁到了蔬菜的质量安全。

3. 政府在基地农产品质量把控中作用有待强化

在外埠投资建设蔬菜基地时，如果完全依靠企业自身力量，难以对订单基地蔬菜产品实施质量安全控制，北京市政府相关部门与外埠政府相关部门联动支持有待加强。

（三）外埠基地农业产业有待升级

1. 组织化程度不高

由于国家有关部门出台的土地政策，造成了大部分农民惜租现象，为了补贴，有的宁可闲置也不转租，有的抬高地租，有的只实施短租，致使需要规模土地的合作社企业难以承受，规模小，组织化程度不高，不能适应现代农业企业管理。

2. 生产经营能力不强

农民科学素养不高，由于成本等问题及缺乏专业生产技术服务团队的支持，造成技术农户缺乏和无法获知准确的种养产销信息，盲目、重复生产问题突出，从而造成生产主体不稳定和“菜篮子”产品供应不稳定。

3. 外埠基地硬件设施水平有待提升

外埠基地配套基础设施如农资库房、冷链物流仓储设施等建设不完善，道路简陋、路面硬化程度不高。一些基地电力设备老化，生产用电不足；水井配备数量、水井深度不足。基地种植以露地为主，模式单一。

六、对北京“菜篮子”外埠基地建设的政策建议

北京“菜篮子”外埠基地建设，取得明显成效，确保了首都“菜篮子”稳定供应，促进了外埠农业产业升级。为进一步加强紧密安全绿色“菜篮子”外埠生产基地建设，巩固长期而稳定的外埠“菜篮子”产品供应基地，应加强各级领导重视，持续推动以下几个方面的工作：

（一）加强政府宏观调控

1. 强化北京市及外埠相关政府部门联动

集成各部门支农补贴，合理纳入对“菜篮子”外埠基地建设的支持，促进基地享受北京、外埠“双向”补贴，加大资金支持力度；监督并保证企业与基地诚信合作，维持基地稳定，做好风险控制。

2. 引导企业优化调整蔬菜品种结构

引导企业抓住蔬菜品种价格波动差异显著的时机，打好时间差，充分考虑品种之间的替代效应和互补效应，调整蔬菜种植布局，优化蔬菜品种结构，促进蔬菜品种价格保持合理波动。

3. 积极开展全产业链监测

基于全产业链视角，开展蔬菜生产、流通、库存、加工、消费等各个环节信息监测工作；建立健全蔬菜产业长期定位监测点，加强即时动态数据监测能力，为蔬菜产业信息分析预测提供数据支撑；及时发布蔬菜产销及预测信息，引导蔬菜生产和消费，推进蔬菜供需时空匹配。

4. 协调建立农产品价格稳定专项资金

尽快协调建立农产品价格稳定专项资金，在农产品价格大幅波动期，对影响“菜篮子”的主要品种给予一定价格补贴，并对扩大的储备品种给予一定补贴。

（二）强化紧密型基地建设

1. 鼓励企业自建外埠基地

鼓励本市大型龙头企业、大型批发市场在京外通过直接投资、合作协议等模式，建设一批高标准、可控性强的紧密型安全农产品生产基地，以保证北京“菜篮子”供应需求。鼓励超市直接建基地供应蔬菜，以便能够在检验检疫等安全方面做到统一规定，提高供应质量和效率。在扶持机制上，探索将普惠制扶持方式转变为基于基地建设方式差别，给予针对性扶持。尤其是，对于自有资金支出大的自建基地方式，提高资金扶持力度，减轻企业“走出去”压力。

2. 完善基地遴选标准

需要进一步完善已有扶持基地的遴选标准：（1）基地选址。必须在城市建设规划范围之外，处于基本农田保护区域内，土壤基础条件好、周边无污染。凡新建的蔬菜基地，要远离交通主干道 100 米以上，基地周围 3 公里以内没有污染企业，土壤、灌溉水、大气等符合国家无公害农产品产地环境标准；已建蔬菜基地周围有化工企业的，化工企业或蔬菜基地一律搬迁至3公里以外，并建隔离带。（2）基地的科技基础。基地要在生产技术上有提升空间，科技基础条件好。基地负责人的科技意识、质量安全意识要强。

3. 加强基地之间的横向联系

建立基地之间的横向联系制度，适当组织同一企业的不同基地之间、不同企业的基地之间的工作观摩或者互学互比活动，实现优势互补。树立标杆企业，打造一批示范基地。

（三）完善市场流通体系

1. 落实“菜篮子”流通环节价费优惠政策

着力控制“菜篮子”流通企业运营成本。继续开辟鲜活农产品“绿色通道”，认真执行“菜篮子”进城运输车辆免收干线公路过路费政策。探索双向免收通行费制度，以降低运输成本。

2. 统一配送车辆运输标识

市内农产品配送应鼓励采用符合地方标准的厢式货车或冷藏保温车，对符合条件的配送车辆配发鲜活农产品运输统一标识和通行证，允许这些车辆白天在五环内配送蔬菜、水果、肉禽蛋奶等农产品。

3. 发展“菜篮子”电子商务和信息服务

主动顺应“互联网+”发展趋势，探索“互联网+菜篮子”产业模式，整合优势资源，促进农产品流通线上线下融合和产销对接。加快网上购销平台建设，让市民足不出户便可享受物美价廉的“菜篮子”产品。

（四）提升质量安全水平

1. 促进标准化生产

推动对于外埠基地相关技术规范的制定，对使用的种子、农药、化肥等一系列操作流程进行规定限制，应统一北京本地农民的操作流程。大规模开展标准化生产创建活动，大力推广生态栽培技术和高效低毒农药，推进标准化生产和病虫害统防统治，构建质量安全控制长效机制。

2. 强化质量可追溯制度

鼓励基地农民重视农产品质量安全，协调市财政应拿出一定补贴资金用于对基地土壤进行检测和农产品追溯体系的建立。要求基地对农产品生产过程中各项农事操作进行档案记载，强化覆盖农产品生产和流通环节的全程质量追溯体系。

3. 加强质量安全监管

加强执法监管能力建设，建立健全检验检测、质量追溯、风险预警和应急反应处置体系。改进农产品检测方式，加强政府检测，完善监测体系。在全市性的大型农产品批发市场，政府应设立派出机构和检测站；在农贸市场和连锁超市，应加大政府抽检力度；严格市场准入和退出机制等。加大检测力度，形成政府监测和企业自律性检测的农产品质量安全检测制度。

4. 严格市场准入和退出机制

对进入北京的食用农产品逐步实行基地、企业和区域准入制度与退出制度。在准入环节，逐步推行四项准入方式，即按标准准入、检验检疫准入、协议准入和检测准入。在退出环节逐步推行协议退出、强制退出、限期追回和无害化处理等措施，加强对被退出食品的监管。

（五）健全社会化服务

1. 加强公益性服务体系建设

充分发挥农技推广、农业院校和行业协会等公共服务机构的作用，对植保员、技术员、质量管理员等开展技术培训，对职业农民、经纪人等从业人员进行从业资格认定和保护。加强农业、气象、水利和商务等有关部门的合作，努力构建蔬菜生产、流通、消费各个环节的信息监测、预警和发布体系。

2. 强化产业联盟作用

发挥联盟第三方的组织、协调、平台功能，引导基地和销售企业积极参与联盟行动，政府拿出一定资金扶持联盟开展公益、非营利活动，尤其在蔬菜产业的信息衔接、新品种、新技术推广、质量信用认证、产销对接方面，让联盟的信息和行业动态成为政府提供决策的依据。

3. 开辟金融合作新途径

引导金融保险公司和基地合作，完善金融保险服务，提升农业保险对农产品生产和农民利益的保障能力，完善保险方案和保费补贴政策，同时加大宣传力度，提升农户对保险服务的知晓率和接受程度；不断完善生产保险，减轻自然灾害损失，增强农户抵御自然风险的能力。

第五章 北京市粮经产业结构调整成效及发展思路

北京农业作为特大城市战略性基础产业，其每一阶段的发展调整，都服从和服务于不同时期城市功能定位与城乡建设需要。2014 年 9 月，为贯彻落实习近平总书记重要讲话，北京根据新时期首都城市战略定位，下发《中共北京市委北京市人民政府关于调结构转方式发展高效节水农业的意见》（京发〔2014〕16 号）（以下简称“调转节”意见），标志着北京正式进入以高效节水为主题的新一轮农业结构调整。此次结构调整的重点是农业节水、减排调粮及做精畜牧水产。在粮经产业方面，随着北京种植业结构调整力度持续加大，粮食作物播种面积由 2000 年的 462 万亩下降到 2018 年的 84 万亩，以玉米、小麦为主，两种作物播种面积约占全市粮食播种面积的 95%。东部平原地区多种植小麦与夏玉米，延庆盆地则以种植春玉米为主。近郊区基本上已经退出粮食生产。粮经产业紧密围绕“强基、固本、高效、生态”的八字方针，有序推进调转节各项工作，取得显著成效。本研究重点以北京粮经产业为研究对象，总结了实施农业结构调整政策以来北京粮经产业结构调整的主要做法及成效，结合新形势及北京农业发展实际，提出下一步粮经产业调整的主要发展思路。

一、粮经产业调转节主要做法

（一）部门联动，做好顶层设计

1. 重合作，多部门联运推进农业调转节

加强与发改、财政、水务等部门沟通协作，合力推进种业、节水工作，积极争取项目资金；围绕水务部门实施的5万亩节水设施建设，协同推进农艺节水；农业系统内部，各部门、各单位结合本单位的职能，加强协作，互相支持，共同推进调转节工作。

2. 编制发展规划，为产业发展布局谋篇

按照尊重市场、尊重科学、尊重实际、尊重农民的原则，大力开展调查研究，广泛征求各方意见，深入研究粮经产业的发展思路、途径、布局、机制等内容，牵头制定好“十三五”现代农业发展规划、组织完善制定粮经产业布局规划，及时做好种业一期规划的中期评估工作，并在此基础上，组织编制《北京现代种业发展二期规划（2016—2020年）》，开展全市农业文化遗产资源普查，编制《北京市农业文化遗产发展保护规划》《京郊农田景观建设规划》及《北京农田生态景观建设规范》，逐步构建农田景观建设的长效机制和规范化管理体系；联合多部门编制《农艺节水工作规划》等，为产业发展谋篇布局，打牢基础。

（二）有序分工，开展粮田划定

1. 统筹安排，制定详细工作方案

市农业农村局、市园林绿化局、市国土资源局以及各区与有关部门，通力合作，制定了《北京市农业生产空间划定工作方案》，成立了领导小组，划定工作组和技术服务组，分别负责“两田”划定相关工作；明确了“两田一园”总体布局思路、重点工作，划定工作重点分三个阶段开展，包括指标分解与落实、区具体划定地块与上图入库；制定了“两田一园”划定标准及任务指标，分步骤落实各项工作。

2. 以区为主体，分解落实任务

立足资源禀赋和生态环境承载力，重点突出地下水超采区、生态涵养区等重点区域，落实各区政府主体责任，根据划定良田规模，将农业生产空间确定到乡镇、地块，以区为主体，启动粮田划定工作，分区分类采取不同措施，积极稳妥推进。

3. 组织专业团队，加强指导与服务

一是组织专业公司对全市粮田、菜田进行新一轮遥感，提高了遥感图斑与实际种植情况的对应准确性。二是加强技术服务。为区每个涉及粮菜的行政村提供“一图一表”，实时进行技术服务。

（三）分类实施，有序推进种植结构调整

1. 地下水超采区

在地下水超采区，以减少使用地下水为基准，逐步退出生产性小麦种植，除该区域内的高标准粮田示范区、家庭农场、规模种植大户在实施高效节水的前提下予以保留外，其余小散户小麦种植坚决有序退出。该区域其他耕地因地制宜发展一年一茬春玉米、生态作物+夏玉米、节水作物+夏玉米、景观作物、节水型经济作物等不同种植模式。

2. 非地下水严重超采地区

以资源禀赋、市场需求、产业布局为基准，宜粮则粮，宜经则经，宜草则草。进一步挖掘秸秆饲料化潜力，扩大青贮玉米和优质牧草种植，推进粮改饲和种养结合循环农业。围绕促进农民增收和满足市民多样化需求，积极扩大杂粮、薯类和其他经济作物种植，支持建设标准化、规模化、产业化的特色产业集中发展区，打造优质、高效、生态、安全的特色农产品生产区域、镇域、村域和沟域。

二、粮经产业调转节成效

围绕“强基、固本、高效、生态”的目标，粮经产业在保产能、调结构、转方式、重节水、促种业等方面取得了显著成效。

（一）强基固本，“划、建、提”80万亩粮田

1. 完成“两田”划定，实现农业生产空间信息化管理

2016年底，两田划定工作全面完成。共收回12个区的7000多份图表，涉及地块40000多个。从划定粮田总体来看，全市粮田面积在100亩以上的地块占47%以上，其中200亩以上的地块占24.48%，50亩以下的地块占31.49%。建立了北京市农业生产空间管理系统，实现了全市粮田资源数据空间划定与信息化管理，绘制了农业生产空间“一张图”，为今后北京市农业产业发展、生态环境建设、农产品质量安全监管等工作提供高效精准服务（见表5-1）。

表 5-1　北京市不同种植规模粮田统计表

规模类型	面积（亩）	地块数（块）	占比（%）
小于 50 亩	273354.1	20482	31.49
50~100 亩	180824.7	2520	20.82
100~200 亩	201489.8	1429	23.21
200 亩以上	212534.3	609	24.48
合计	868202.9	25040	—

资料来源：北京市农业农村局。

2. 加强粮食生产功能区建设，粮食单产稳步提升

粮食生产目标是在做好农业节水的前提下，大力推进绿色高效的高标准农田创建。建设高标准农田，加强粮食生产功能区建设，加快建设集中连片、旱涝保收、生态友好、设施现代的高标准农田。北京市建设国家级粮食高产创建万亩示范片总数 15 个，包括小麦（籽种）5 万亩，玉米 10 万亩（春播 5 万亩、夏播 5 万亩），包含一个整镇整建制推进试点任务 4 万亩，覆盖顺义、房山、通州、密云、延庆五个粮食主产区。2018 年粮食耕地面积为 100 万亩，播种面积为 84 万亩，总产量为 34.1 万吨，平均单产为 409.1 千克/亩，单产水平在全国各省（自治区、直辖市）排名第 7 位（如图 5-1 所示）。

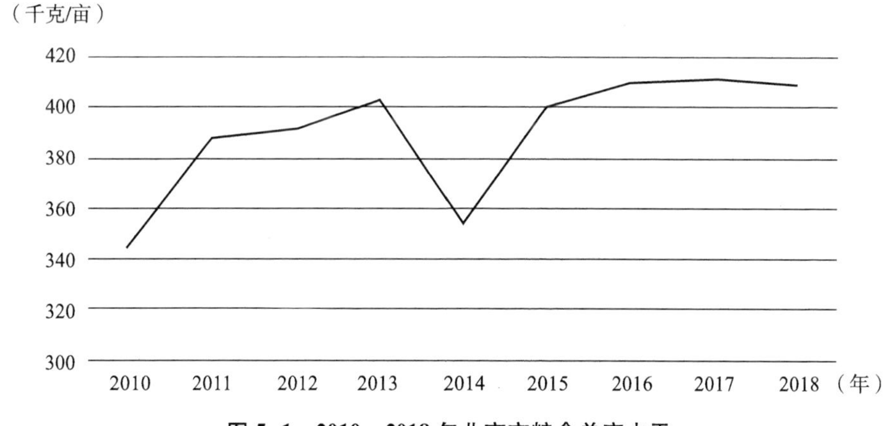

图 5-1　2010—2018 年北京市粮食单产水平

资料来源：《北京统计年鉴》（2011—2019 年），北京市统计局。

3. 提升耕地质量，打造粮食万亩示范方

提升耕地质量，深入开展耕地质量保护与提升行动，完善实施方案，加强分类指导，确保取得实效。深入打造了顺义、大孙各庄、杨镇和房山窦店 4 个高标准粮食万亩示范方。

（二）调整粮经产业结构，适应首都功能定位

为了构建与市场和环境相适应，与水资源、地形、气候等资源禀赋相匹配的都市型现代大田生产结构和区域布局结构，经过三年多的结构调整，粮经产业逐步构建与首都功能定位相一致的产业结构。

1. 逐步构建“粮经饲种”均衡布局的作物结构

据统计，2018 年北京市粮田面积约为 84 万亩，比 2013 年减少了 92 万亩，其中高耗水作物小麦生产下降 39 万亩，约 70%；玉米播种面积 60 万亩，同比减少 111 万亩，减少 65%。2014—2016 年，调减粮田的重点区域是地下水严重超采区，主要为增加生态林 44.5 万亩，占调减总量的 67%；经济林 4.5 万亩，占调减总量的 7%；发展景观作物 4.8 万亩，占调减总量的 7%；增加菜田面积 3.9 万亩，占调减总量的 6%；增加经济作物种植 2.9 万亩，占调减总量的 4%；其他占地 5.4 万亩，占调减总量的 9%。逐步建立了粮食作物、经济作物、饲草作物、籽种作物的四元结构，推进了“减粮、扩经、稳饲、强种”的思路（如图 5-2 所示）。

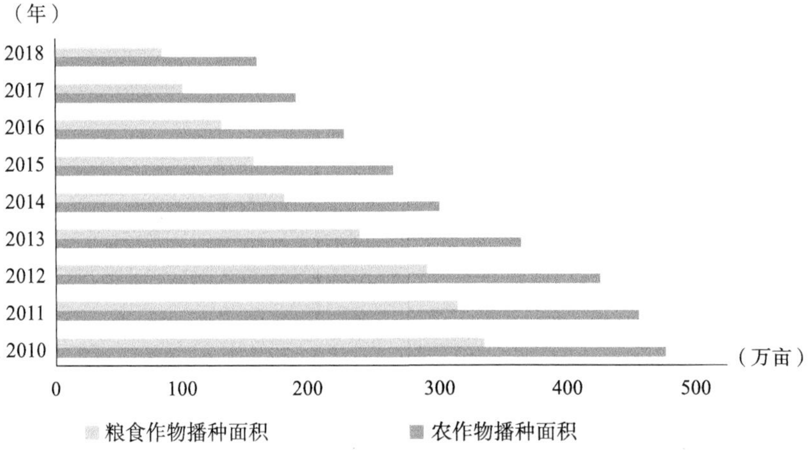

图 5-2　2010—2018 年北京市粮食作物播种面积

资料来源：《北京统计年鉴》（2011—2019 年），北京市统计局。

2. 形成适应市场需求的品种结构

将低质和低效的品种调整为高质和高产值品种，重点发展优质小麦、鲜食玉米、优质杂粮、优质稻米、谷子、薯类等优质农产品以及传承农耕文明、具有独特性和专属性的特色农产品。同时，注重生态景观农产品和籽种农产

品的发展。适应市场需求及调减粮食作物的需要。

3. 区域结构逐步优化

北京市粮经作物主要分布在延庆、密云、昌平、通州、门头沟和平谷。2018年，6个重点区的粮食播种面积达69万亩，占全市粮食总播种面积的84%；延庆、密云是粮经作物种植规模最大的2个区，分别达到了15.2万亩、14.3万亩，合计占全市粮食总播种面积的34%。不同作物种植区域分布特征明显。冬小麦、夏玉米主要分布在顺义、通州、大兴、房山4个平原区，2015年4个区冬小麦总种植面积达48.6万亩，占冬小麦总播种面积的89.6%。春玉米主要分布在延庆、密云2个山区，2015年2个区总种植面积达48.9万亩，占春玉米总播种面积的41.7%。甘薯主要分布在大兴、密云2个沙土地较多区，2015年2个区总种植面积达4.5万亩，占甘薯总播种面积的76.7%。通过发展一村一品、一镇一品、一沟一品，推进区域化布局，规模化生产，产业化发展，提高综合效益。构建生产生态生活示范协调的区域结构，区域结构布局逐步优化（见表5-2）。

表5-2　2014—2018年北京市粮食作物区域分布情况（万亩）

区域	2014年	2015年	2016年	2017年	2018年
北京市	180.26	156.68	130.99	100.27	84.00
朝阳区	0.02	0.03	0.01	0.003	—
丰台区	0.19	0.13	0.06	0.08	0.07
海淀区	0.61	0.70	0.75	0.62	0.71
房山区	21.43	18.49	16.12	0.90	0.74
通州区	19.33	15.07	11.19	13.75	11.52
顺义区	28.72	24.06	20.13	6.68	5.19
昌平区	3.74	3.12	2.66	14.93	13.98
大兴区	34.57	28.72	19.45	1.96	1.37
门头沟区	1.83	1.51	1.26	11.12	7.53
怀柔区	12.22	11.43	9.55	6.64	5.42
平谷区	13.64	12.70	11.86	10.38	7.49
密云区	20.66	18.56	17.56	16.13	14.27
延庆区	23.31	22.17	20.40	17.09	15.16

资料来源：《北京区域统计年鉴》（2015—2019年），北京市统计局。

（三）转变农业发展方式，提升质量效益

1. 节肥节药，发展绿色高效生产方式

围绕“一控两减三基本”的目标，深入开展测土配方施肥，大力推广生物有机肥，促进秸秆、畜禽粪便资源化利用，减少化肥施用量，2016 年亩均化肥施用量为 31.8 千克，比 2014 年下降 3.5 千克/亩，肥料利用率达 32.5%，比 2014 年提高 5.4%（见表 5-3）；加快推广先进实用、高度集成、安全高效的病虫害绿色防控技术，积极推进赤眼蜂、捕食螨等生物天敌在粮经作物生产中的应用，减少农药施用量，2016 年亩均农药用量为 350 克，农药利用率达 41.20%，高于全国平均水平，2017 年农药利用率进一步提高到 42.00%（见表 5-4）；同时集成配套优质高产栽培技术，重点提高单位面积产量、品质和效益，实现优质水稻、小麦、玉米良种覆盖率、技术推广到位率达 100%，发展绿色高效生产。

表 5-3　2014—2016 年施用化肥情况

年份	单位面积耕地化肥施用量（千克/亩）	农作物总量（万吨）	肥料利用率（%）	测土配方施肥覆盖率（%）
2014 年	35.3	8.1	27.1	75
2015 年	33.3	6.39	29.8	80
2016 年	31.8	5.26	32.5	85

资料来源：北京市农业农村局。

表 5-4　2016 年粮经产业农药使用情况

年份	农药利用率（%）	统防统治覆盖率（%）	农药用量（吨）	单位耕地农药用量（克/亩）	单位粮田农药用量（克/亩）
2016 年	41.20	31.94	561.20	350.00	116.80
2017 年	42.00	35.00	539.90	342.00	112.00

资料来源：北京市农业农村局。

2. 提升农田绿色发展空间，促进农业可持续发展

优美的农田景观是建设和谐宜居之都和生态农业的重要基础，是推进农业调结构、转方式和促进一二三产业融合发展的重要途径，是开拓农业多种功能和满足市民多样化休闲需求的重要载体。为此粮经产业将景观农业建设与产业发展、建设和谐宜居北京紧密结合起来，全力打造田园乡村秀美、城市郊区共融的现代都市农业，围绕“培育知名品牌、丰富发展类型、提高农业效益”，培育了一批主题鲜明、各具特色的主题农业景观园、农业景观专业

村和特色沟域景观，开发农业生活休闲功能。重点打造三种类型的农业景观，即近郊农业园区景观、远郊平原大田景观、山区沟域景观，建设了50个景观农业示范点，形成20个集聚连片的休闲农业示范区，示范带动20万亩大田作物景观田，使之成为富裕农民、繁荣农村的新动力，成为服务市民的新亮点。

3. 创新生产经营方式，推进适度规模经营

创新农业生产经营方式。进一步创新与完善土地流转机制，加快推进农业由分散经营向适度规模经营转变，加快推进农业标准化生产，不断提高农民的组织化程度，重点培育发展专业大户、家庭农场、农民合作社、农业产业化龙头企业等新型农业经营主体。构建集约化、专业化、组织化、社会化相结合的新型农业经营体系。探索扶持种植大户和家庭农场的政策，引导农村土地适度向种植大户和家庭农场集中。加快培育和发展家庭农场、专业大户、农民专业合作和农业股份合作等多种形式的农业适度规模经营。培育新型职业农民。着重以提高农民素质和农业技能为核心，大力培育符合都市型现代农业发展要求的新型职业农民，使农业发展主体的素质和水平跟上时代发展的步伐。组织好、利用好全科农技员、村级防疫员队伍，使之成为农业各方面工作延伸到农户、到田间地头的重要力量。

4. 加强产业链对接服务，建设农业社会化服务体系

建设新型农业社会化服务体系。加强产前、产中、产后全过程和全链条的对接服务。加快培育以农业龙头企业、专业化植保统防统治、大型农机作业服务公司等为主的新型服务主体，提高合作型服务、市场化服务在农业全产业链服务中的比重。围绕高效节水、生态景观、农资服务、农产品流通等，提高农业社会化综合服务效能。农产品质量安全监管、动植物疫病防控重点完善基层监管和防控体系，提高生产主体的农产品质量安全控制能力。

（四）推进农业节水，建设综合节水技术体系

秉承“向观念要水、向机制要水、向科技要水”的理念，按照“细定地、严管井、上设施、增农艺、统收费、节有奖”的农业节水新模式，粮经产业积极推进调整结构节水、农艺技术节水及管理措施节水，深入开展节水技术研究，配套农机节水设备，强化体制机制建设，不断提高农业用水效率和产出效益，全面推进农业节水工作。

1. 大力发展旱作农业，推进结构调整

围绕“一控两减三基本”的目标，控制粮经作物生产用水总量；以延庆、怀柔、密云、房山、平谷等山区为主，发展30万亩旱作农业。改善农田抗旱节水的基础条件，完善农田抗旱基础设施，配置集雨池窖、补灌设备、机耕道等田间配套工程；对土壤采取深耕深松改土、生物培肥、覆盖保墒等措施，提高土壤肥力和蓄水抗旱能力，建设稳产高效旱作农田。大力推广旱作农艺节水技术，因地制宜地选用农作物抗旱新品种，减少和淘汰高耗水品种，调整种植结构，推行节水型高效耕作栽培模式。在密云区建立旱作农业核心示范区面积3000亩，辐射面积20000亩。在旱作农业示范方内示范应用抗旱作物（或品种）、测土配方施肥、保护性耕作技术、机械化深松深耕、土地整治、病虫害绿色防控、秸秆还田等综合农艺节水技术，实现全面节水。建立了30个粮食高效节水示范区，在示范区内推进节水设备和技术全覆盖，包括旱作节水技术、高效智能灌溉节水技术、水肥一体化灌溉技术等。大田指针式喷灌设备用水量较常规方式节水50%以上，设施潮汐式灌溉系统较传统灌溉、施肥方式节约水、肥80%以上，推广小麦喷灌施肥和微喷施肥技术模式5115亩，总节水30.6万立方米。

2. 加强技术储备，高效节水技术快速发展

农业节水技术的发展与推广对农业用水量的持续减少功不可没。北京针对有水浇条件的籽种田和景观田，强化农艺节水技术推广，综合使用多种节水灌溉措施，实施粮经高效节水工程，推广旱作农业生产、灌溉区大田作物节水等节水模式，开展节水抗旱品种筛选与评价、节水灌溉方式、水肥一体化技术参数、沼液微灌技术等研究工作。2018年，北京农业节水紧扣绿色生态这一主线，围绕节水提质和节肥增效2个核心目标，集成示范推广3种模式16项农艺节水技术，100个高效节水技术示范区共节水256.4万立方米。其中，设施农业区示范以微灌施肥为核心，配套地膜覆盖、高效灌溉制度、灌溉自动控制和设施膜面集雨补灌等技术的微灌施肥技术模式，80个示范区亩均节水73.1立方米；生态粮田区示范以喷灌施肥为核心，配套节水品种、高效灌溉方式、抗旱抗逆制剂、测墒灌溉等技术的喷灌施肥技术模式，12个示范区亩均节水37.5立方米；旱作农业区示范以抢墒播种为核心，配套抗旱品种、长效（缓控释肥）一次底施，深松保墒、集雨补灌、（生物降解）地膜覆盖等技术的综合节水技术模式，8个示范区亩均节水23.2立方米。

3. 提升用水效率，节水灌溉面积不断提高

近年来，北京农田水利建设取得明显成效。按照国家节水技术规范，北京已发展节水灌溉面积近 300 万亩，其中管灌约 195 万亩，喷灌约 63 万亩，微灌 16. 5 万亩，渠道防渗 30 万亩。2018 年，北京农业有效灌溉面积已达 165 万亩，占总播种面积的 95%；农田灌溉水有效利用系数由 2013 年的 0. 69 提高到 2017 年的 0. 73，远远高于全国 0. 53 的平均水平。同时全市还统筹农田水利建设、土地整理、农业综合开发、都市现代农业布局，通过调整种植结构、加强农业机井管理、建设一批高标准农业节水园区等措施，合力推进农业节水工作。2001—2015 年，农业万元 GDP 水耗直线下降，15 年间平均下降 10. 7%，已从 2001 年的 860. 5 立方米下降至 2015 年的 176. 5 立方米。北京通过结构调整，加强用水管理，以农业用水量的减少支撑了农业经济社会的较快发展（如图 5-3 所示）。

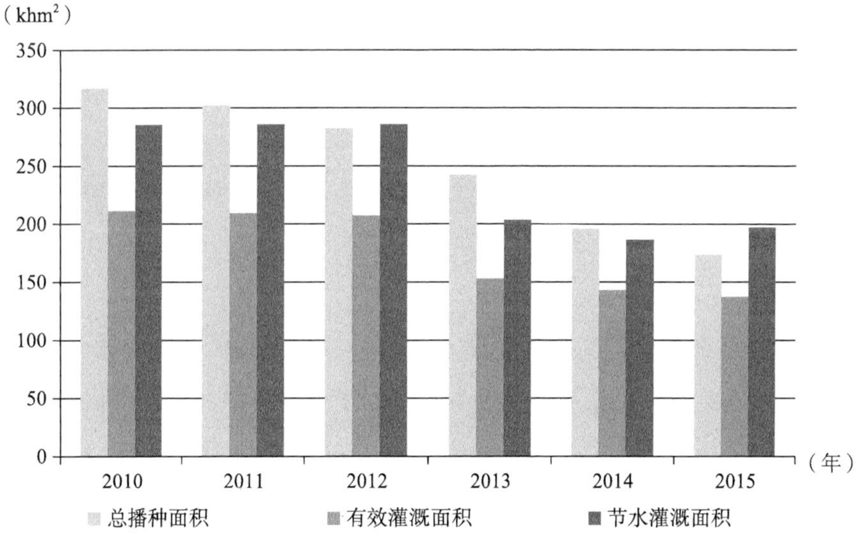

图 5-3　2010—2015 年北京发展节水灌溉面积情况

4. 探索管理机制，推进农业节水制度建设

针对缺少用水计量和节水激励机制造成农户节水积极性不高、农业用水效率偏低的现状，在大兴、密云、房山分别建立高效管理节水试点，实行“总量控制、定额管理、用水计量、设施配套、物质奖励、鼓励节约”，试点的用水量同比减少 26%。

强化灌溉用水标准管理，针对不同作物、不同耕作方式，制定节水的精

细化标准，明确设施作物年用水量控制在500立方米/亩左右，大田年用水量控制在200立方米/亩左右（如图5-4所示）。

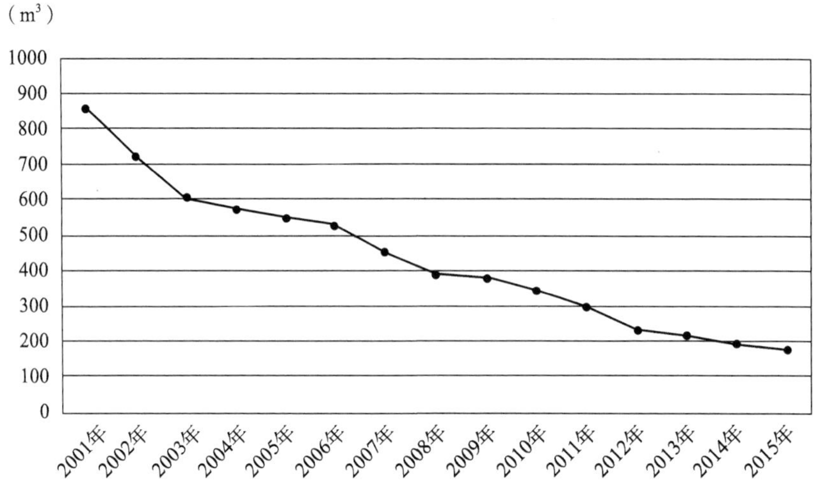

图5-4　2001—2015年北京农业万元GDP用水量趋势变化

数据来源：根据2016年北京统计年鉴相关数据计算。

（五）种业影响力、控制力和服务能力得到提升

粮经产业加强种业管理体制改革和服务体系创新，围绕“统筹布局、创新机制、提升服务、优化环境”，实现北京种业的提档升级，推动“种业之都”建设。

1. 提升种企规模，生产经营集中度及自主创新能力不断提高

引导企业兼并和重组，推动种企向大中型企业集中，不断优化种业企业结构。截至2018年底，北京市共有持证种子生产经营企业249家，与2011年相比，减少了29.4%。其中，区发证小型种业减少88家。从颁证企业构成上看，农业部发证的种企27家，其中，“育繁推一体化”企业13家，占全国11%（全国111家），外资种子企业8家，占全国38%（全国21家），进出口企业16家，占全国10%。

企业对科研的重视程度也在逐年增高，企业研发费用与销售额占比数值不断增长，平均已达到14%，这一数值远高于全国平均值，2018年北京种子企业科研投入为6.5亿元（全国40.38亿元），占总销售额的11%。种业企业通过北京市审定的品种数量占总审定量的77%。在分子育种平台建设方面，为充分发挥中关村科研力量聚集优势，北京成立“中玉金标记（北京）生物

技术股份有限公司”，建立了全国首个玉米分子育种检测创新中心。在农业部的总体规划下，通州国际种业园区也在积极推动建设全国蔬菜分子育种检测创新中心。总体来看，科研院所垄断育种科研的局面在逐渐改变，种业企业逐步成为种业创新主体。

2. 探索新型种业体系路径，推动种业体制改革

在体制创新方面，推动种业人才、资源要素向企业流动，鼓励科研人员为企业育种、到企业育种，提高育种效率，实现种业创新体制转变。积极探索建立公共财政支持的商业化育种制度。推动科研院所和高等学校与其所办的种业企业实现“企事脱钩”。促成北京农科院玉米中心种业企业与顺鑫农业成立股份公司（北京农林科学院以“京科 665”等 10 个系列品种的知识产权入股，占 43. 5%股份），改制工作取得突破性进展。突破了科研单位、高等院校拥有育种成果的副职领导和其所属机构主要负责同志在相关公司兼职并试行股权激励这一权益分配形式。拓宽了开展种业人才改革实施单位范围，将北京市农业技术推广站等经市主管部门批准的公益性农业科研推广机构纳入改革范围。在机制创新方面，重点是坚持政府引导，建立育种科研平台，建立产学研紧密合作、收益按比例分享的产学研联合攻关模式。建立种业成果转化共享平台，形成科研、产业、市场的紧密协作机制，促进种业科研成果的推广和示范。鼓励“育繁推一体化”种业企业整合育种力量和资源，充分利用公益性研究成果，按照市场化、产业化育种模式开展品种研发，逐步建立以企业为主体的商业化育种新机制。在科技创新方面，重点突破种质创新、新品种选育、高效繁育、加工流通等关键环节的核心技术，全面提高北京现代种业科技创新与应用水平。在育种方面，全国正在推动发展“玉米、水稻、蔬菜”三大分子育种检测创新中心，北京积极推动打造“玉米（中玉金标记）、蔬菜（通州国际种业园区）”两个分子育种中心，积极抢占全球现代种业科研高地，巩固北京种业科技创新中心地位。

3. 发挥种业集群发展的外部效应，提升衍生价值空间

制种基地集自然、经济、科技、人力等优势于一体，成为科技示范、辐射带动、推动现代农业建设的龙头。种子生产规模化、标准化、机械化和集约化水平都在快速提高，实现机械化作业、精细化种植、专业化生产和集约化经营，形成了以科技创新为引领、以基地为核心的制种产业集群，种业与其他产业之间整合力度加大，种业科技聚集区、标准化示范基地建设，拓展

了农业的科普示范、休闲观光、种植体验等多种功能，种业产业从资源依存型创新正向服务型创新转变，种业价值空间呈现不断扩大的趋势。以种业聚集区建设为经济建设引擎，借力世界种子大会、园艺博览会等会展经济，对接所在地产业发展、城市管理和服务功能，带动了餐饮、住宿、旅游等服务行业发展，推进农村城镇化步伐，实现城乡统筹发展和“四化同步”建设目标。

三、粮经产业调转节存在的问题及面临的形势

（一）存在的问题

1. 要素约束下粮经产业布局仍需优化

由于城镇化进程加快和农业产业结构调整，农业用地空间被进一步压缩，种植规模受资源约束性增强。北京农业生产成本大幅攀升。京郊农产品成本核算点监测数据显示，2014 年北京人均水资源量为 94 立方米，远低于国际重度缺水标准（人均水资源占有量 1000 立方米）。在水资源极度匮乏的形势下，农业作为第二用水大户，节水责任巨大；土地使用成本、生产资料价格、劳动力成本呈明显上升趋势，2014 年城郊平原区地租已超过 19500 元/hm^2，规模经营户雇工成本已经超过 100 元/（人·天），京郊 26 个主要农产品人工费用占单位产品总成本费用的 49.2%，农资价格近 5 年平均年涨幅达到 12.2%（京郊农产品成本核算点监测数据）。目前，粮经产业还存在品种单一，产量较低，需要调整生产布局，不断提质增效。此外，受退耕还林和市场因素双重影响，粮食产业种植收益较低，农户积极性普遍不高，如何保住基本农田、创建高标准农田面临挑战。

2. 粮田碎片化趋势明显

从划定粮田总体来看，全市粮田面积大部分在 100 亩以上的地块占 47% 以上，但 200 亩以上的地块只占 24%左右，50 亩以下的地块也占到 31%以上，主要是因为最近几年的平原造林，大片成规模的粮田被占用，目前划定的粮田布局分散、碎片化的趋势比较明显。

3. 粮田的生态功能有待进一步发挥

粮田生态系统是以作物为中心，生物群落与其生态环境间在能量和物质交换及其相互作用上所构成的一种生态系统，由田内的生物群落和光、二氧

化碳、水、土壤、无机养分等非生物要素所构成，粮田生态系统的稳定有赖于一系列耕作栽培措施的人工养地，然而目前北京的粮田种植种类较少，结构较单一，生态功能还未能充分发挥，需要调整种植结构和种植方式，不断地从事播种、施肥、灌溉、除草和治虫等活动，才能够充分发挥粮田的生态功能。

（二）面临的形势

1. 农业发展的结构性矛盾更为突出

从全国来看，农业农村形势发生新的变化，农业主要矛盾已经由总量不足转变为结构性矛盾，主要表现为阶段性的供过于求和供给不足并存，种植业发展面临的困难和问题也逐渐凸显出来，结构性矛盾更为突出。

2. 城乡消费结构升级和农业功能多元化

随着北京经济社会发展和人民生活水平的提高，农业作为产业的经济功能逐步弱化，农业的功能和价值更多地体现在满足市民日益增长的精神文化需求，满足从业农民的职业追求和致富需求，更多地体现在对生态保育、治理城市病、建设和谐宜居之都的支撑保障。北京市居民的消费结构也在不断升级，“菜篮子”农产品高效生产、籽种农业、会展农业、景观休闲农业发展迅速，都市农业新的产业形态和价值得到了更好的诠释与拓展。北京农业的发展必须面向都市，拓宽农业发展思路，拓展农业多功能，提升农业价值。为此，粮经产业应瞄准农业结构战略性调整方向，加大在高效节水农业、生态农业、农产品安全、休闲农业等领域的科技创新与示范，引导农产品多样化、优质安全和农业多功能化，提升农业多元服务价值，促进农业向多维度和更高水平发展。

3. 京津冀协同发展将提升北京农业发展空间

根据“调转节”意见，北京自身粮田仅保留80万亩，呈现“哑铃型”的产业链模式。而随着京津冀协同发展战略的实施，北京种业将迎来更大的发展空间。京津冀在经济发展水平、农业资源上的差异，使得三地开展种业分工协作成为可能，北京可充分利用津冀两地的土地、劳动力及种质资源，同时发挥自身的科技与人才优势，打破地域限制，提升农业发展空间，加强辐射带动作用。

4. 非首都核心功能疏解对农业科技服务提出新要求

北京非首都核心功能向外埠转移，将打破行政壁垒，推进人才、资金、技术跨行政区域优化配置，也将进一步调整优化三地农业产业结构和空间布局，推动形成定位清晰、结构合理、功能互补的一体化现代农业产业体系，区域内农业发展方式将由高产向高效转变。为保障区域内农业提质增效和转型升级，北京须在设施农业、健康养殖、农产品质量安全方面加大服务力度。

四、粮经产业未来发展思路

以可持续发展理念为统领，突出“保产能、调结构、转方式、重节水、促种业”的主攻方向，构建“粮经饲种”统筹、生态生产生活并重、一二三产业融合的格局，积极探索粮经产业供给侧结构性改革，大力拓展粮经产业功能，开展轮作休耕，鼓励规模化经营，促进粮经产业在规模化的基础上实现产业化、生态化和景观化发展，积极推动优质产业田、优良生态田、优美景观田的建设，为和谐宜居之都建设提供有力支撑。结合北京农业发展实际，提出下一步粮经产业调整的主要发展思路。

1. 优化空间布局及品种结构，提高综合效益

形成“三区、四带”的种植结构布局。“三区”即打造三大板块区域，平原区着力发展小麦玉米籽种、饲草、大田景观等作物种植；半山区着力发展玉米、杂粮等特色经济作物种植；山区着力发展生态作物和景观作物种植。“四带”，即顺义、通州、大兴、房山一线以小麦为主的籽种产业带；延庆、密云、平谷、怀柔一线以玉米、杂粮等抗旱作物为主的籽种产业带；平原区各高速公路沿线的田园化景观带；山区各沟域的休闲观光景观带。从区域上构建生产生态生活示范协调的区域结构。按照建设生产性绿色空间的总体要求，综合考虑农业资源的承载能力、环境容量、生态类型、地理位置、交通现状、农耕渊源等发展基础因素，发展一村一品、一镇一品、一沟一品，推进区域化布局，规模化生产，产业化发展，提高综合效益。

2. 优化品种结构，建设高标准粮田

适应消费结构升级和需求多样化的趋势，在节水、节肥、节药等前提下，充分尊重农民意愿，发挥其主观能动性，鼓励农民以市场为导向，调整优化种植结构。注重提升农业生态景观功能和高价值农产品种植为主，重点发展优质小麦、鲜食玉米、优质杂粮、优质稻米、谷子、薯类等优质农产品以及传承农耕文明、具有独特性和专属性的特色农产品。

落实全市“十三五”期间 23 万亩高标准粮田建设任务，开展土地平整、

灌溉与排水、田间道路、农田防护与生态环境保持及其他建设，重点对划入永久基本和“两田”范围内，尚未实施高标准粮田建设的耕地进行查漏补缺。推广谷子、红小豆、甘薯等抗旱耐贫瘠的杂粮杂豆等特色经济作物种植，推行青贮玉米等绿肥作物，以养带种，发展小麦玉米籽种、繁种，满足多元需求，提升农业经济效益。

3. 转变经营方式，鼓励适度规模经营

创新农业生产经营方式。进一步创新与完善土地流转机制，加快推进农业由分散经营向适度规模经营转变，加快推进农业标准化生产，探索扶持种植大户和家庭农场的政策，引导农村土地适度向种植大户和家庭农场集中。加快培育和发展家庭农场、专业大户、农民专业合作和农业股份合作等多种形式的农业适度规模经营。培育新型职业农民。着重以提高农民素质和农业技能为核心，大力培育符合都市型现代农业发展要求的新型职业农民，使农业发展主体的素质和水平跟上时代发展的步伐。组织好、利用好全科农技员、村级防疫员队伍，使之成为农业各方面工作延伸到农户、到田间地头的重要力量。

（1）50 亩以下：农户自愿原则，鼓励农户种植优质经济作物与景观作物，通过全科农技员帮助指导，接受农机合作社或大户的农机、灌水、施肥等服务、植保专业队的综合防治服务等。研究出台土地流转兼并相关补贴政策，鼓励其土地逐步集中经营管理。

（2）50~100 亩：鼓励农户种植附加值较高的作物，比如鲜食玉米、甘薯、谷子、藜麦等。被列为乡镇级农业技术推广部门重点技术扶持的对象，节水设备配套，高标准开展农田景观建设与生态环境建设，可以享受专业农业服务组织的服务，可以凭土地流转合同或合作经营协议等文件享受规模经营补贴（可以分为三档，高、中、低）中最低档次的补贴。同时鼓励向种植大户和家庭农场流转。

（3）100~200 亩：建议种植附加值较高的作物，如籽种繁育等，被列为区级农业技术推广部门重点技术服务的对象，享受农业专业服务组织的服务，包括配备先进农机、农作物病虫害统防统治、节肥节药等技术补贴等，节水设备与节水技术全覆盖，高标准开展农田景观与生态环境建设。除了可以享受小于 50 亩的补贴以外，可以凭土地流转合同或合作经营协议等文件享受规模经营补贴中中等档次的补贴，还可享受扶持农民合作社发展或家庭农场发展政策。

（4）200 亩以上：重点发展籽种产业或者种植附加值较高的作物，主要用于繁种或制种。研究制定农作物制种补贴政策，被列为市级农业技术推广部门重点技术扶持的对象，可以享受指定专家的全程、全天候的技术服务和销售服务。农田基础设施、农业节水、农机装备达到先进水平，形成优势产业田、优良生态田与优美景观田，可以凭土地流转合同或合作经营协议等文件享受规模经营补贴中最高档次的补贴，繁种或制种的农户凭繁种合同和销售收入的凭证还可享受繁种补贴，享受国家和市政府培育新型职业农民与农村实用人才等相关政策，同时，还可享受扶持农民合作社发展或家庭农场发展政策。鼓励流转兼并100亩以下的种植户。

4. 坚持生态优先，推进农业高效节水

提升农业生态绿地功能，加快高耗水、高耗肥作物的退出，优化种植结构，以种植适宜的节水生态作物为主，推行绿色防控，禁止使用化学农药和化肥，实现从注重产量向品质转变、从资源消耗向保护转变。按照《北京市“两田一园”农业高效节水三年实施方案》部署，实施“细定地、严管井、上设施、增农艺、统收费、节有奖”的农业高效节水模式，80万亩良田实现高效节水全覆盖。探索农业高效节水体制机制，努力形成农艺、工程和管理等综合节水技术体系，全力推进农业节水工作再上台阶。

5. 拓展农业多功能，探索景观农田发展模式

挖掘农田景观功能。探索大田生产型景观农业、观光型景观农业、沟域经济型景观农业、社区型景观农业等多种发展模式。推广春玉米与向日葵、药材等景观作物轮作，发挥农业景观功能，打造景观田，提升农业生态服务价值；结合沟域经济发展，推广葵花与绿肥作物轮作，带动民俗旅游。加强宣传、引导和发动，提升各级各部门对景观农业的认可度，4~5月，农田观光季开季，发展春耕，播种农事体验，麦田观光和农田景观创意等；7~8月，夏赏活动，发展花田景观；9~10月，秋收活动，发展农田收获体验，采收鲜食玉米，水稻收割，采收花生、红薯、萝卜等体验活动；11~12月，冬养活动，组织有机食品和药用蔬菜进社区与农业知识进校园等活动。

第六章 京津冀协同发展下北京农业服务业发展战略

在国务院确定的"京津冀区域经济一体化发展，打造首都经济圈"国家发展战略框架下，推动区域范围内产业集聚、产业扩散、产业整合和产业链接，已成为京津冀都市圈建设的重要任务。农业服务业是按社会分工和协作的需要独立出来，为农业再生产活动提供物质产品、流通手段、服务劳动等企业或组织的集合。农业服务业基于自身具有的附加值高、辐射带动作用强的特点，已经成为推动农业现代化建设的重要内容。近年来，北京市依靠资源、信息、技术上的优势加快发展农业服务业，使其规模不断扩大、产业类型不断丰富，在推动传统农业向现代农业的蜕变中发挥了重要作用。北京是国家首都和京津冀经济圈中的核心城市。在京津冀经济一体化建设进程中，在建立分工明确、结构合理、优势互补的一体化格局下，北京农业服务业需要认清形势，明确发展战略。本文运用 SWOT - PEST 方法，从政治（Political）、经济（Economic）、社会（Social）和技术（Technological）角度，分析了北京农业服务业所存在的优势（Strength）、劣势（Weakness），及其面临的机遇（Opportunity）和挑战（Threats），根据京津冀协同发展需要提出了未来发展的战略选择和几点建议。

一、北京农业服务业的 SWOT-PEST 分析

（一）优势分析

1. 政治优势

（1）国家政策力挺农业服务业。自 20 世纪 80 年代以来，我国一直重视

这一产业发展。1984年和1986年的中央一号文件提出，鼓励建立多样的农村商品生产服务体系和大力发展农业生产社会化服务体系；为克服家庭经营的弊端，1991年党的十七届三中全会提出，“……构建集约化、专业化、组织化、社会化相结合的新型农业社会化服务体系”。2007年，在推动新农村建设背景下，国家将农业服务业放在一个产业的高度加以关注，提出了围绕农业的产前、产中和产后，加快发展各类农业服务业。2017年，农业部、国家发展改革委、财政部联合出台了《关于加快发展农业生产性服务业的指导意见》（农经发〔2017〕6号）提出，力争通过5年的发展，农业生产性服务业产值占农业总产值比重明显提高，服务市场化、专业化、信息化水平显著提升，基本形成服务结构合理、专业水平较高、服务能力较强、服务行为规范、覆盖全产业链的农业生产性服务业。

（2）服务业是现代农业建设切入点。北京都市型现代农业必须发挥首都科技、人才、信息、市场和资本方面的优势，整合资源，扬长避短，走可持续发展道路。服务业是北京市的主导产业，发展都市型现代农业应当充分发挥服务业的主导作用。北京市“十三五”规划提出，围绕都市现代农业体系建设与创新驱动的战略要求，进一步强化农业科技创新与技术支撑，提高适合都市农业发展要求的农机装备与服务水平，建立健全公益性服务与经营性服务相结合、专项服务和综合性服务相协调、一二三产业高度融合和京津冀协同的新型农业社会化服务体系，为高精尖都市农业产业发展提供有力保障，为北京农业服务业引领农业现代化提供了政策依据。

2. 经济优势

（1）服务业具有显著外溢效应。服务业能将知识资本、人力资本导入商品生产过程，具有附加值高、拉动能力强的特征。能吸收农业转移的大量剩余劳动力，促进技术、信息等先进生产要素的扩散，直接提高了农业的生产效率，对农业具有明显的外部效应。

（2）服务业是节能减排生力军。服务业以科技和人力资本投入为主，是低能耗、低污染的产业。据测算，服务业单位产出能耗不到第二产业的1/3，只有第一产业的40%。其他产业节能减排目标的实现，也需要生产服务业的有力支持。

3. 社会优势

（1）北京农业服务资源丰富。北京是我国知识资本和人才资本最为集中与发达的地区，具有很强的服务及辐射带动能力，是北京农业服务业发展的重要资源和基础条件。同时，北京作为环渤海经济区的中心城市，易于吸引周边资金的投入以及技术资源的支持，为北京市农业服务业发展提供外部支撑。

（2）社会化农业服务体系形成。在2011年出台《北京市人民政府关于全面推进都市型现代农业服务体系建设的意见》（京政发〔2011〕8号）指导下，北京市基本建成了综合配套、便捷高效农业服务体系。实现了市、区、镇（乡）、村“纵向到底”，产前、产中、产后“横向到边”。专业合作经济组织发展迅猛，龙头企业带动能力不断提高。北京农业社会服务业已由过去单一行政支农，向多元农业服务主体并存发展态势转变。

（3）京津冀一体化社会化服务体系初步建立。自2014年以来，京津冀积极建立一体化社会化服务体系，促进跨区域产业链对接融合。主要从两个维度展开：一是京津冀农业社会化服务纵向协同。2014—2018年，围绕“菜篮子”产品供给，北京龙头企业在津冀新建蔬菜生产基地30多万亩，畜禽生产基地20多家，形成了“北京企业+外埠小农户”订单农业、“北京企业+外埠基地”自建基地、“北京企业+外埠企业（基地）+外埠小农户”联营等产业化发展协同发展机制。发挥了行业协会引导带动作用，成立京津冀蔬菜产业联盟，促成了与超市发、物美、家乐福的长期蔬菜供应合作，累计实现销售额8500万元。二是三地政府围绕技术、质量安全、农业投入品、信息化等服务内容，开展横向协同。先后联合出台了《京津冀农产品流通体系创新行动方案》《京津冀农产品质量安全协同监管框架协议》《京津冀土肥水协同发展“十三五”规划》等，推动农产品冷链物流、农产品质量安全检测、技术协作推广、动植物疫病防控等一体化体系建立。完善京冀市场信息会商机制，共享主要农产品生产和市场情况。组织多支创新团队加强对津冀有关科研推广单位的主动对接与交流合作。

4. 技术优势

（1）科技支撑经济发展方式转变。北京市推进在果菜类蔬菜、叶菜类蔬菜、家禽等10个创新团队设置10个市级研发中心，54个综合试验站，153个农民田间学校工作站，以技术支撑和引领产业结构调整，加大农作物新品种选育、农业节水、生态循环、动植物疫病防控、农产品质量安全、农业机械化、农产品产销模式等方面的研发与成果转化力度。在岗位设置上，持续保证产学研推单位均涵盖，整合首都科技单位和人力资源。依托创新团队建设，农业科技创新与成果转化为都市型现代农业的发展提供了有力科技支撑，取得了显著的经济、生态和社会效益。

(2) 技术创新催生农业服务新型业态。随着服务经济发展，服务业对农业的渗透逐渐从外围走向核心。在市场需求导向下，以信息技术为代表的现代科技，不但为农业社会化服务提供了便捷高效的现代化手段，而且加快了企业技术进步和创新步伐，催生了许多新的服务业态。如创意农业、籽种农业、信息农业、休闲农业、工程咨询服务等，提高了产业的价值创造功能。

(二) 劣势分析

1. 政治劣势

北京市农业服务业还缺乏完善市场竞争环境，保险、金融、咨询、中介等服务业相关的法律法规、制度不健全，客观上阻碍了社会资本和资源的进入。农业服务行业进入门槛低，产业集中度低，竞争无序，知名品牌少，在区域激烈竞争中出现了优质资源和企业流失现象。

2. 经济劣势

(1) 服务业发展商务成本高。近年来，北京的地价、房价和综合劳动力成本急剧上升，造成企业运营的商务成本不断攀升。北京市近郊区是农业服务业分布的重点功能区，面临着用地紧张、交通拥挤、发展空间不足、环境质量下降的困扰。

(2) 农业服务业资金投入不足。农业服务企业经营规模小，资本积累不足。农村金融中介环境较差，信用服务体系不健全。信息体系、质量监测体系、流通体系等公益性项目建设投资力度不够。农民们找亲戚朋友借款仍是农户筹资的主要渠道，这远不能满足农民引进新品种新技术实现产业提升的愿望。农户家庭的资本积累严重不足，没有资本使用新品种、新技术、发展设施农业以实现农业生产升级换代；贷款额度小，贷款手续繁杂。

(3) 农业服务业内部结构不合理。北京农业服务业仍以劳动密集型传统服务性行业为主，知识密集型服务业占 GDP 的比重小，产品和服务同质性高、供需结构性矛盾等问题突出。

3. 社会劣势

(1) 农业服务主体的规模偏小。北京市大多数农民专业合作社、农业服务组织、农业企业普遍存在“小、散、低”的问题。北京市农民合作社在带动普通农户发展方面整体水平不高，区域差异较大。2017 年，全国依法登记的农民合作社达 196.9 万家，入社农户超过 1 亿户，占全国总农户数的 46.8%，社均成员约 60 户。2016 年末，北京市农民合作社共有 4633 家，入社普通农户约为 11.2 万户，占北京市普通农户数的 26.3%，每家农民合作社平均带动普通农户数 24.1 户；与全国平均水平相比，目前，北京市农民合作社带动能力较弱，带动面窄。

（2）农业服务经营管理研发人才短缺。农业服务业属于新兴行业，劳动合同的法律约束力不强，一些从业人员不考虑自身的长远发展，频繁跳槽，企业的培训成本与收益不成比例，培训投入动力不足。这导致许多农业服务业人才短缺，尤其是研发人才短缺；同时，从业人员工资水平不高，也影响到服务层次和水平。

4. 技术劣势

从技术水平看，北京市农业服务业的总体技术含量仍不高，技术服务方式单一，信息技术等现代化服务工具利用率不高。北京市农业服务业信息技术、检验检测等现代化服务工具利用率不高。服务领域还比较窄，重点放在产中环节，对于产前生产资料的采购和供应，以及产后的农产品贮藏、保鲜、加工和销售等配套服务比较缺乏。京郊互联网信息技术发展相对落后，农业信息化覆盖程度不高，经营者信息化水平呈两端聚集态势，行业数据收集困难，信息收集质量不高，信息孤岛现象明显，缺乏信息资源互通机制，农产品标准化不足。

（三）机遇分析

1. 政治机遇

（1）北京进入服务经济时代。按照国际惯例，服务业产值在 GDP 中的相对比重超过 60%时，进入服务经济时代。北京服务业生产总值在国内生产总值中比重为 81.0%，已成为区域服务业发展龙头，是驱动地区及周边服务经济增长的重要动力。2019 年 2 月，国务院批复了《关于全面推进北京市服务业扩大开放综合试点工作方案》（国函〔2019〕16 号），要立足首都城市战略定位，持续推进“放管服”改革，服务京津冀协同发展等战略，推进服务业更高水平对外开放，营造国际一流营商环境，为推动全方位对外开放作出贡献。2020 年 9 月，国务院批复《深化北京市新一轮服务业扩大开放综合试点建设国家服务业扩大开放综合示范区工作方案》（国函〔2020〕123 号），要求北京市在风险可控前提下，精心组织，大胆实践，在扩大服务业对外开放、建设更高水平开放型经济新体制方面取得更多可复制可推广的经验。

（2）地区分工深化要求加强区域合作。《北京城市总体规划（2016年—2035年）》提出，抓住京津冀协同发展战略契机，以疏解非首都功能为“牛鼻子”，统筹考虑疏解与整治、疏解与提升、疏解与承接、疏解与协同的关系，突出把握首都发展、减量集约、创新驱动、改善民生的要求，大力调整空间结构，明确核心区功能重组、中心城区疏解提升、北京城市副中心和河北雄安新区形成北京新的两翼、平原地区疏解承接、新城多点支撑、山区生态涵养的规划任务，从而优化提升首都功能，做到功能清晰、分工合理、主副结合，走出一条内涵集约发展的新路子。

2. 经济机遇

（1）京津冀农业经济发展差异。京津冀农业资源禀赋有很大差异。无论从总量，还是人均占有量，北京、天津土地、水资源都极其匮乏。相对京津而言，河北省则在农业自然资源方面表现出明显优势。北京农业的规模虽然小，但农民人均纯收入、农村劳动力人均受教育年限都比较高。经济发展水平、农业资源上的差异，使得京津冀区域开展分工协作成为可能。

（2）城乡互动发展格局。农业服务业可以成为沟通城乡产业联系的重要桥梁，成为统筹城乡产业发展的重要载体，成为建立新型工农关系、城乡关系的重要纽带。城乡一体化发展格局形成，为农村利用城市资源，实现城乡资源共享、人力互助、市场互动、产业互补提供了良好机遇。

3. 社会机遇

消费结构升级蕴含着巨大服务需求。北京市人均可支配收入快速增长，1990年北京市城镇居民家庭人均可支配收入为1787.1元，2000年超过1万元，2007年超过2万元，2018年北京市城镇居民家庭人均可支配收入为62361元，同期，居民恩格尔系数在逐年下降，分别为55.3%、36.3%、32.2%、20.0%。农村的恩格尔系数也在逐年下降（如图6-1所示）。根据恩格尔定律，随着居民收入的增长和生活水平的提高，食品等生活必需品在总消费中的比重开始下降，各种服务性消费快速增长。北京市2154.2万庞大的人口规模，不但是农业物质产品的购买群体，而且也是农业精神产品的消费群体，将为农业现代服务业的发展提供十足的发展动力和创造广阔市场空间。消费结构升级对休闲旅游、现代物流、创意农业等服务业发展的带动效应正逐步显现，推进产业融合和农业服务化、制造业服务化的效果也在逐步释放，由此形成的对服务业发展的带动效应正逐步增强。

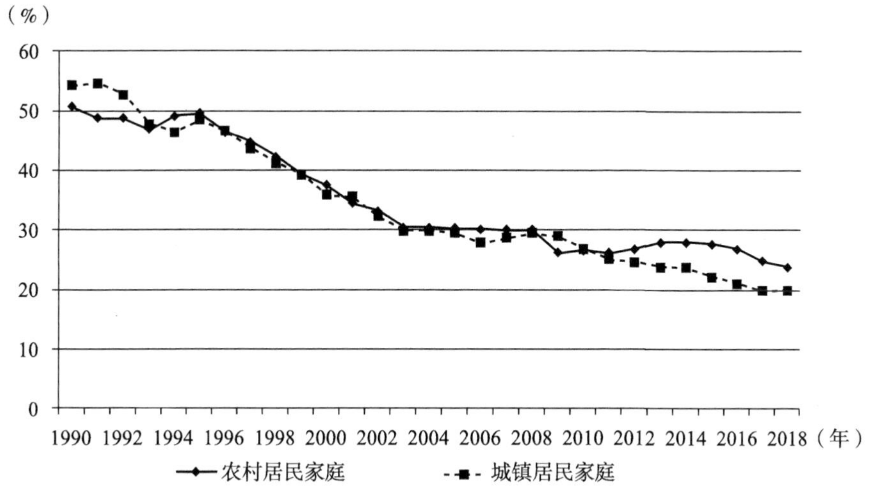

图 6-1　1990—2018 年北京市城镇居民和农村居民恩格尔系数

数据来源：《北京统计年鉴》（2019 年），北京市统计局。

4. 技术机遇

与发达国家相比，我国农业农村科技自主创新能力特别是原始创新能力总体上呈现少量领跑、大部分并行和跟跑的格局，整体竞争力不强，需不断创新机制体制和模式，以现代服务业引领现代农业发展为主线，依靠创新驱动抢占农业农村发展制高点。北京先后出台的《北京城市总体规划（2016 年—2035 年）》《北京加强全国科技创新中心建设总体方案》《关于加快推进中关村科学城建设的若干措施》等文件，为强化北京全国科技创新中心的地位，使北京成为全球创新网络的重要力量，为我国跻身创新型国家前列提供了有力支撑，为农业引入现代服务业的经营理念、管理方式、科技服务等手段提供了很好的机遇。

（四）挑战分析

1. 政治挑战

（1）京津冀行政区划限制。京津冀作为紧密相连的文化、政治、交通重地和重要的经济区，由于市场体系和要素流动受到行政体制的严重制约。京津冀行政关系的整体协调，要跨越多层行政区，经济发展在不同的发展阶段水平上，要综合考虑短期与长远、部门与区域的复杂关系，编制京津冀地区农业服务业长远合作规划难度比较大。

（2）京津冀一体化规划尚未制订。当前，京津冀城市群仍处于初级阶段，存在超大城市高度集聚、中小城市吸纳力不足，行政强势、市场弱势等突出问题。首都哪些非核心功能需要疏解，疏解到哪里，需要构筑怎样的疏解平台等都需要仔细研究。

2. 经济挑战

（1）服务业市场体系不健全。对于农业服务业国家缺乏统一规划、协调和指导，市场不确定性潜在的风险大。产品同质化严重，竞争激烈。北京市农业服务业还缺乏完善的市场竞争环境，难以形成公平、公正、公开的市场竞争秩序，客观上阻碍了社会资本和资源的进入，阻碍了科技创新，制约农业服务业的发展。

（2）农业具有弱质性、公共性及外部性特点。农业生产是自然风险和市场风险相互交织的高风险产业，大部分农产品数量大、价值低、不易储存，价格缺乏弹性。农业具有形成农业景观、保持生物多样性、保护水土和环境、发挥就业缓冲作用、维持社会稳定等多功能特征。这些特征，决定了农业产业大多市场性不足，营利性较弱。

3. 社会挑战

关于农业服务业的基本内涵、种类等不是特别明确，一些新兴的产业类型发育不足，对农业服务业的认知度、接受度不高。随着城市化、城镇化、市场化与现代化的发展，京郊农村的社会分化与社会流动明显加快，新的社会阶层结构加速形成，不同的社会阶层对农业服务的需求差异较大。京郊农民呈现素质低、老龄化、外地化、女性化发展趋势，也限制了其对农业服务业的认知和接受。

4. 技术挑战

农业规模限制农业服务业发展“软肋”。农业服务业以农业的发展为基础。受城市发展定位和资源禀赋的影响，北京农业发展受到一定限制，北京农业产业化、规模化经营没有得到充分发展，城市专业化服务提供商面对分散的农业服务需求，缺乏提供服务的积极性。农业产品线和产业链延伸不足，对农业服务业的需求拉动相对有限。而服务业与农业发展是相互支撑，互动发展。服务业发展滞后，必然使得农业生产难以获得必要的产前、产中、产后服务，难以获得产业升级必要的知识、信息、技术、资金等多方面的支持，农业比较利益偏低，阻碍了农业产业结构优化升级，进而又限制了服务业发展步伐。要打破怪圈，促进农业与服务业协调快速发展。

表 6-1　京津冀协同发展下北京农业服务业发展的 SWOT-PEST 模型

SWOT-PEST		政治（P）	经济（E）	社会（S）	技术（T）
内部因素	优势（S）	1. 国家自 20 世纪 80 年代不断有政策出台，支持农业服务业发展 2. 北京提出要以服务业引领都市型现代农业建设	1. 农业服务业具有显著的外溢效应 2. 服务业以科技和人力资本投入为主，是节能减排生力军	1. 农业服务的信息、人才、科技、教育等资源丰富 2. 农业的社会化服务体系初步形成	1. 推进 10 个创新团队建设，深化产学研合作 2. 技术创新催生创意、会展、籽种、咨询等农业服务新型业态
	劣势（W）	农业服务业管理制度不健全	1. 服务业发展商务成本高 2. 农业服务业资金投入不足 3. 农业服务业内部结构不合理	农民专业合作社、农业服务组织、农业企业等农业服务经营主体规模偏小	农业服务技术效率不高
外部因素	机遇（O）	1. 北京进入服务经济时代 2. 首都非核心职能向外转移，需要深化地区分工，加强区域合作	1. 农业发展差异，使京津冀区域开展分工协作成为可能（河北资源、规模优势，京津是科技、信息、人才等优势） 2. 开启城乡互动发展局面，服务业成为建立新型工农关系、城乡关系的纽带	消费结构升级蕴含着巨大服务需求	1. 搭建了“三城一区”科技创新平台 2. 推进了全国科技创新中心建设
	挑战（T）	1. 京津冀行政区划限制 2. 京津冀一体化规划尚未出台	1. 市场机制不完善 2. 农业弱质性、外部性强	农业服务业认知度、接受度不高	农业规模小，限制科技服务业发展

二、北京农业服务业的发展战略选择

（一）首都农业服务的品牌战略

本着立足北京、服务周边、辐射全国的发展思路，发挥北京市农业服务业在政策、生态、资源、体系、联盟、业态等良好优势，抓住当前服务经济蓬勃发展、区域一体化快速推进、居民消费升级和国家现代农业科技城建设的良好机遇，在不断壮大农业服务业规模、提高产业服务质量和服务水平基础上，打造首都农业服务的“首都品牌”。品牌战略是基于首都在区域内核心城市功能定位，有利于发挥北京服务业集聚辐射和综合服务作用，也有利于区域农业服务业的整体发展。

（二）农业服务“五大创新”战略

农业服务业发展面临一体化发展障碍、市场机制的不完善、农业服务业重视程度不高、农业农民自身存在不足，使得北京农业服务业发展难度大、成本高。为应对挑战，需要在发挥产业自身优势基础上，推进制度创新，为农业服务产业发展提供方便条件；推进管理创新，促进服务专业化、规范化和标准化；推进文化创新，促进高端诚信的服务品牌形成；推进科技创新，培育和壮大新兴产业。创新是产业发展活力的源泉，创新战略寻找新的生存契机。

（三）农业服务发展的统筹合作战略

服务业是建立新型工农关系、城乡关系和区域关系的纽带。促进城乡服务业联动发展，利用城市的大市场、基础设施、服务平台等优势，积极推动城市服务提供商向农村提供金融、物流、营销、信息、技术推广等方面的专业服务，壮大农业服务业规模和实力，引导农业服务业走专业化、独立化发展道路。跳出行政区自成体系、自给自足的思维定式，在京津冀协同发展中，进行优势互补，协同发展。统筹合作战略，有利于利用城市资源、工业资源发展农业，有利于区域内提高资源配置效率，更有利于服务业发展。

（四）政府主导的公共社会化服务战略

产业发展需要充分考虑产业成长所面临的约束条件。长期的城乡二元结构及工农产品价格剪刀差，农业成为弱质、低效率产业，农业资源配置非农倾向严重，使得农业服务业发展滞后。北京农业资源约束性日益增强，农业产值比重在生产总值比重所占比例日趋下降，服务业发展的商务成本增加，是无法克服的约束条件，也在一定程度上限制了农业服务利润增长空间。农业服务产业面临着经营成本高、有效需求不足，农户交易成本高、交易风险大，加上制度不健全，缺少知名品牌，产业带动能力弱，产后服务薄弱，人才缺乏、服务手段落后等问题，这在一定程度上都需要政府公共服务予以支持和帮助。实施政府主导下农业服务社会化发展战略，有利于调动社会其他力量，是适应市场经济体制的要求，克服北京农业及服务业自身固有的弊端的有效途径。

表 6-2　北京农业服务业发展的战略

内部与外部	S（优势）	W（劣势）
O（机遇）	SO 战略：农业服务的品牌战略	WO 战略：农业服务“五大创新”战略
T（威胁）	ST 战略：农业服务“五大创新”战略	WT 战略：政府主导的公共社会化服务战略

三、推进北京农业服务业发展的几点建议

（一）完善农业服务业管理制度

坚持服务事业和服务产业“两轮齐转、协调发展”的原则，培育非营利性公共服务组织，加快政府职能转变。完善农业服务业发展的指导目录，着力在财政、税收、金融、投融资、价格、政府采购、人才等方面形成支持现代服务业加快发展的政策体系，对需要扶持的服务产业和服务事业给予政策优惠。

（二）培育和壮大农业服务组织

企业或合作组织是现代产业的重要组成部分。积极推动科技、信息、技术、金融等优势生产要素向龙头企业（专业化合作组织）集中，培育一批具有自主知识产权的服务品牌骨干企业（集团）和服务品牌。发展农民专业合作组织，实现对农业多领域、多方面自我服务，并对外部服务进行有效的吸纳和监督。通过新闻媒体加大宣传报道力度，调动各方面积极性，为加快现代服务业发展营造良好舆论氛围。

（三）培育农业服务业人才

建立真正意义的现代农业企业制度，需要现代化的人才。现代农业服务业发展需要培育一批有战略眼光、意识开放、掌握国际国内最新技术、管理经验突出的复合型农业服务业领军人才。

（四）加强农业服务业理论与政策研究

服务经济时代，服务业成为其他产业发展转型升级的最佳突破领域。因此，促进农业服务发展，将可能成为农业现代化发展的抓手。鼓励开展农业服务业内涵、统计体系、标准等相关研究，为推进农业服务业发展提供前瞻性和可行性依据；开展农业服务业创新方面的学术研究，特别是建立基于创新服务商业模式以及服务业生产率提高的量化研究。

第三篇

多元主体参与篇

第七章

北京科技惠农服务创新模式与机制探索
——以北京市农林科学院为例

农业科技服务是推动农业科技创新和成果转化，支撑农业提质增效的有效载体，在都市型现代农业中发挥着越来越重要的作用。北京具有丰富的科技资源，着力构建与都市型现代农业结构相匹配、功能相协调、体制机制相适应的农业科技服务体系，对于加快农业科技成果转化应用，提升北京都市型现代农业的科技支撑能力具有重要意义。新形势下，北京农业发展面临着供给侧结构性矛盾、农产品价格“天花板”封顶、生产成本“地板”抬升、资源环境“硬约束”加剧等制约和挑战。转变农业发展方式，破解发展难题，厚植发展优势，需要继续发挥科技支撑作用。北京市农林科学院（以下简称北京市农科院）以“服务政府、服务企业、服务农民”为宗旨，紧紧围绕郊区产业发展和农民需求，积极整合各所（中心）资源，积极开展了农业科技推广工作。但科技成果覆盖率、转化率和贡献率不高，仍是科技事业发展面临的难题。为此，2012 年开始，该院启动了“科技惠农行动计划”工作，将科技服务放在与科技创新同等重要的位置，并强化科研与推广服务工作之间的密切联系，以“双轮驱动”开创科技工作新格局。本文在对该院各所（中心）科技推广工作的主管、服务专家等调研基础上，分析科技惠农服务体系及创新模式，面对农业科技服务面临的新形势，提出了推动农业科技服务工作的对策，为发挥农业科技服务先锋的优良传统、推进农业科技成果转化与推广应用提供参考。

一、北京市农科院科技惠农服务体系建设

（一）健全组织管理体系，提高运行效率

1. 健全科技惠农两级管理机构

建立健全院、所（中心）两级科技服务管理机构。2012 年，北京市农科院成立了科技惠农行动计划领导小组，设置了专职负责科技服务工作的分管院领导，成立了院科技推广处，全面负责院科技服务日常管理工作。院属 14 个所（中心）成立了由所长（主任）担任组长的科技惠农工作小组，明确了负责科技推广服务工作的主管领导、具体对接部门和具体工作人员。

2. 完善科技惠农服务的制度

第一，建立科技服务工作报告制度。每年结合市委市政府“三农”工作要求，院、所共同确定全院科技服务工作重点任务，各所（中心）组织人员加以落实。各所（中心）推广管理部门与院科技推广处进行了业务对接，院、所（中心）科研管理部门及时上报项目执行与重大变更情况，积极跟踪项目进展，积极协助解决问题，确保顺利完成研究任务。第二，强化服务监督机制。为确保推广工作质量，院科技推广处梳理和编制了折子工程的关键节点与检查时期表，为院专家督导组做好监督的任务计划，并协调其开展检查和指导工作。第三，完善考核制度。院积极将科技服务工作列入年终考核的重要内容之一，每年对各所（中心）的科技服务工作情况进行考核评价。北京市农科院根据《北京市农林科学院科技示范推广服务工作管理办法》制定了《科技示范推广服务工作考核办法》。各所（中心）根据年度折子工程的目标和任务实施情况，采取现场检查和综合考核进行考核。现场检查根据农时及基地建设进度，每年组织 1~2 次。综合考核在年底总结基础上，从组织管理、折子工程、示范基地现场检查、科技培训与技术指导、完成院科技合作任务、现场观摩与宣传情况等方面建立评价指标体系，由各所填写年度《科技示范推广服务工作考核自测表》，并提供证明材料，交由院组织有关领导和处（室）进行评审。各所年初与服务团队和专家确定目标，以岗位定任务、以完成质量定绩效。各所对年度工作目标和实施计划进一步细化，分项落实了责任人，明确了年度工作考核指标。

3. 建立科技惠农服务的信息化系统

为实现惠农服务资源的科学管理与合理使用，北京市农科院还加快建立

了科技惠农信息化服务系统。一是完善了科技服务数据库。以强化科技惠农管理工作为导向，采集了全国农科院系统新品种、新技术、新成果、专家人才、示范基地、推广项目等相关信息资源，并对数据实施分级分类管理。二是开发了惠农服务信息平台。以数据库为支点，加强科技成果、惠农服务项目、人才队伍、展示基地等业务管理。同时，在平台上增加了移动终端对接接口、与北京农科热线12396呼叫服务对接接口、院与所（中心）之间信息沟通网；开发了针对专家和基地服务的手机App服务软件，与其他农科热线服务方式无缝对接，实现了双屏互动和服务联动。

（二）强化惠农服务的顶层设计，提高服务效能

1. *以惠农行动计划为服务指南*

（1）编制科技惠农行动计划。围绕北京市创新驱动发展战略，根据国内外农业科技创新的现状和发展趋势，2012年院科技推广处编制了《科技惠农行动计划（2012—2015年）》，出台了《关于推进科技惠农行动计划的指导意见（试行）》。明确惠农计划的指导思想、工作目标、原则，设计了四项重点任务、十大任务和保障措施。初步使全院科技服务工作成为"一盘棋"，提高了科技服务的科学性和计划性。

（2）设立科技惠农折子工程。根据惠农行动计划，每年由推广处牵头，在郊区产业需求调研基础上，征求院督导组和征询各所（中心）意见与建议，谋划出台"科技惠农行动计划"折子工程。设立院科技惠农服务专项资金，每年用于科技服务经费不低于2000万元，并从科技创新经费中拿出200万元，用于折子工程。折子工程鼓励所际合作和院内联合，明确实施地点和任务目标，任务到所、责任到人。2013年实施折子工程15项，2014年实施6项。承担折子工程的各所（中心），细化任务严格落实，使各项任务在规定期限内逐一落地。

（3）多渠道争取惠农服务项目。围绕北京郊区重点科技需求和政府重点工作，向市各职能部门，开展所际、跨专业、跨领域等的项目联合申报。从2012—2014年，从市、院、区等渠道汇集科技惠农项目，争取经费达到7000多万元。2012—2014年北京市农科院从北京市农委争取农业科技项目49项，"菜篮子"新型生产经营主体能力提升专项资金62项，项目资金3596.24万元。此外，采取局院、院区、院镇等方式，签订合作项目。2013—2014年，通过院区合作，争取各区项目资金2500万元。其中，2013年，争取院区合作

资金345万元；2014年，争取各区项目2156万元。2013年，通过局院合作落实经费329.06万元。

2. 培养能打硬仗的惠农服务专家

近年来，北京市农科院逐步构建起一支专职、兼职结合、服务能力较强的科技惠农服务专家队伍。

（1）专职服务专家。截至2014年11月底，北京市农科院已累计聘任了农业技术推广系列人员31人，其中推广研究员11人，推广副研究员20人，并在郊区重点确定了20余个园区、40余个辐射基地开展科技服务工作，这些人员和基地已经成为北京市农科院开展科技服务工作的中坚力量和重要阵地。

（2）专业服务专家。业务部门根据科研领域的项目需求，兼职负责本领域的推广服务工作。科技服务内容，也作为专家年底考核的重要指标之一。截至2014年底，全院在郊区开展了服务和推广工作的科技专家有200人，其中，副研及以上科研人员有150名左右。

3. 组建多学科联合的服务团队

北京市农科院积极从郊区三农科技需求出发，在学科带头人的引领和带动下，以项目为依托，组建跨所际、多学科的服务团队开展科技服务。

（1）建设科技创新团队。为培育和建设一批具有较强自主创新能力、能为国家和北京都市型现代农业发展解决重大科技问题的优秀科技创新群体，提高科技创新能力和科技成果转化能力，北京市农科院于2008年开始组织实施科技创新团队建设工作。北京市农科院出台了《北京市农林科学院优秀科技创新团队建设管理办法（试行）》，立足已有优势学科，围绕某一重点学科领域，采取以各所（中心）为主，整合其他相关所（中心）资源，建设院级、所（中心）级科技创新团队。2014年底，已围绕设施农业、玉米、蔬菜、智能装备、畜禽疫病防控等领域组建了7个院级创新团队，开发出了一批达到国内同行领先水平的研究成果，示范推广了一批先进实用技术。

（2）学科带头人引领下的专家服务团队。根据科技服务工作需求，积极打破所（中心）业务界限，积极组建跨专业、跨所的专家团队。在学科带头人的引领和带动下，以项目为依托，以产业为主线，以产品为单元，通过广泛合作，积极开展科技服务工作。2013年形成所际联合、跨专业合作的团队15支。围绕京郊蔬菜产业发展，北京市农科院积极整合蔬菜中心、植保所、营资所、信息所、信息中心等多个所（中心）人才资源，成立首席专家负责制的专家团队，在顺义、大兴等11个区137个乡镇1651户科技示范户组织实施了京郊百村蔬菜品种更新示范工程，推广示范170多个蔬菜新品种和新技术10项，培训技术员与菜农31990人次，蔬菜优良品种在京郊区辐射面积达35万亩，京郊蔬菜品种更新率达到43.8%，优良品种占有率达到92%，使京郊示范村的蔬菜平均单产增加17.5%，实现社会经济效益1.05亿元。

（三）创新科技服务方式方法，增强显示度

1. 以基地为核心打造示范窗口

（1）示范和推广基地建设。建设示范基地是科技惠农服务工作的重要内容之一，也是展示惠农工作成效的桥头堡和窗口。围绕北京都市型现代农业的主导产业，北京市农科院各所（中心）在11个郊区建立了蔬菜、小麦、玉米、北京油鸡、草莓、食用菌、各类高档水产品等示范和推广基地274个。其中，北京市农科院筛选和挂牌的“科技惠农行动计划”示范展示基地97个。这些基地集成汇聚各所（中心）的科技力量，全面、综合展示北京市农科院新品种、新技术和新成果，成为北京市农科院科技服务工作的核心基地。

（2）综合服务试验站建设。2012年，北京市农委启动了区域性农业科技综合服务试验站（以下简称“试验站”）建设工作。“试验站”建设以科研单位为依托，以实际生产需求为导向，以农业科技为纽带，强化科研教学单位、基层农技推广部门和农业生产单位之间联动。北京市农科院在通州国际种业园和大兴区长子营镇承建了两个农业科技综合服务试验站。其中，“通州综合服务试验站”采取市级农业科研推广单位、区级农业推广部门和村级农业合作社“三位一体”以及企业、专家和农民“三位一体”两种服务模式，建立了3个核心示范区，重点扶持了5个乡镇的10个村，创建了50个科技示范户；“大兴综合服务试验站”以长子营镇速生叶菜、精品梨、樱桃、肉鸽等产业需求，重点示范推广了生菜新品种、测土配方施肥、生菜轻简化栽培、梨园病虫害综合防治、樱桃新品种及配套栽培、乳鸽肉质的全价饲料配方等先进技术。

2. 推动传统服务手段与互联网融合

随着信息技术的深入，互联网的发展正在不断改变和影响着科技惠农工作。北京市农科院在科技惠农服务中，除采取传统的入户指导、农民培训、全科农技员培训、现场观摩活动、产品推介会等服务手段外，还借助互联网

和信息技术手段，增加了远程线上服务功能，使服务手段效率更高，服务内容更加丰富。自 2009 年以来，北京市农科院积极将传统服务与现代信息技术手段相结合，探索形成了“远程咨询诊断+远程培训+智能化信息服务终端推广+专家现场技术指导”四位一体的综合农技推广服务模式。玉米中心借助该平台，在玉米生长的关键节点以短信形式给予技术服务指导，保证了高产、稳产，受到农民广泛赞誉。在品种全生育期，有专家和业务人员长期深入田间地头，在生产一线调研和指导生产。借助互联网，围绕各区产业发展、农产品流通的需求，开展农产品电子商务工作，拟通过天猫、京东等电商平台，推动大兴区农产品的网上销售，逐步建立 O2O 的销售模式，不断拓展科技成果产业化渠道。

3. 借助科技会展平台

展会具有展示功能、交易功能、交流功能、推广功能和示范带动的功能，是近年来兴起的科技推广服务新载体（如图 7-1 所示）。北京市农科院科研专家团队通过为展会提供策划、规划、技术培训、品种展示等服务，借助展会平台、实地展示和现身说法，以会带展，促进新成果与市场、与农业生产相关主体的对接，扩大示范推广规模和影响。2014 年，北京市农科院玉米中心积极参与世界种子大会的筹备工作，依托自身品种优势为种子大会提供支撑，组织品种参展、大田展示及种植技术培训等。北京市农科院信息中心共组织参与各种专业技术展会约 19 次，并在会上推广中心的研究成果。北京市农科院牵头组织了杨凌第 21 届农业高效科技成果博览会北京团的展示工作、承办在通州举行的“2014 年蔬菜新品种展示观摩周”等活动。

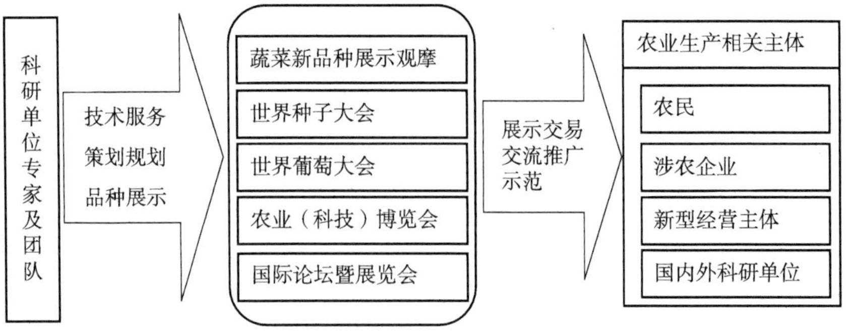

图 7-1　农业（科技）会展服务方式

4. 面向外埠拓展服务区域

为扩大农业科技成果的推广规模和影响，北京市农科院除在京内开展科技服务外，将服务范围拓展到外埠。一是自建外埠试验示范基地。各所（中心）的科研专家和团队，根据项目试验示范需要，在京外建立试验示范点、中试基地和实验站。截至2014年底，北京市农科院已在京外建立100多个基地（如图7-2所示）。二是通过政府构筑区域合作平台。北京市农科院承担了“援疆、援藏、援青”的对口支援、技术援助等项目，与青海、内蒙古、河北等地方政府，签署了科技成果示范推广的战略合作协议。三是采取院院、院校、院企等合作模式，进行新品种、技术的示范推广，对当地农业生产面临的实际问题进行技术指导和培训、规划咨询。2014年底，北京市农科院与青海乐都、内蒙古通辽老科协、新疆和田国家农业科技园区签署了合作协议；与河北秦皇岛汉基生态农林有限公司签署了合作协议，在山区林果资源开发、林下经济开发等重点领域深入合作；与黑龙江省签署合作协议，在该省的15个市县，建设智能催芽生产线21条，推广智能化水稻浸种催芽系统228套，单次能够提供2400吨优质芽种（如图7-3所示）。

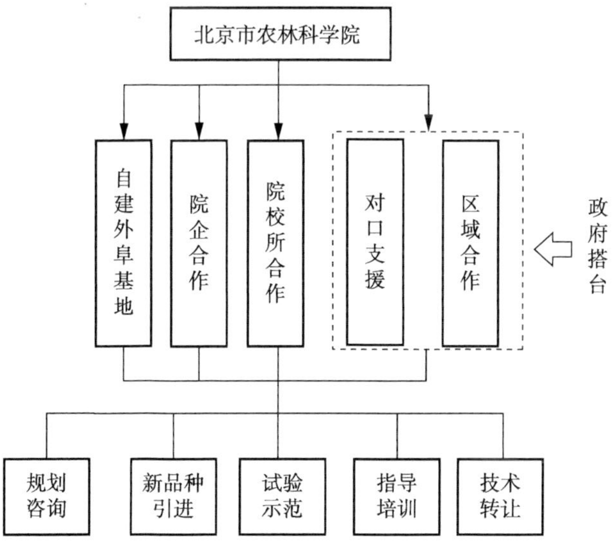

图7-2　外埠科技服务方式

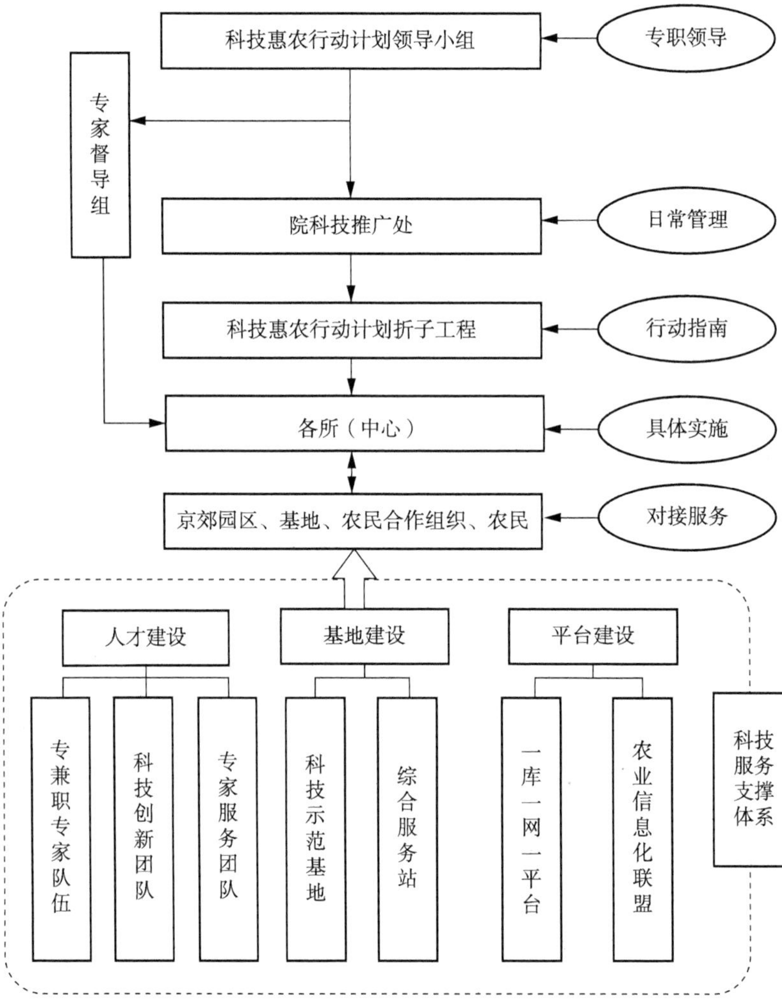

图 7-3　科技惠农服务体系架构

二、北京市农科院科技惠农服务模式分析

近年来，北京市农科院以“服务政府、服务企业、服务农民”为宗旨，积极整合资源、汇集力量，以科技示范推广项目和成果转化项目为纽带，搭建产学研一体化科技服务平台，探索形成了院局合作、院区（镇）合作、院企合作、院校合作、双百对接等科技服务模式，逐步形成院、区、镇、村四级对接、政产学研用、区域合作的科技服务工作新格局。

（一）院局合作模式

为强化“政”“研”沟通和联合，2012 年北京市农科院与北京市农业局签订了《院局合作协议》，发挥北京市农林科学院在科研储备、专家队伍、信息等方面优势，北京市农业局在政策、推广体系、项目等方面优势，搭建“首都农业科技创新与服务平台”，对接首都农业科技需求、组装项目，加强沟通和服务合作。院局合作项目主要围绕解决京郊农业产业发展中存在的某些共性关键或瓶颈性技术，所开展的科研服务工作具有一定的前瞻性和创新性，能够引领和带动相关产业的发展。

局院双方出台了《关于推进局院全面合作工作的意见》（京农发〔2013〕90 号），包括 4 项制度和 2013—2015 年 7 类 19 个方面的合作内容。通过局院合作，共同落实财政经费近 4000 万元。其中，2013 年，落实财政经费 970.44 万元。2014 年，落实财政经费 2888 余万元。自合作以来，北京市农科院与市农业局 13 个下属站（所、中心）共同参与实施了“设施农业示范区科技支撑（一期）”“北京市农作物优新品种示范与推广”“禽病预警与防控技术及仔猪高效饲养技术研究与应用”“新型循环流水养殖模式试验示范”“食用菌高产高效及综合利用技术应用示范”等，涉及种业、健康养殖、林下经济、京津冀协同、节水、土壤环境改良等内容。

借助“院局合作”的东风，我处与市农业局相关处室，围绕工作平台和工作机制搭建、局院合作项目申报、重点合作项目推进、局院合作各区实施等方面加强沟通。此外，院局双方还在现代产业技术体系创新团队建设、都市型现代农业万亩示范方建设等人才、项目领域积极展开合作、推进交流互动（如图 7-4 所示）。

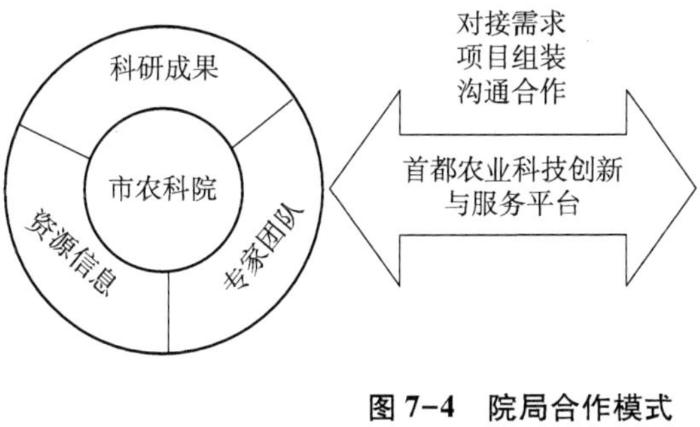

图 7-4　院局合作模式

（二）院区（镇）合作模式

针对区域性“三农”问题，采取“政府出资、定向委托、项目管理”方式，由科研单位提供“一揽子”科技服务。地方政府针对区域主导产业发展亟须解决的重点、难点问题，通过非竞争性购买、竞争性购买、直接资助、政府补贴等方式出资，科研机构根据需求，加强关键领域和核心技术的研发、集成和推广，分类解决共性、个性和关键性农业技术难题。科研单位在服务过程中，通过“农科院+当地政府+科技企业+农民专业组织+农户”“科技专家+地方推广机构+农民”“责任专家+示范基地”等示范推广模式，建立示范样板，政府做好组织和宣传，共同为农民搭建一个可信、可看、可学的平台。

1. 院区合作模式

近年来，北京市农科院先后与大兴、顺义、门头沟、通州、密云、房山、平谷、延庆 8 个区签署了全面科技合作协议，为各区农业发展提供科技支撑。

（1）与延庆的科技合作。结合延庆区的生态涵养区和有机农业的发展定位，以农业产业规划为先导，2009 年以来北京市农科院先后与延庆绿富隆农业股份有限公司、延庆区北菜园蔬菜生产基地、大庄科乡慈母川村、延庆小河屯湿地生态涵养区、四海镇等企业、地区合作，围绕延庆有机蔬菜、休闲农业、生态涵养、葡萄产业等发展积极开展深入合作，为世界葡萄大会的顺利开展提供科技支撑。

（2）与大兴区的科技合作。自 2003 年以来，北京市农科院便与大兴区开始实施院区科技合作，目前已经进入第四期。通过十一年的 30 余个科技合作项目支撑，有力推动了大兴现代农业的发展，其中，北京市农科院培育的“京欣系列西瓜”已经成为大兴西瓜的主栽品种和代名词，肉鸽产业已经逐步发展成为大兴的新兴主导产业，有机蔬菜生产水平名列全市前茅，西洋梨产业已初步完成产业升级。

（3）与密云的科技合作。近年来，重点围绕板栗、樱桃和家禽疫病等方面积极与密云开展科技合作。由北京市农科院选育的“燕红”“燕昌”“燕丰”等 3 个板栗品种是京郊的主栽品种，与密云科委及巨各庄镇蔡家洼村合作，在蔡家洼村引入“樱桃大树树体结构改造”等系列栽培技术，并开展了“家禽专家服务门诊”，组建了一支 22 人的专家服务团队，为全区 1400 多个养殖户提供服务，覆盖 17 个乡镇、60%的养殖场。

（4）与昌平区科技合作。自 2001 年北京市农科院与昌平区合作以来，以

“天翼公司”为先导，积极带动昌平区草莓产业迅速发展。一方面，从草莓品种引进、筛选和更新，到技术研发、推广和应用等关键环节提供技术服务与咨询，引进各类资源 400 余份；另一方面，通过会展农业，推进草莓科技、产业和生活紧密结合，通过配合昌平区成功举办第 7 届世界草莓大会，进一步助推昌平草莓产业升级，全面扩大了昌平草莓的国内外影响力，推动北京草莓种植温室大棚从 2010 年的 3000 余栋发展到 2012 年的 8000 余栋，每栋可为农户带来纯收益 2 万 ~3 万元。

2. 院镇合作模式

院镇合作是院区合作的一种拓展和延伸，进一步拉近了科研与产业发展之间的距离（如图 7-5 所示）。近年来，北京市农科院与大兴区长子营镇、房山区城关镇和周口店镇建立了科技合作关系。自 1998 年北京市农科院与大兴区长子营镇开展了全面科技合作协议以来，为该镇制定了农业科技发展规划，组织了 10 多个所的 100 多名专家实施了 40 多个科技合作项目，为当地引进新的蔬菜品种 112 个、农作物品种 23 个、果树品种 25 个、畜禽水产品种 10 个，试验、示范、推广精准农业、有机农业、病虫害生态防治等 70 多项农业实用技术，累计推广面积达 20 余万亩，培训农民 3 万多人次，建成了工厂化农业蔬菜科技示范园区、留民营有机农业示范区、北蒲州现代农业集成示范园、千亩花椰菜基地、万亩生态观光果园、年出栏 70 万只乳鸽的养殖基地等六大特色基地，共同创建了“春旭园”“宫廷黄鸡”等优势农产品品牌。在北京市农科院的科技支撑下，长子营镇成为京南生态第一镇，北京市科技创新镇和全国科技示范镇。围绕房山区周口店镇黄山店村整村推进，探索山区发展转型中科技支撑模式，科技推广处牵头谋划该村产业发展，在现场考察基础上，围绕生态旅游，加强科技支撑，从生态环境建设、旅游配套种养殖发展、信息化建设等进行总体规划和科技支撑工作。

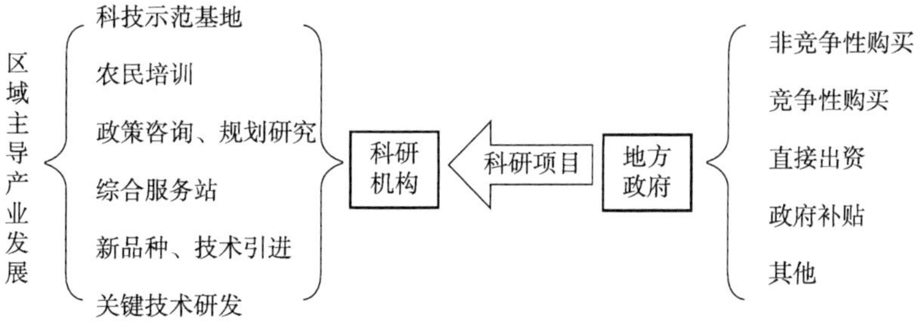

图 7-5　院区（镇）合作模式

（三）院企合作模式

科研机构是前沿的机构，代表发展的前沿和发展的趋势，企业是根植于市场，是农业科技成果的直接使用者。围绕农业科技成果商品化，加强院企的沟通合作，促进“研”“用”结合。北京市农科院先后与北京京粮集团、北京首创集团、通州金福艺农、朝阳蟹岛、昌平天翼、延庆绿富隆、奥瑞金、大北农、北京顺鑫农业、中国种子集团、安徽丰乐种业、四川好时吉、山东信得等近 30 家涉农企业开展科技合作，加快了农业科技成果转化步伐。大体来讲，北京市农科院开展的院企合作模式主要有以下三类 6 种（如图 7-6 所示）：

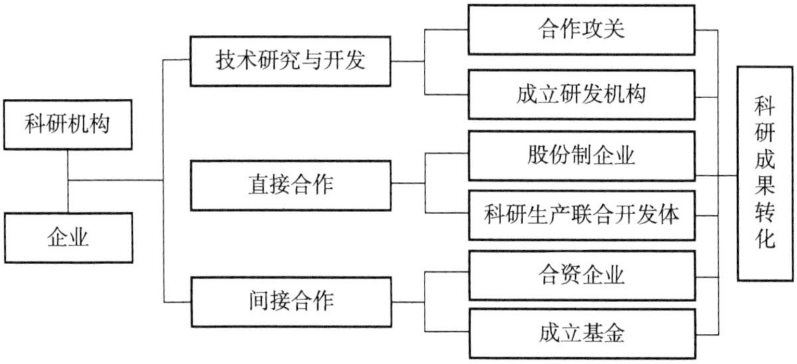

图 7-6　院企合作模式

1. 围绕技术研究与开发的“合作公关”和“技术转让”方式

如北京市农科院开发的八种畜禽新疫苗，转让给 17 家国内大型兽医生物制品厂进行产业化生产，并在全国范围内进行大面积的推广应用。又如北京市农科院选育的玉米品种“京科糯 2000”转让给北京农科玉育种开发有限责任公司，由该公司负责品种推广和技术服务，使得该品种年播种面积达 400 万亩左右，占全国糯玉米播种面积的 50%以上。北京市农科院与通州区金福艺农农业股份有限公司签订全面合作协议，积极探索科研单位与农业企业协同发展的新型农技推广服务模式，2013 年围绕蔬菜、景观草、信息化、水产等产业积极深化双方合作。实现了科研单位与农业企业的“双赢”。蔬菜研究中心与先正达生物科技（中国）签订蔬菜研发合作备忘录。

在京外合作方面，与青海乐都签署了战略合作协议；与内蒙古通辽老科协签署了合作协议，就北京市农科院成果示范推广方面达成了合作的意向；与新疆和田国家农业科技园区达成初步合作意向；与河北秦皇岛汉基生态农林有限公司签署了合作协议，在山区林果资源开发、林下经济开发等重点领域展开深入合作。

2. 科企的直接合作

主要有组建"股份制企业"和成立"联合开发体"。例如，北京市农科院与北京德农、山东登海、山西屯玉、河南现代、中种集团等企业合作，共同组建了农科城玉米品种开发联合体，形成"1+5"模式，共同开发经营京科 968 玉米新品种，并将其逐步打造成年示范推广面积在千万亩以上的大品种，2013 年京科 968 年播种面积达到 600 万亩左右。

3. 科企的间接合作

主要有"合资组建新的企业"和"成立基金"。北京市农科院与中种集团合作，合资成立了中种杂交小麦种业（北京）有限公司，推动了种质资源、科研人才等要素向种子企业流动，逐步形成了以企业为主体、以市场为导向、以资本为纽带的利益共享、风险共担的农作物种业"育繁推一体化"的科技创新模式。借助中介服务机构，例如"种业基金项目"，与企业联合推动科技成果转化。

（四）专家基地牵手的"双百对接"模式

依托市农业科技项目"'菜篮子'新型经营主体科技能力提升工程"，采取"双百对接"工作模式，打造科技服务亮点基地。从院科技服务队伍中，筛选百名具有高级以上职称、业务精通，具有科技服务经验、组织管理能力较强的服务专家，采取的是责任专家制，由其组建跨所、跨学科的综合科技服务团队，从全局出发为基地做好服务；在京郊区筛选具有一定影响力、能够引领和带动周边地区农业产业发展的基地，以专业大户、家庭农场、农民专业合作社、农业（民）协会、涉农企业、"一村一品"专业生产村、企事业单位试验示范基地（含院属基地）等具有一定规模、示范带动性较强的农业新型经营主体为主。由院（科技推广处）、各区主管部门（农委、农业局等）、基地和责任专家共同签署四方协议。各区服务人员通过汇集各区项目和政策，支持基地发展。"双百对接"模式，实现了由单一专家服务→责任专家服务，由传统的"面"服务→"点"服务、个人服务→团队服务、单一领域技术服务→全方位提供服务。截至 2015 年上半年，北京市农科院累计与昌平、延庆、密云、顺义、通州、房山、大兴、门头沟、朝阳等 9 个区的 82 个基地签订了服务协议书，开展科技推广服务工作。通过该项工作的开展，将累计展示示范蔬菜、畜禽、林果、水产新品种近100个，推广安全、生态、高产、高效、节水生产技术近40项，核心展示示范面积1000余亩，年累计开展各种形式的观摩、培训2000余次，培养各类新型经营主体技术骨干100人以上，对接基地实现年均增收10%以上（如图7-7所示）。

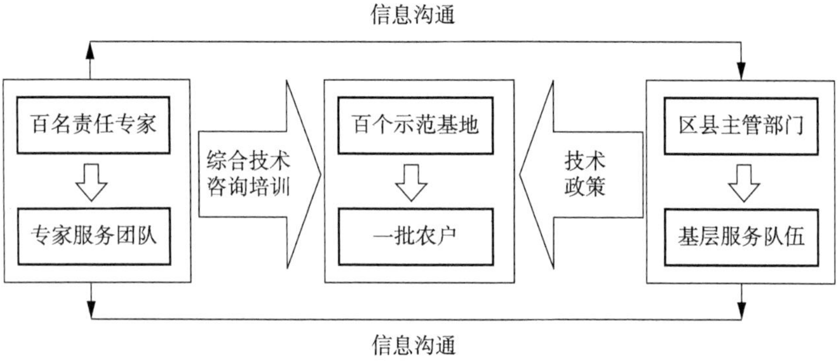

图7-7 “双百对接”模式

三、北京市农科院科技惠农服务的机制探索

为长期保证科技惠农工作制度正常运行并发挥预期功能，必须建立长效机制。长效机制有两个基本条件：一是要有比较规范、稳定、配套的制度体系；二是要有推动制度正常运行的“动力源”，即要有出于自身利益而积极推动和监督制度运行的组织和个体。

（一）建立资金投入长效机制

1. 获得稳定资金支持

为保证科技服务具有持续的动力，采取多种措施，积极扩大规模，稳定资金来源。通过采取院局、院区、院企合作方式，与市、局、区积极沟通，争取资金项目；积极主动向市农业局、市农委、市财政局沟通、汇报科技惠农行动计划相关情况，尽量争取上级主管部门的扶持。组织了几批市支农资金项目征集及北京市“菜篮子”科技能力提升工程的项目征集工作。

2. 统筹资金使用

全院统筹安排中央各部委、北京市相关部门科技服务资金以及北京市农科院自有示范推广资金。现有示范推广资金主要来源渠道有两个：一是北京市农科院从自身学科建设、承担的推广服务职能出发，由北京市财政局拨款支持，组织实施的农业新品种、新技术、新成果试验、示范、推广工作；二是北京市农科院及各所（中心）承担，政府行政主管部门下达的农业科技示范推广任务。院推广处按照农业科研及推广服务工作发展规律，将上述资金与各专业领域已有科研成果有机衔接，有计划、科学地组织安排各类示范推广项目，避免重复投入，提高资金使用效率。

3. 加强项目资金管理

北京市农科院制定了《农业科技示范推广项目管理办法（试行）》。建立项目年度考核和综合考核相结合的绩效考评制度，并根据考评结果对项目进行动态调整，逐步建立优胜劣汰机制，连续滚动；根据农业科技推广服务目标及市财政相关财政管理制度，科学、合理地编制和安排预算，在项目实施过程中严格按照预算列支各项费用，建立项目资金使用台账制度，规范项目资金使用；示范推广项目资金纳入各所（中心）单位财务统一管理，确保专款专用。

（二）畅通信息沟通反馈机制

1. 强化院所（中心）信息沟通

科技惠农行动计划实施后，各所（中心）通过召开会议、文件学习等多种形式向本所（中心）科技人员进行传达，积极落实会议精神。14 个所（中心）全部明确了负责科技推广服务工作的主管领导和具体工作人员，积极与院科技推广处对接，形成了全院范围内上传下达、沟通顺畅、反馈迅速的工作机制。

2. 重视科技需求调研

院领导、推广处与各所（中心）及时沟通，了解科研成果的最新进展，并带队赴郊区进行调研座谈，对接产业和企业成果的需求，反馈给各所（中心），促使科研人员及时调整研究策略。为落实科技惠农行动计划折子工程，北京市农科院还与市、局等职能部门、各区政府建立了联席机制，对惠农计划落实、折子工程实施、局院合作等进行深入交流，了解进展、研讨问题、部署下一步工作。

3. 加大惠农服务信息宣传力度

通过科技成果展览会、学术讲座、论坛、新闻媒体等形式，加强外部科技信息交流，为成果合作寻找更广泛的市场空间。

（三）注重人才培养机制

1. 以团队带人才

由责任专家牵头组建多学科团队，在科技推广服务中锻炼人才，提高专业技术人员综合服务能力。例如，畜牧所组建了由高级技术职称专家牵头的“大专家+青年专家”“畜牧+兽医”的畜禽养殖技术服务团队；组建了“北京油鸡研究中心+兽医+草业中心+生物中心专家”的油鸡技术服务团队；组建了“兽医高室+动物营养研究室+分析室+信息中心专家”的肉鸽技术服务团队。

2. 科技服务中锻炼人才

在乡镇挂职干部、中青年科技人才中优选担任新增基地的责任专家，签订成果转化协议。督促专家年初开展基地调研工作，并撰写调研报告和服务方案，细化科技服务方案，做实、做细、做好相关服务内容。2012 年北京农科院研究出台了《关于农业科技推广岗位人员开展科技服务工作的指导意见》，进一步明确了推广系列科技人员“一人一园，一人多点”的工作职责，采取“定园、定点、定人”的方式，积极在郊区示范推广北京市农科院新品种、新产品和新技术，提高人才科技服务能力。

（四）强化服务导向的激励机制

1. 出台科技惠农行动计划奖励政策

为推动科技惠农行动计划的落实，北京市农科院加强了科技服务人员的物质（比如工资、奖金）、精神方面（比如荣誉称号）以及职位提升方面的奖励。在院科技推广奖励办法基础上，2012 年出台了《北京市农林科学院科技惠农行动计划奖励办法》，设立了“科技惠农行动计划奖”，奖励在农业科技成果转化推广、农业科技服务工作中做出突出贡献的单位、团队、个人和专业化基地。其中，2013 年北京市农科院评选出优秀单位奖 5 个，优秀团队奖 3 个，先进个人奖 21 人（其中突出贡献奖 1 人，优秀个人奖 8 人，先进个人奖 12 人），示范基地奖 2 个，上述奖励资金共计 49.4 万元。科技惠农行动计划奖的设立，不仅使一线科技推广人员得到精神荣誉，还使他们得到物质奖励，提高了基层单位和科技推广人员参与科技服务的热情和积极性。

2. 探索推广研究员试点工作

根据北京市《关于开展农业技术推广教授（研究员）职务聘任制试点的通知》精神，北京市农科院从 2010 年起，在原有研究员系列岗位设置基础上，积极探索开展农业技术推广研究员试点工作，研究出台了《北京市农林科学院农业技术推广研究员职务聘任实施细则（试行）》，探索性地从岗位设置、评聘程序、任职条件、岗位职责以及考核管理等方面对农业技术推广系列岗位进行了规划设计，历史性地为广大从事农业技术推广服务工作的广大科技人员开辟了一条晋升之路。

（五）探索（政）产学研联结机制

1. 建立四极对接工作机制

近年来，探索建立“市院、院区、科农、院校”紧密型、常态化对接工作机制。第一，市院对接。与有关委办局对接（市农委、市科委、市农业局、市园林绿化局、市水务局等），提高北京市农科院辅助政府决策的能力。第二，院区对接。与区政府及所属涉农委办局（农委、科委、农业局、相关中心）对接，加强上下互动，畅通科技需求挖掘和成果转化通道。第三，科农对接。连接农业园区、龙头企业、农民专业合作组织等农业经营主体，对接各区优势主导和特色产业，提高科技服务工作的针对性。第四，院校对接。连接中央在京、北京市属农业科研与教学单位，实现优势互补，畅通科技资源联动通道。

2. 发起成立了首都农业农村信息化服务联盟

作为首都农业农村信息化服务联盟的理事长发起单位，参与和组织了联盟的相关工作。联盟汇聚了从事信息技术与产品的研发、应用、服务和其他相关业务的企业、科研院所、服务机构，以及直接服务农民的合作社、联合社等组织，促进产学研用结合和成果共享，推进农业农村信息化服务各业务领域新技术、新产品的成果转化。

（六）推动区域协同服务机制

1. 强化与各区涉农机构的联系

建立了长期的合作机制，包括区农委、科委、农业局、种植业中心等实现了紧密联系，区科技需求能尽快与相关所（中心）对接落实实施，如与大兴区农委，延庆区农业局、区种植业中心，密云区科委、种植业中心，房山区农业局、种植业中心，顺义区农委、种植业中心，通州区农业局，平谷区科委、农业局，怀柔区种植业中心等都建立了紧密合作关系。

2. 深化区域农业合作机制

随着北京农业空间的不断压缩，京外已成为北京市农科院成果推广的主阵地。北京市农科院先后与青海、内蒙古通辽、新疆和田乐、河北秦皇岛等地区企业事业单位签署了战略合作协议，深化区域农业合作对话机制。确保能定期召开农业战略合作联席会议，讨论和落实农业合作项目，解决合作中的困难和问题，共同争取国家重大政策、重大项目支持。

四、北京市农科院惠农服务存在的问题和面临的形势

（一）存在的问题

1. 院科技服务体系还需完善

（1）科技服务组织管理需要加强。全院对于科技服务事业发展的重视程度仍存在不足，未来发展中的定位、功能不明确，科技推广与科研创新之间的互动联系不十分紧密。服务体系基本框架虽然建立起来，但对于惠农服务行动计划和折子工程的监督和执行力度不够，科技成果转化率和产业化水平仍不高。

（2）科技服务制度有待继续完善。在考核制度方面，院对各所（中心）考核侧重于项目、论文、获奖等，而且占的比重较大。各所（中心）也是按此目标进行任务分解，与科研人员按同一个标准去考核，而忽视了农业科技服务难量化的实际情况。科技推广服务职称晋升难度大。由于推广内容和成效不易量化考核，职称竞聘和评聘上难免融入较多主观因素，增加了职称评定难度。成果转化的收益分配制度还在探索中，现有激励制度考虑“面”奖励多，“点”上标杆奖励不足，并不能充分调动科技服务人员的积极性。

（3）农业科技成果成熟度需要提高。部分技术成果为市场前景尚待确定、停留在实验室阶段、单一或孤岛式的产品，部分技术、产品或品种还不成熟，或没有经过中试（或应用测试）就急于推广，服务效果受限，技术供给与产业需求对接难。

2. 科技成果服务水平有待提升

（1）科技服务能力不足。科研设施和仪器等科技服务资源配置存在分散、封闭、重复建设问题，专业化服务能力不高；传统服务手段与现代信息融合度不高，科技信息共享平台培育工作力度不够。各所（中心）所采取多为技术咨询、农民培训等较低层次传统的科技服务手段，而深入农村、企业解决产业发展实际问题能力欠缺。“互联网+”技术推广服务上的应用仍不充分。

（2）科技服务模式仍须深化。所形成的院局、院区、院镇、院企等科技服务模式规模小，所聚集项目和合作深度不够。局院合作所争取到的资金量少，与市农业局科技资源和服务队伍之间实质性互动乏力。院科技惠农挂牌的示范基地，示范效果和服务质量良莠不齐，亮点基地和基地亮点少。一些基地尚处于刚刚起步，基地管理、服务质量、交流展示等功能仍需要提升。

（3）科技协同服务机制需要创新。产学研合作仍然停留在技术转让以及单一的项目合作阶段，围绕某一领域的点对点合作比较多，而围绕产业进行合作创新、共建研发机构及经济实体等高层次的合作还比较少；对于津冀地区、国内其他省区市开展科技服务的深度与广度不够，区域间分工协作任务不明确，服务资源利用效率低。

3. 科技服务人才队伍有待加强

（1）高素质技术服务人员缺乏。科技服务人才结构尚不合理。现有年轻工作人员以高学历为主，理论研究水平较高，深入基层从事科技推广和服务经验欠缺，推广服务工作的激情不高。技术服务人员年龄老化，年轻工作者较少。缺乏适应都市型现代农业的发展需要，能将理论、技术、产品、标准及装备等有机结合提供综合服务的人才。

（2）科技服务团队执行力不强。跨所、跨学科组建科技服务团队目标定位模糊，缺乏长远的战略规划。一些科技服务团队往往根据项目需要，临时聚拢搭配人员及成果，团队成员间的默契、协作合作不好，对于承担的任务功利性强，难形成系统性的成效和核心理念。科技服务团队建设模式单一，缺乏具有威信并且能团结团队成员的领军性人物。在科技服务团队建设中，市场意识和竞争意识较弱，业务开拓的动力机制不强，课题或项目资助“等靠要”的思想仍存在。

4. 科技服务经费总量不足和使用限制

（1）科技服务经费仍有不足。自实施科技惠农行动计划以来，北京市农科院通过多方筹措、汇集项目，推广经费呈现大幅度上升的趋势，但与科技推广的实际需求相比仍有不足。在经费总量上，北京市农科院用于科技服务经费远低于用于科研项目的经费。2012—2014 年，用于推广的经费年均约 2000 万元，不足全院项目总经费的 10%。由于土地、人力、物资、能源等价格上涨，科技服务成本大幅度增加，科技服务经费更显短缺。长期需要专家座席服务的项目，如北京农科热线 12396 缺乏稳定的经费支持。

（2）科技项目财务管理制度限制。项目经费支出科目设置与科技服务工作支出匹配不合理。财务制度明确规定差旅费、交通费等均纳入各所（中心）三公支出内容，使得科技服务中差旅费、食宿费、劳务费和误工补贴等费用，无法从项目经费中正常支出。2014 年 6 月，北京市出台的“京科 9 条”、《加快推进科研机构科技成果转化和产业化的若干意见（试行）》（京政办发〔2014〕35 号），为科技人员开展成果转化、技术服务提供了支撑，但在实际操作中与原有事业单位改革、财务制度有冲突。

（二）面临的形势

1. 城乡一体化发展下的科技服务新格局

党的十八大报告首次阐述了“推动城乡发展一体化”，提出要将解决好“三农”问题作为全党工作重中之重，明确了“三农”工作的总体要求和重点任务，创造性提出了工业化、城镇化、信息化、农业现代化“四化同步”和经济建设、政治建设、文化建设、社会建设、生态建设“五位一体”的总体布局，这些新论断、新要求发展了党关于“三农”工作的指导思想与政策理念，是当前和今后一个时期我们做好“三农”工作的指导思想和行动指南。围绕城乡一体化总体要求，发挥科技服务的桥梁、纽带和指挥棒作用。为实现服务联系农业与工业、联系城市与乡村、联系生产与市场，需要不断创新农业科技服务方式，创新科技项目产生机制，实现科技服务由农业向“三农”的拓展。

2. 北京农业“调转节”成为新的科技服务方向

北京农业面临着成本增加和资源约束的双重困境，使得首都农业生产空间越来越小，农民增收压力加大。根据 2014 年北京市《关于调结构转方式、发展高效节水农业的意见》及 2015 年 8 月中央《关于加快转变农业发展方式的意见》，今后一个时期北京农业工作将围绕“打造高精尖，调结构转方式，发展高效节水农业”开展工作。因此，农业发展将更迫切地依靠科技进步，在现有存量基础上提质增效。要求农业科技服务把提高土地产出率、劳动生产率和资源利用率放在突出地位，通过发挥科技对农业的引领、示范和支撑作用，发展资源节约型、环境友好型、生产高效型农业，提高单位水土资源的产出能力和农业综合生产能力。

3. 科技服务推动农村一二三产业融合发展趋势

2014 年中央农村工作会议提出把产业链、价值链等现代产业组织方式引入农业，明确要求促进一二三产业融合互动，并首次把推进农村一二三产业融合发展写入中央一号文件。文件指出：增加农民收入，必须延长农业产业链、提高农业附加值；大力发展特色种养业、农产品加工业、农村服务业，扶持发展一村一品、一乡（区）一业；积极开发农业多种功能，挖掘乡村生态休闲、旅游观光、文化教育价值等；扶持建设一批具有历史、地域、民族特点的特色景观旅游村镇，打造形式多样、特色鲜明的乡村旅游休闲产品。新常态下，农业是一二三产业融合、上中下游一体、产供销加互促的第六产业。把农业打造成“第六产业”的关键是依靠科技进步，拓展农业功能和延长产业链。要求采取科技服务手段，为一产注入现代理念、技术、管理、设施等新要素，培养农村内生性的物质基础，培养造血功能，并致力于打造全产业链服务，提升农产品的品相、品质、品位和品牌，通过二三产业促进一产发展。

4. 京津冀协同发展战略带来新机遇

京津冀协同发展战略要求三地打破一亩三分地的思维模式，实现区域资源的共享与产业的协同发展。这对于资源紧缺的北京是一个难得的机遇。以该战略为契机，北京应加快发展合作农业，以新品种、新技术、新设备、新理念等的输出为载体，建立紧密型外埠基地，以保障北京主要农产品的安全供应。这要求在推广合作中北京市农科院应选准自己的位置，与津冀两地进行合理分工、优势互补、有机结合，发挥科技对三地农业产业发展的引导能力，对农产品供给的保障能力，对农民持续增收的支撑能力作用。同时，还要优化科技力量布局和科技资源配置，充分发挥协同发展的聚合力。

五、推进北京市农科院科技惠农服务的几点建议

（一）科技惠农工作指导思想和战略目标

1. 指导思想

北京市农科院科技惠农工作要与首都经济发展紧密结合，围绕“调转节、高精尖”都市型现代农业发展方向，健全科技惠农服务管理体系、创新科技服务方式、优化科技服务团队、完善科技服务机制、深化产学研用协同创新，加快科技成果转化和产业化，提高北京市农科院科技成果对首都经济社会发展的引领功能、支撑功能、服务功能和普及功能，为北京巩固全国科技创新中心的战略定位和率先形成城乡经济社会发展一体化新格局做出新贡献。

2. 战略目标

瞄准北京“全国科技创新中心”的定位，围绕北京农业“高精尖、调转节”要求，以科技惠农为抓手，提升“4个能力”，做好“3个服务”（如图7-8所示）。

（1）提升“4个能力”。重点是通过科技惠农服务工作，提升农科院的“科研创新能力、科技集成能力、科技成果转化能力和科技示范展示能力”。第一，科研创新能力。科研是研究院立院之本，生存之源。发挥科技惠农工作与市场、产业接触最紧密的特点，将农业科技成果推广、应用、检验、反馈与科技攻关工作紧密结合，提高解决农业生产中事关全局的、重大、关键问题的能力。第二，科技集成能力。都市型现代农业融合发展特点决定，其所需科技成果涉及产业领域多、技术覆盖范围广，农业科技成果的集成和熟化程度高。发挥科技惠农的平台和机制优势，提升北京市农科院科技成果集成和应变能力。第三，科技成果转化能力。发挥科技惠农的示范基地、人才团队、经验信息等优势，向政府部门、企业和社会提供智力服务，推动农业科技成果转化。第四，科技示范展示能力。发挥科技惠农在科技培训、示范展示等方面“溢出效益”，提升产业发展水平及农民科技素养。

（2）做好“3个服务”。第一，为北京市农科院科研事业发展服务。发挥科技惠农工作所具有的窗口示范作用，持续推动北京市农科院科技创新、人才培养和事业发展。在科技惠农与科技创新“双轮”驱动事业发展要求下，这一点是科技惠农工作的根本。第二，为北京都市型现代农业建设服务。作为市属农业科研机构，为北京市都市型现代农业发展提供科技支撑。以满足都市型现代农业“高精尖、调转节”需求，为北京农业发展和城乡统筹发展服务，是科技惠农工作的立足点。第三，为我国农业现代化服务。作为首都的农业科技资源，立足北京，服务京津冀，把成果辐射全国，为全国农业现代化服务，是科技惠农工作的宗旨。

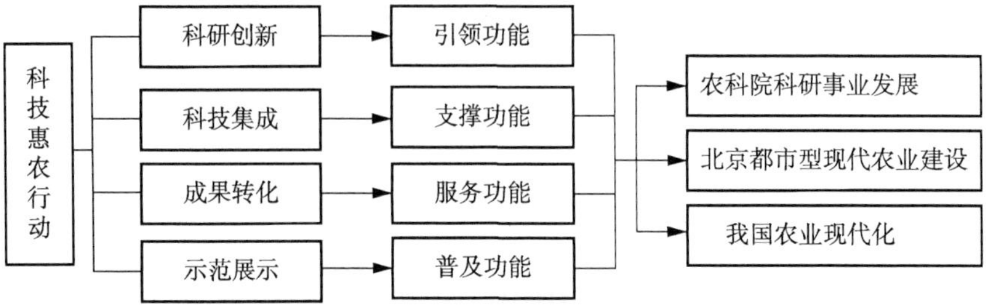

图7-8　科技惠农行动的工作思路

（二）完善科技惠农服务管理体系

1. 强化科技惠农工作的统筹布局

深入开展产业科技需求、重点研发任务建议和科技服务资源调查，统筹布局院、所学科，战略研究和学科规划，重点支持具有优势和特色学科领域的科技服务项目。遴选对促进行业发展最急需、最关键成果作为折子工程项目，并注重提升成果集成创新水平。做好折子工程总体设计，科学制定技术路线，分配好项目资源，组织起分工协作、联合攻关的科研团队，明确任务分工，细化创新目标，制订年度计划，强化总结和评估，及时改进实施方案，必要时调整创新方向和重点。

2. 加强科技服务项目的实施管理

强化科技服务项目执行管理。完善量化目标与工作任务相结合的岗位管理、考核评价和奖励制度，加强监督和检查，确保全面完成各项目标任务和服务成效。建立健全项目执行情况报告制度。主持人要及时上报项目执行与重大变更情况，院、所（中心）科研管理部门积极跟踪科研进展，积极协助解决问题，确保顺利完成研究任务。加强科技服务管理队伍建设。院、所（中心）科研管理部门要不断提高科技服务管理人员的责任意识和业务水平，注意积累并传承工作经验，充分发挥监督、指导、把关与服务职能。

3. 着力推动科技服务协同创新

统筹布局院的科技服务工作，扩大开放，深化与有关机构和组织在成果研发、熟化和推广应用中的协作。积极落实国家京津冀协同发展战略，发挥北京市农科院“首都”农业科技服务作用，搭建农业科技协同发展工作体系，牵头组织农业科技服务的大联合、大协作。拓展区域服务市场，主动对接服务“京津冀”协同创新发展战略，通过科技服务参与“长江经济带”和“一带一路”的建设。创新科技资源合理流动和开放共享机制，促进农科教、产学研跨区域紧密结合，共同打造农业科技示范基地，引导区域农业改造升级。

（三）提高科技惠农服务质量和水平

1. 提高院科技服务成果奖的水平

“十三五”初期，院、所（中心）要依靠学术委员会和有关专家，挖掘筛选重点成果，制订培育计划，统筹安排国家、省部级、院级和社会的各类科技服务奖项申报工作。根据成果熟化程度，制定培育方案，特别注意挖掘有望冲击国家奖项的成果，加强跟踪、督查和服务，不断提高成果奖励申报水平。

2. 加快推进农业技术成果熟化完善

支持阶段性成果开展后续深入研究和中试示范等，不断完善成果内容，改进技术经济指标，推进技术的规范化和标准化。搭建成果转化平台，帮助成果完成人借助农业主管部门、地区农技推广部门、兄弟科研院所、农业新型经营主体等成果示范推广功能，采取成果转让、科技合作、建立示范基地等方式，开展技术熟化和产业化工作。

3. 完善科技服务业绩评价制度

建立有利于科技成果转化应用的考核评价体系，对于在产业发展中发挥重大作用的品种、专利、技术、产品、标准、咨询（工程）服务等，以推广面积、覆盖率、市场占有率、转化应用情况等指标，作为人员评价的重要内容和依据，引导服务人员注重科研实效，激发科研人员主观能动性和创新活力。利用中关村国家自主创新示范区股权激励政策，试点转化收入归成果完成人及其团队所有的比例，在专业技术职务评审中考虑成果转化推广工作业绩。院、所（中心）积极开辟资金渠道，给予获奖成果等额以上的配套奖励，加大其他科技服务相关获奖成果的奖励力度。

（四）深入推进农业科技成果转化

1. 深化产学研合作机制

积极探索科研与企业合作的途径，鼓励院、所（中心）与企业在项目开发、平台建设、人才培养等方面结成利益共同体，鼓励采取转让、许可、作价入股等方法开展科技成果转化；落实国家科技成果转化政策，探索科技成果转化收益分配机制；发挥首都农业农村信息化服务联盟、农科城科技创新服务联盟等产业技术联合体的作用，从申报项目、科技服务和成果转化等方面，加大与联盟成员的互动合作。

2. 推动科技服务模式创新

加大“局院合作”“院区合作”“院镇合作”“外埠合作”等科技惠农服务模式的总结、宣传和推广力度，扩大惠农服务模式推广规模；继续施行

“双百对接工程”，扩大基地数量和专家人数。鼓励院、所（中心）通过横向多极联合，重点面向农业企业、农业新型生产经营主体、政府基层推广体系等开展科技引领、科技支撑、科技示范和科技普及等工作。在服务上培养典型、扶持典型、树立典型，多“点”开花，面上辐射，启动创新成果拓展的增长极。

3. 提升基地示范展示水平

继续以基地为中心，进行资源的整合和联合，搭建全院科技成果展示平台和培育亮点。继续以综合实验站为农技推广服务载体，在完善资金、场地、人员等保障基础上，采取“综合实验站+基地+专家工作室”模式，鼓励科研人员赴试验站开展研究、试验、示范和推广服务工作。积极参与各类农业会展服务，借助展览会平台、实地展示，加速农业科技成果的转化应用。加强各类媒体宣传工作，充分展示科研成果转化和科技服务成效，提高工作的显示度和影响力。

4. 深化科技培训和普及工作

坚持需求驱动原则，以区域优势特色主导产业为着力点，大力开展以新品种、高效节水、生态保护、农产品安全等为主要内容的培训工作；除农民外，还要依托农民合作组织、龙头企业、家庭农场等现代农业新型主体、专业化经营服务组织等，开展了个性和共性结合的服务，提升技术培训效率；与政府职能部门创新团队建设工作、专业技术人员知识更新工程等紧密结合，对专业技术人员开展中长期培训；探索实验室、科技示范基地、图书馆等资源，向公众普及科技知识。

（五）建设科技惠农服务优秀团队

1. 培养与引进科技服务领军人才

采取不定期的实用技能培训和中长期综合素质培训相结合的方式，不断提高农技人员的专业技术水平、服务意识和责任意识。调整人才引进制度，不以追求高学历、高职称为目标，合理引进急需的专业技术型人才补充科技服务岗位人才。注重青年科技服务人才的培养，在政策支持下，积极引导青年工作者开展科技服务工作，在实践中培养人才。

2. 加强科技服务的核心团队建设

以本院现有人才资源为依托，合理布局人力、财力、物力，整合各所

（中心）资源，在现有科技服务团队建设的基础之上，以院为单位，在制度和政策上给予支持，继续打造几支特色科技服务团队，实现产学研结合。构造坚实的“共同愿景”，提高团队成员之间的沟通意识，加强团队的内在凝聚力和创新活力。根据科技服务的需求，在新技术新领域引进创新型领军人才，配备适当的资源，建设适应时代发展的高新科技服务团队。

3. 完善科技服务用人育人机制

切实提高农技推广人员待遇水平，落实工作倾斜和绩效工资政策，提升推广人员工作积极性和主动性。根据科研和技术推广人员不同的研究领域、研究层次、研究项目等实际情况确定评估难度。进一步扩大农业推广教授（研究员）制度实施范围，将研究职称评价指标的设置向一线人员倾斜。把农业科技推广成效作为科技奖励的重要内容，建立农业技术推广人员的职业资格认证制度，激励科技人员以多种形式深入农业生产第一线开展技术推广活动。

（六）提升科技惠农服务保障能力

1. 推动科技条件服务平台建设

推动院科技信息服务网上线，实现双屏互动，并与“双百工程”结合、与北京农科热线 12396 结合，进一步补充完善内容，实现以管理为主，注重服务，实现科技推广服务工作的可视化、数字化、网络化、移动化。通过项目支持，与带动能力强的专业合作组织、龙头企业合作，建立农产品市场信息系统，提供快捷便利的信息服务与技术支持。以线上线下服务结合，推动“互联网”在农业科技服务中的应用。完善北京市农科院重点实验室、工程实验室、工程（技术）研究中心、图书馆、数字平台等科研基础设施，推动农业科技数据与文献资源共享、农业种质资源保存与利用、科研基本公共工程和大型科研仪器向社会开放，在提供高质量研发实验服务同时，提高科技资源利用效率。

2. 增加科技服务项目支持力度

第一，增加科技服务经费总量。“十三五”期间，加大基点、示范基地、示范园区建设资金支持力度，使科技服务经费占院科技创新经费的 20%以上。多渠道争取资金，为一些长期开展的服务项目，提供稳定经费支持。第二，扶持苗头性成果。积极帮助有苗头形成成果的科研工作争取各类科技计划支持，优先推荐申报成果转化推广类项目，并在人才团队、科技平台、实（试）验条件等方面给予倾斜扶持；在院青年科研基金、院创新能力课题等院属课题中，适度增加科技服务课题比例，培养年轻的、能开展科技服务工作的优秀推广人才。第三，优化经费使用管理制度。在提高科技服务拨付的时效性基础上，适度调整科技服务项目/课题的经费使用科目设置，提高劳务费、协作费、资料费、差旅费等费用比例，以适应实际需求。

第八章 科协服务京津冀乡村振兴的对策研究

党的十九大报告首次提出“乡村振兴战略”，要按照“产业兴旺、生态宜居、乡风文明、治理有效、生活富裕”的总要求，建立健全城乡融合发展体制机制和政策体系，加快推进农业农村现代化。2018年中央农村工作会议贯彻落实：“实施乡村振兴战略，是我们党三农工作一系列方针政策的继承和发展，是中国特色社会主义进入新时代做好三农工作的总抓手。”乡村振兴战略是一项长期重大任务。未来我国发展将由“城乡统筹”发展进入“城乡融合”发展的新时代，国家资源的配置必定最大限度地向“三农”倾斜，补农业短板，我国农业的发展、农村的繁荣、农民的富裕也将得到更大力度的推进。

乡村振兴的关键是科技与人才，在此重大的历史背景下，“智力密集、人才荟萃、横向联系、组织网络健全”的科学技术协会（以下简称科协）组织大有可为。2018年中央一号文件提出实施乡村振兴战略要“发挥工会、共青团、妇联、科协、残联等群团组织的优势和力量”。科协是党领导下团结联系广大科技工作者的人民团体，是科技创新的重要力量，在坚决打好脱贫攻坚战和大力实施乡村振兴战略行动计划的伟大实践中助力建功，是科协围绕中心、服务大局的应尽职责和光荣使命，也是科协履行“为科技工作者服务、为创新驱动发展服务、为提高全民科学素质服务、为党和政府科学决策服务”职责、推动改革发展的必然要求和有力抓手。本研究以北京市科协为研究对象，通过实地调查、案例分析等方法，了解“十二五”以来，科协在实施乡村振兴战略中发挥作用的现状及取得的成效，深入考察影响科协组织服务乡村振兴战略的制约因素，研究如何在构建现代农业产业体系、生产体系、经营体系中进一步发挥科协优势，拓展科协在实施乡村振兴战略中发挥作用的方式与路径，为完善相关政策提出建议。

一、北京市科协服务乡村振兴的体制机制建设

（一）北京市科协的组织架构

北京市科协网络体系健全，涵盖市、区、乡镇各个层级。目前共拥有市学会、基金会212个，区科协16个，企事业单位、经济技术开发区、科技园区科协等基层组织698个，高校科协20个，通过市学会、基金会、区科协及基层组织来联系的科技工作者99.4万人。

其中有直接涉农科技学会、协会等共37家，涵盖农、林、牧、渔、气象、水利、减灾、生态、技术经济等与农业生产息息相关的各个领域。既有成立时间最早的北京动物学会，新中国成立初期就成立的北京昆虫学会、北京植物病理学会等与农业生产息息相关的第一代农业学会，也有随着经济社会发展和现代农业发展应运而生的新型学会、协会，如北京农产品质量安全学会、北京农业信息学会、北京观光休闲农业行业协会等。各涉农科技社团围绕普及农业科技知识、农业技术指导与培训、农业科技成果转化与推广应用、科技咨询、科学决策，以及承接政府职能转移、开展农业综合性学术交流等宗旨，在推动农业科技创新和学科发展的过程中发挥了重要作用，也成为北京市科协为乡村振兴战略服务的中坚力量。通过科协的平台可实现以涉农学会为主体，带动其他学科组织共同服务三农发展。

（二）北京市科协的主要职能与功能定位

北京市科协作为“枢纽型”社会组织，致力于为首都经济建设和社会发展发挥桥梁纽带、业务龙头、服务管理平台作用，围绕为科技工作者服务，为创新驱动发展服务，为提高全民科学素质服务，为党和政府科学决策服务的“四个服务”，加强自身建设，完善职能定位。

1. 为科技工作者服务

自觉地把加强党和政府同科技工作者的联系作为基本职责，把激发科技工作者的创新热情和创造活力作为根本任务，积极搭建平台，助力科技工作者成长成才，探索经理学术服务科技工作者，当好科技工作者之家，协助科技工作者开展农业服务与农业科技创新，推动科技成果向现实生产力转化。

2. 为创新驱动发展服务

围绕全国科技创新中心建设，充分发挥科协智力和人才优势，团结和引领首都广大科技工作者为实施创新驱动发展战略服务。依托中关村天合科技成果转化促进中心搭建“北京市科学技术协会科技成果转化平台”，引导和支持科技社团积极参与以企业为主体、以市场为导向、产学研结合的技术创新体系建设。建设科技社团创新簇企业示范站，助力企业提升自主创新能力，服务全国科技创新中心建设。坚持以企业需求为导向，大力推进院士专家工作站建设，引导创新要素向企业聚集，推动企业自主创新。实施金桥工程资助种子资金项目，服务企业科技创新和培养青年科技工作者。

3. 为提高全民科学素质服务

作为推进首都科技事业发展的主力军，切实履行北京市全民科学素质纲要实施工作办公室职责，建立公民科学素质共建机制。广泛开展群众性、基础性、社会性科普活动，加大科技知识在全社会的传播速度和覆盖广度，提高公众科学素质。成立北京科普资源联盟，积极构建科普工作社会化格局。按照“世界眼光、时代特征、北京特色、创新发展”的建设理念，积极推进北京科学中心建设。

4. 为党和政府科学决策服务

着力构建以国家级科技思想库建设为重点，以调研课题、决策咨询沙龙、科技工作者建议、科技工作者状况调查、提案议案等为主要形式的特色决策咨询工作格局，服务党和政府科学决策。作为政府的思想库和智囊团，推动政府决策科学化、民主化；作为国家创新体系建设的重要力量，深入开展学术创新和农业科技创新；作为履行社会职能的重要主体，把进行科技评价、举荐创新人才作为重要职能，充分发挥社会服务与公共管理职能。

（三）北京市科协服务乡村振兴战略的工作机制

在服务乡村振兴战略中，北京市科协作为第三方机构，充分发挥科技工作者、广大会员与政府之间的桥梁、纽带作用，通过促进北京涉农科技社团与其相关机构之间的协作和合作，有效提高服务效率和服务质量。在组织运行上，科协与有关登记管理机关、业务主管单位、挂靠单位及其他相关政府机关属于管理依托型关系，团体会员单位属于内部协调型关系，相关学会和相关企事业单位属于平行沟通型关系。科协所属各科技社团在所涉及学科领域内进行活动，提供公益性服务。执行挂靠单位的各项法规、政策和命令；了解和收集相关服务对象的意见和建议，并反馈给挂靠单位或相关政府部门（如图 8-1 所示）。

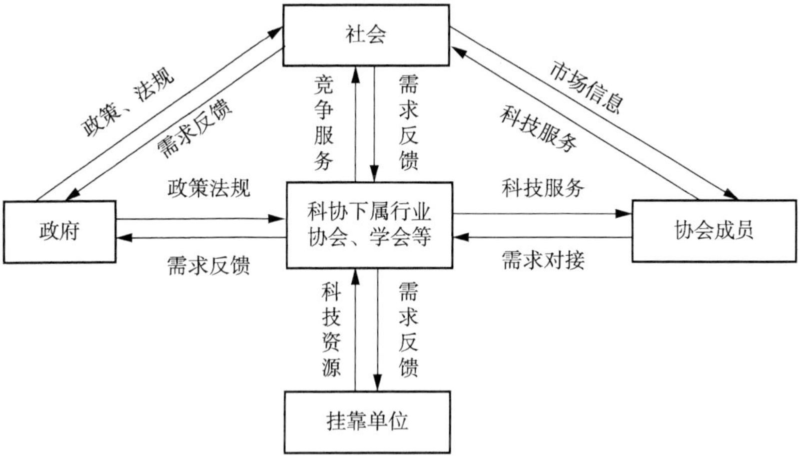

图 8-1 科协开展工作的组织运行机制

在挂靠单位的管理和监督下，围绕乡村振兴战略实施过程中的一些科技需求和关键技术难题，科协组织通过定向委托、联席会议、跨地域互援合作、竞争购买服务等方式开展一些有针对性的服务活动。具体方式有：

1. 定向委托

相关政府机构和挂靠单位依据需求，通过合同或协议的形式，委托相关科技社团行使某些职能，提供一定的公共产品与农业科技服务。学会与北京市科协、挂靠单位及一些企事业单位的协作大多属于这种模式。

2. 联席会议

北京涉农科技社团之间为了加强联系、沟通与学科交流，强化农业科技服务能力，由科技社团的业务主管单位市科协牵头成立“北京市科协涉农学会联席会议”。“北京市科协涉农学会联席会议”以开展主题活动为主要形式，组织相关学会开展学术交流、有针对性地开展调查研究，并通过举办培训、沟通协调会、产品展示与推介会等形式，通过搭建供需对接机制与平台，按需供给，提高农业科技服务的针对性和实效性，促进北京涉农科技社团服务能力提升。

3. 跨地域互援合作

指多个省市同学科的科技学会、协会联合开展活动，达到机构之间的互利与共赢。北京涉农科技社团与其他省市相关社团通过联合举办学会会议、研讨会，形成了华北六省农学会等品牌会议。

4. 竞争购买服务

各科技社团之间通过公平竞争，获得社会或政府提供的购买服务合同与委托协议。其中最重要的是政府购买服务，政府通过政策导向、项目竞标、过程管理等形式，把社会性事务委托给专业机构或团体经营与管理，从而获得更为专业的公共服务。

二、北京市科协服务乡村振兴战略工作开展现状

北京市科协依托科技、人才汇聚优势，积极搭建农业服务平台，创新工作模式，拓宽融资渠道，引领科技工作者参与乡村振兴，促进各类优质创新要素向乡村聚集，推动农业科技创新成果转化应用。

（一）依托科技套餐工程，搭建农业综合服务平台

2006 年，北京市科协、市农委立足京郊农村农业经济发展现状及需求，秉承“农民点菜、专家掌勺、按需配送、突出实效”的理念，在京郊农村开展农民致富科技服务套餐配送工程。2012 年进一步促进科技套餐工程转型升级，提出由市科协、区科协、科技社团与行政村或基层农业组织共建，在 10 个远郊区分别建立都市型现代农业示范基站（以下简称基站），包含一个专家工作站和一块都市型现代农业示范基地。

基站作为区域科技服务的“枢纽”，将首都科技社团、专家与分布在各区的基层农业组织、农户有机地联系在一起。示范基地示范科技农业、高效农业、生态农业、绿色农业、观光农业和休闲农业等都市型现代农业。专家工作站由各科技社团组织专家长期进站，为基层单位和农户提供农民素质培训、技术指导、产业发展规划、技术诊断、科技项目立项及创建品牌等专业化服务，实现专家下乡常态化。基站针对区域农业产业发展及农民生产中遇到的技术难题，通过在示范园区、试验农户以及示范村队与基地中开展技术调研、技术培训、技术示范、技术服务和技术交流等工作，从而将农业科技推广到所有受到基站帮助指导的基层农业组织，包括农技协、农合组织、农业企业、

全科农技员、乡土专家等，这些推广载体发挥辐射带动作用，将从基站学到的科技成果积极主动传授给其他农民群众。基站为首都农业发展提供系统化、可持续的支撑，致力于解决服务三农“最后一公里”问题（如图 8-2 所示）。

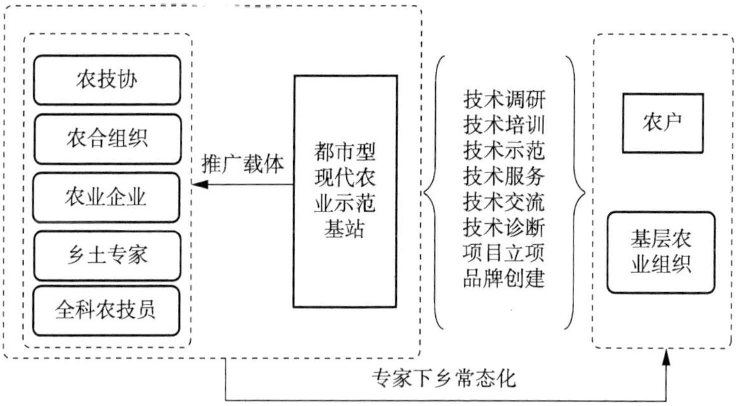

图 8-2　基站工作模式

（二）创新工作模式，促进产学研、农科教紧密结合

1. 建立“学会联合体+项目”协作机制

北京市科协注重发挥科协枢纽型组织作用，跨领域、跨行业、跨所有制地集成首都科技资源，将服务领域拓展到种植、养殖、民俗旅游、医疗保健、防灾减灾、文化政策、生态环保、产业规划、金融家政等多个方面。鼓励学科相近、联系密切的农科、工科学会成立学会联合体，围绕市科协承担政府转移职能、科技成果转化、决策咨询建议、京冀科协协同发展等重点工作，组织开展综合性学术活动，促进成员单位间的联合与协作，形成合力、共同发展。

由业内权威专家牵头，多个学科专家参与，组建农业产业链综合服务专家团队，围绕首都都市型现代农业和京津冀协同发展提供更多科技服务产品。成立了“北京优良食品学会联合体”和“北京现代农业联合体”，有效融合学术团体、行业学会、科研院所、骨干企业、高校科技成果转化联盟等机构优势资源，打破行业的局限性，为广大人民群众尤其是低收入及贫困地区提供农业全产业链的科技服务；以项目为工作具体抓手，采取横向联合、协同合作、集体攻关的方式，推进学科集成创新和科技资源集成共享，发挥科技、人才在帮扶工作中的重要作用；完善涉农学会联席会议制度，促进成员之间的信息交流与资源共享。吸纳更多市科协所属农口学会、高校科研院所科协和其他涉农科技社团积极参与，充分调动首都涉农科技资源服务三农、服务社会、服务市场，促进成员之间的信息交流与资源共享，在团结吸引凝聚科技工作者干事创业中提升能力。

2. 推进“会社合作、会村合作”模式

北京市科协支持、鼓励服务能力较强的农业科技社团依靠自己的能力直接为乡镇企业、农民合作组织、村镇提供服务，签订长期合作协议，围绕整个产业链提供全套科技服务，建立科技成果实验示范基地，发挥辐射带动作用。同时，也为专家们选择科研方向和基础调研提供了一手数据，进一步密切了产学研、农科教的结合。主要有社团+基地、社团+合作社、社团+农户大户、社团+企业等多种形式。如北京植物病理学会与位于北京南菜园的绿奥公司签署长期合作协议，为其提供绿色防控技术服务与蔬菜安全生产技术指导服务；食用菌协会为房山区蒲洼乡、通州区永乐店镇等基地示范十余种食用菌新品种及林地食用菌栽培技术；生理科学会与延庆区八达岭镇卫生院建立长期合作机制，为当地农民定期开办健康讲座、健康调查、体检义诊，指导当地农民健康生活。

3. 构建“一纵两横”科技助力精准扶贫服务体系

以“专家工作站+区级农技人员+基层乡土专家+农户”为主线的纵向服务体系，以市属科技社团与相关部门协作的横向资源集成体系，以基站、示范点辐射周边地区的横向引领示范服务体系，打造造血型科技帮扶机制。针对全国 832 个贫困县及北京 234 个低收入村，选择产业基础相对薄弱但具有发展潜力的低收入村（户），通过科技培训、新技术推广、产学研对接等形式开展对口援助、结对帮扶，3 年内组织 500 名以上专家深入基层，参与全国科技助力精准帮扶工作。

（三）拓宽融资渠道，开展“银会合作”

为了不断适应经济发展的新形势以及更好地服务“三农”，充分地发挥农技协在发展现代农业的巨大作用以及带动广大农民增加收入的能力，北京市科协、中国邮储银行北京分行共同制定《关于推进“银会合作”工作的实施方案》，确定工作目标，明确职责分工，制定业务流程，以新型的农业经营主体和示范性较强的农村专业技术协会、科普示范基地、相关小微企业等作为重点的服务对象，在“推进科技奖励资金与贷款担保、贴息政策相结合”“送金融知识下乡与送科普知识下乡相结合”“推进创富大赛与科技成果、专利推广运用相结合”“推动农村信用体系建设”四个方面，促进双方合作取得新的进展与突破。

该项合作由市科协择优推荐一批实力雄厚、运营良好的农技协，基层农技协以本区域的农业产业发展的需求为导向，以乡镇、村农技协为依托，建立信用信息数据库，向邮储银行筛选优质客户；主动沟通，搭建“银会合作”工作平台，为“银会合作”形成良性的资金供给和生产经营循环以及保障贷款者的盈利和偿债能力，提供点对点的全程帮扶服务，包括贷前调查审核后推荐给邮储银行，贷中配合邮储银行和贷款者的审批，贷后协助邮储银行进行监管；以及对贷款者进行生产技术和经营管理指导，产品研发和品质辅导，销售渠道拓展，财务操作规范等提供服务。同时邮储银行北京分行及各分支机构为其提供融资、理财、汇兑、转账、代发工资等全方位金融服务（如图 8-3 所示）。

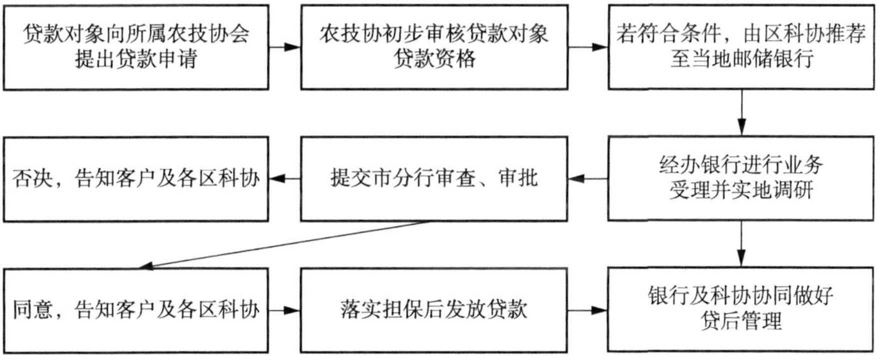

图 8-3　“银会合作”贷款业务流程

自 2015 年开展“银会合作”以来，北京确定以延庆、密云需求密集区域为重点地区先行先试，探索“科技+金融”新模式，积极推进 3 年内 1.5 亿元授信额度，开发金融贷款新产品，帮助基层农业组织向规模化、产业化发展。如，北京林叶科技管理有限公司在北京市园林绿化行业协会支持下，设计“苗木+”融资贷款的创新模式。用“苗木+房产”举例来说，是指林业、园林或农业的苗木种植企业为了生产经营需要向北京农村专业技术协会申请的融资贷款需求，以企业自有资产——苗木和企业（或个人）的房产作为抵押物或由根苗金服信息技术股份有限公司缴纳一定比例的保证金为融资企业作为担保的融资模式。该项贷款由北京农村专业技术协会负责向会员企业进行宣传推广，组织专家对申请融资的会员企业进行信用评级，向邮储银行北京分行和北京市农业融资担保有限公司推荐符合融资要求的会员企业，同时提供相关技术支持。由邮储银行北京分行负责出资放款和向北京市园林绿化局为融资企业申请贴息。北京市农业融资担保有限公司为融资企业向邮储银行北京分行提供担保，苗木、房产或保障金都抵押给北京市农业融资担保有限公司。根苗金服信息技术股份有限公司负责对抵押苗木进行评估、贷后监管和逾期回购代偿北京市农业融资担保公司。四方签署合作协议，制定操作办法和业务流程，完成"银会合作"任务，盘活企业苗木资产，解决会员企业融资难和融资贵的问题。

三、北京市科协在实施乡村振兴战略中发挥的作用

实施乡村振兴战略的总要求是"产业兴旺、生态宜居、乡风文明、治理有效、生活富裕"，其中每一项内容都与科协工作息息相关，现代农业发展需要科协提供科技与人才支撑，提升乡风文明程度需要依托科协的科普教育资源，乡村治理需要发挥科协的智库作用。多年来科协服务"三农"工作成效显著，科协助力脱贫攻坚和乡村振兴基础牢实。

（一）聚集科技创新要素，服务乡村产业振兴

1. 培育乡村特色产业，助力科技精准扶贫

产业兴旺是乡村振兴的根本，其发展离不开科技的支撑。科协组织围绕乡村产业的发展实际，结合乡村区位交通、气候条件、产业基础等因素，紧扣农业绿色化、优质化、特色化、品牌化要求提供智力支持，通过技术培训、技术宣讲、现场指导、举办科技培训班等形式，普及农村先进实用技术，大力推广农业新技术、新品种、新模式，帮助延伸产业链条，将生态优势、资源优势转化为产业优势、经济优势，助推乡村发展特色产业。如，在延庆区珍珠泉乡推进千亩榛子园建设，为当地下花楼、称沟湾、八亩地村 3 个北京市低收入村农户提供技术指导、产业发展规划、技术诊断等科技服务，并为千亩榛子种植基地提供有机肥 1000 吨、专用肥 50 吨，以产业帮扶方式带动周边 4 个村农民增产增收，示范引领当地特色产业发展；对接河北省秦皇岛市青龙县、张家口市南刘家窑村、保定市淮北村脱贫工作，针对青龙县农业产业发展现状，打造"青龙现代农业 3+1 提升工程"，扶持发展板栗、中草药、食用菌等优势特色产业，构建产业发展体系；在密云大岭村开展结对共

建“五年产业倍增计划”，依托大岭村 9800 亩山场，提出在大岭村发展平欧大榛子、软枣猕猴桃和养殖中华蜜蜂三大特色产业，现已顺利完成了 100 亩大榛子树苗的种植任务。选择了“恒优 1 号”和“魁绿”作为主栽品种，完成了 50 亩软枣猕猴桃的种植任务，并开展相关种植技术培训及全程技术指导（如图 8-4 所示）。

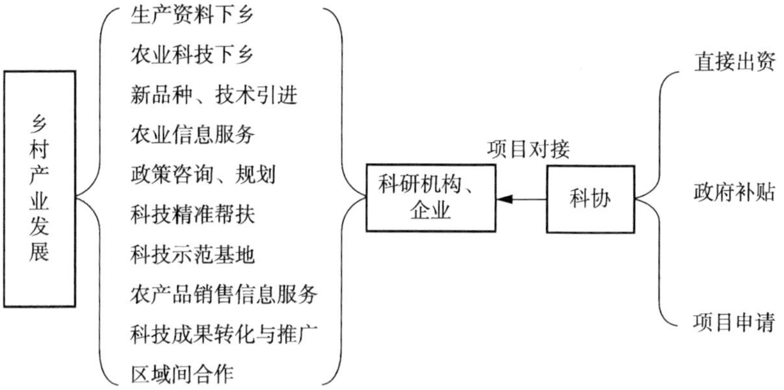

图 8-4　科协助力乡村产业振兴主要形式

2. 对接技术需求，促进农业实用技术推广

北京市科协注重深入基层，对接农业实际技术需求，通过技术培训、技术宣讲、现场指导、举办科技培训班等形式，普及农村先进实用技术，积极推广农村实用技术，大力推广农业新技术、新品种、新模式，帮助延伸产业链条，解决产业发展中的关键技术问题。如，针对北京土地资源有限情况，在顺义赵全营镇示范推广“农大 211”和“农大 212”两个高产小麦品种及 5 项配套示范技术，实现了高产高效；北京农学会、北京食用菌协会与平谷区北京平福和乐农业有限公司合作，引进食用菌优良品种及配套栽培技术、菌渣再利用技术等科技成果，通过试验示范，发现黄伞、长根奥德蘑两个食用菌新品种适宜在平谷种植，产品达到绿色食品标准，产量提高 14.3%，取得了良好的经济效益；在大兴圣泽林农庄示范的梨产品质量分级技术、在平谷示范的富硒水果生产技术，直接提高了果品的市场竞争力；针对食品安全问题，在昌平流村镇果园示范有机果园生物综合防治技术、在全市平菇生产基地示范食用菌病虫安全综合防控技术、编制了《解读农产品质量安全》生产指导用书；针对首都农业对资源节约型与环境友好型技术的需要，在通州于家务乡和平谷熊儿寨乡示范果蔬农业化控节水集成技术与智能决策精量灌溉

施肥技术，可提高产量20%，节水50%、节肥30%；针对农业现代化需求，在通州试验蔬菜自动化嫁接技术，提高作业效率和作业质量；针对首都休闲观光农业发展需求，在北京山区示范推广“京科糯928”鲜食玉米、在怀柔区北房镇农业创意园示范移动式家庭小菜园、四季观光采摘技术。

（二）用好人才机制，服务乡村人才振兴

1. 培养乡土专家，突破科技入户最后一公里

发挥专家工作站的资源优势，培养了一批当地全科农技员、乡土专家，逐步成为本地区、本产业中留得住、用得上的乡土人才，扶持建立农业产业的专业化作业队，提供“家政式”农业技术指导服务，成为农民致富带头人，把对生产的技术服务行为，转化为与农民结成利益共同体，共同面对市场竞争的经济行为。通过培养一批土生土长、掌握一定专业技能，有一定影响力的乡土专家，为农民提供及时周到服务，解决科技入户的“最后一公里”问题。如北京市科协与北京市园林绿化局、科委、农委联合推出“林果乡土专家行动计划”。对林果乡土专家选拔条件、名额、结构比例、评审程序、资格审查等均做出明确规定。专业选拔对象以各区长期从事林果业的重点种植大户及一些农民合作组织为主。通过技术培训，将土生土长的果农发展成为有技术、会经营、善管理、能辐射带动农民共同致富的“不走的专家”，并与北京市林业工作总站联合对全市登记在册的471名林果产业乡土专家进行考核，首次对其进行了分级，最终认定市级林果乡土专家104名，成为基层林果产业的中坚力量，初步实现“县县有示范、乡乡有专家、村村有能手”的目标。

2. 开展系统化、专业化、职业化新型职业农民培训

结合当地农业产业特点，对农业和农村专业人才进行系统化、专业化、职业化培养，通过专家授课、现场指导、网络平台等方式，将种养大户、家庭农场、农民专业合作社带头人和骨干社员、农业企业骨干、返乡农民工、大中专毕业生、退役军人等作为培训重点，着力培育新型职业农民。如，2016年北京市科协与市科技进修学院合作开展农民职业技能鉴定培训60多人次，对考试合格者授予人力社保部颁发的鉴定证书，推进农民职业化；与北京农业职业学院合作，创新“新型职业农民学历能力双提升”培育模式，针对农民生产经营中急需的技术、经营、管理问题，开展各类专项培训，2012年以来累计达40万人次，以提高农民综合素养为主旨开展中等职业教育，目前培养了5万多名农民毕业生，同时在其中选拔具有中等职业教育学历的职

业农民通过自主招生进入全日制高职学习，进行系统培育，现已培养300多名。

3. 建立专家服务队伍，组织科技人才下乡

北京市科协鼓励各科技社团，根据自身专业特色，组建不同领域的专家服务团队深入生产一线，加大关键时节、重要环节的技术指导和农民培训力度。促进了成员单位之间的学科联合与科技专家联合，提高了服务质量与服务效率，也推动了科技进村、入户、到田间地头。如，北京农学会坚持“科技驱动、需求导向”原则，深入各远郊区现代农业示范基站，对接科技服务需求，组建了包括中央及市、区、乡镇、大学生村官在内共计1300多人的四级人才科技服务队，形成了一支甘于奉献、技术精良的科技专家志愿者队伍，多次开展科技下乡、进行技术培训、送农业生产资料下乡、引进推广科技成果，服务遍布京郊10个远郊区；北京植物病理学会组建了8支植病防治及生物菌肥相关的专家团队，专家团队包括5位院士、100多位教授和研究员，致力于为首都乃至京津冀地区农业生产的绿色防控服务。

4. 搭建合作交流平台，助力农业科技人才成长

组织学术沙龙，为科技工作者搭建不同形式、不同层次的学术交流平台，推动实施“一十百千”工程，开展北京科技交流学术月活动，每年学术月围绕共同主题集中开展学术交流活动100余项，综合性跨学科学术交流活动数十项，形式多样的专业化学术交流活动千余项。据统计，2016年，北京市涉农科技社团在市科协申报并立项近250项专业学术活动，近30项高层次的综合学术活动，自发开展学术交流、学术沙龙等活动上千项，极大地丰富了首都农业发展研究的内涵，为科技工作者搭建了沟通、交流、评议的平台，活跃了学术思想，增强了科技工作者的凝聚力；以推选北京地区中国工程院院士候选人为龙头，完善科技人才举荐渠道，积极举荐、表彰优秀科技工作者；挖掘学会价值，激发学会活力，促进科技成果转化，实施“青年人才托举工程”，促进青年科技工作者成长，提升学会对科技工作者的吸引力。

（三）强化科普优势，服务乡村文化振兴

1. 推动科普力量重心下移，引导优质科技资源向基层集聚

完善大联合、广协作科学素质工作机制，广泛动员社会力量，不断推动科普工作社会化，提升全面科学素质。充分发挥好农技协、农村科普示范基

地、农村科普带头人、科普惠农服务站等作用，围绕科技培训、农技服务、就业指导、农村科普等方面扎实开展工作，引导优质科技资源向基层集聚。推行科普惠农兴村计划，奖补农村专业技术协会、农村科普示范基地、农村科普致富带头人、农业科技服务专家等；实施百村农民科学素质提升行动，邀请专家深入农村，在乡村中开展百场科普讲座；以青少年科学营、科学家进校园、科普之春、科普之夏、首都科学讲堂、公务员科学素质大讲堂等一系列面向基层的主题科普活动为补充，通过深入农村基层开展群众性、基础性、社会性的科普活动，在农村掀起学科技、爱科技、用科技的热潮，提高农村经济的科技水平、技术含量，提高农民的科学素质，使科技成为农村产业发展的有力支撑。

2. 创新农业科普模式，助推科普载体发展

积极推动农业科普内容和方式升级创新，开展形式多样的科普宣传活动。在科普内容上，有科技周、科普宣传日、科技节、实用技术培训、农业知识普及、新产品新技术推广、科技观摩、青少年科普等传统科普内容，也有青少年科考、青少年科技人才培养计划、科技健康人、户外科普公益、“蝌蚪网”“靓丽阳台”等创新内容，同时，不断加强科普信息化建设，着力构建由蝌蚪五线谱网站、手机终端、社区数字科普视窗、楼宇电视等载体组成的面向公众的数字化科普网络体系。在科普方式上，有讲座、科教进社区、走近科教实验室、发放宣传资料等传统方式；也大力通过微信、手机 App、在线体验等新媒体网络开展线上科普宣传。

（四）推进农业绿色发展，服务乡村生态振兴

1. 大力推广农业绿色发展技术

科协依托技术优势，针对农业生产中存在的生态环境难点问题，大力推广、培训农业绿色防控技术、绿色安全农产品生产技术等。如，怀柔区农技协对接怀柔区林果蜂业协会，针对当地林果产业结构和特点，开展绿色果品有机栽培管理技术、设施葡萄新型栽培模式及配套技术和引种选优技术示范，引进生物动力堆肥技术对果园废弃果枝进行处理，解决生态环境治理问题。成为当地绿色农业技术应用的样板；北京植物病理学会在朝阳蟹岛农业科技园区、大兴采育农业高新技术产业园开展蔬菜病害绿色防控技术试验示范，分别对蔬菜根结线虫和番茄白粉病、菌性青枯病进行了新型生物菌肥和绿色蛋白制剂的试验示范，实现线虫防控达到 80%以上，降低番茄青枯病发生率

达 20%~50%。

2. 实现生态循环农业与休闲农业相结合

在乡村生态治理的同时，积极探索一二三产业融合路径，以生态循环农业发展为载体，推进农业休闲旅游发展。如昌平区农技协对接昌平黑山寨栗蘑种植协会，在昌平黑山寨村发展“循环农业+产业带动”。通过试验示范山区林下栗蘑仿生态种植，安装废弃菌棒处理设备，对餐厨垃圾、废菌棒、落叶等进行无公害化处理，形成独特的山区循环农业生态经济。并将循环农业与休闲旅游相结合，实现从栗蘑菌棒生产到产品销售至研发栗蘑菜品，开展栗蘑进社区和黑山寨秋收采摘节活动，带动当地的农业休闲旅游的同时实现昌平区延寿镇 130 户农户年均增收 7 万元，并将栗蘑种植范围覆盖到内蒙古、青海、吉林、湖南等省区市。

3. 打造山区生态修复样板

以“两山理论”为指导。重构“三农”聚宝盆，加快农业环境突出问题治理，修复生态、改善环境、补齐短板，打造一批乡村振兴绿色科技示范样板。如门头沟瓜草地生态观光园原属京西煤矿采空区，北京市科协引进专家资源，通过开展小流域生态治理与复垦，进行山区果园改造与品种更新，对濒临灭绝的特产果树品种进行施救，使山区果品采摘业、观光旅游业取得快速发展的同时开展新型农民培训，提高搬迁农民职业技能，解决 1200 户居民的生活与就业问题。

（五）发挥智库作用，服务乡村组织振兴

1. 加强自身基层组织建设，推进农业科技服务全覆盖

北京市科协大力推进基层农技协组织建设，支持和指导 10 个远郊区全部成立农村专业技术协会，并进入农业专家工作站，通过基站平台为区域内农业产业发展提供科技服务。通过“农村互联网+当地优势资源”发展方式，对帮扶对象顺势利导，扶持搭建信息综合服务平台，为其发展电商、创客提供场地、技术及资金扶持。同时，推动 10 个基站共建单位成为北京农技协会会员，完善科协基层组织网络体系，建立合纵连横的资源配置格局，实现科技服务全覆盖，促进科技成果转化为生产力。

2. 开设全日制学历教育，培养乡村治理专业人才

为深入贯彻党的十九大“关于振兴乡村战略”精神及习近平总书记关于

“培养造就一支懂农业、爱农村、爱农民的‘三农’服务队伍”要求，2018年北京农业职业学院科协启动实施“北京市农村基层干部人才培养工程”，该工程包括专科层次的学历教育和中短期专项培训，探索实施联合培养、订单培养、定向培养等育人机制，不断加强农村基层干部人才队伍建设。2018年新设立“村务管理专业”，学制三年，学历为全日制大专。目前已招生83人，包括“两委”干部共22人，其中村党支部书记、村委会主任“一肩挑”有6人，村党支部书记3人，村委会主任3人。通过全日制学历教育，培养一批有较强的组织协调、创业带富、村务管理、维护稳定能力，能够扎根乡土的农村基层公共管理服务人才。

3. 积极承担政府决策咨询项目，为乡村振兴出谋划策

北京市科协围绕京津冀农业协同发展、“人文北京、科技北京、绿色北京”“疏解非首都功能”等议题，组织专家学者与市领导面对面交流，积极为“三农”问题建言献策。通过课题委托研究的方式，与科研院所、高等院校建立协作联系，共同服务首都科学决策。如北京农学会等学会组织多次京津冀协同发展研讨，并形成了众多调研报告；北京畜牧兽医学会修订《北京动物防疫条例》，为政府在完善兽医防控政策法规方面建言献策；北京食用菌协会统计北京地区食用菌产量、产值上报中国食用菌协会等。据统计，2012—2017年，北京市科协共产生各种决策咨询成果1000余件，中央及北京市领导批示30次，为党委政府的科学决策发挥了积极作用。

4. 有序承接政府转移职能，参与社会治理创新

北京市科协围绕社会和政府的需求，将服务范围从原来的单纯服务科技创新，拓宽到参与社会治理创新等领域。包括：承担科技评价工作，通过成果评审和技术鉴定，推进科技创新和科技成果转化；承担科技奖励工作，通过人才举荐、设立公益性奖励等，激励科技工作者科技创新的积极性与创新性；承担职业资格认定工作，推进科技人才评价专业化、社会化发展；承担标准制定工作，增加标准的有效供给。如北京土地学会、北京减灾协会、北京水利学会等科技社团多次承担行业年鉴、行业标准和规范的编制，公益基金管理等工作；北京水利学会受北京市水务局委托，开展北京水务科学技术奖评审工作；北京土地学会承担北京市土地规划机构评选工作，北京园林学会承担北京市公园分类项目等第三方评估工作；北京食品学会承担工程技术系列（食品专业）中级职称评审工作，北京地质学会承担北京市地质与矿山

专业中级职称评审工作等。

四、科协服务乡村振兴战略面临的问题及形势分析

（一）科协服务乡村振兴战略面临的问题

1. 服务内容和服务形式不能满足需要

在农业生产服务方面，当前科协组织提供农业科技服务仍然以产中服务为主，产前服务与产后服务以及有关政策条文与法律法规方面的服务较为欠缺。在北京农村转变生产与经营方式、大力发展第三产业、促进三产融合发展的背景之下，增加开展全产业链农业科技服务，以及休闲农业产业发展决策等科技服务非常重要。

在服务形式方面，仍然以传统的线下直接对接服务为主，开展农业技术培训，利用网络信息技术开展线上服务较为缺乏：当前，北京市涉农科技社团主要是通过科技套餐工程开展农业科技服务，其工作方式主要是科技社团直接对接科技专家与基层服务对象，提供现场技术培训与技术指导、线下开展科技培训班等，农科管家、手机 App、微信等移动在线服务能力尚需加强。针对农业政策、农产品销售、储运、流通等方面的实时信息服务手段有待加强。

2. 提供服务的市场化程度不够

在新形势下，科协服务乡村振兴战略的关键在于农业科技服务的社会化，而目前主要存在农业科技服务的市场机制引入不够问题。首先，在科协开展农业科技服务的过程中，社会农业科技资源没有进来。北京涉农科技社团主要挂靠于农业科研院所或政府部门，挂靠单位自身具备丰富的科技资源，因此在开展服务的过程中，主要考虑与科研院所、高校及政府合作，较少考虑利用社会资源开展服务。其次，开展服务的路径中没有引入市场机制。科协提供的服务一般是公益性服务，经由市科协科技套餐工程、各区科协、乡镇基层组织等开展服务，没有市场机制的参与激励，是一个典型的“公益圈子”运行机制，即承担科技套餐工程项目的学会/协会主动去找基层组织提供服务，而基层组织有科技需求也直接找有接触的科研机构提供服务而与企业、农民专业合作社、龙头企业等新型农业经营主体的合作仍然偏少。

3. 科协参与社会治理经验不足

承接政府转移职能、竞争政府购买服务是科协参与乡村治理的重要途径。

北京市多家涉农科技社团目前已经尝试开展了多项相关服务，在科技成果鉴定与评价、科技奖励、竞争政府购买公益性服务、专业职称评审等方面积累了一定的工作经验。但是，北京市科技社团承担政府转移职能仍然处于初期摸索阶段，仍然面临着政策制度、机制体制等各方约束，存在着缺乏政策制度保障、定位不清、缺乏利益分配机制等问题；在农业科技奖励、职业资格认证、社会组织评估、科技项目管理等第三方评估方面，对比外省区市开展相关服务的情况，还有很大差距。科技社团参与社会治理是大势所趋，北京市虽然出台了多项相关规定，但是在实际操作层面仍然缺乏具体的运行机制及相关政策支撑；各科技社团也仅处于观望状态，并未将该项服务作为社团的主营业务。

（二）乡村振兴战略为科协工作提出新要求

1. 日趋多样化的农业科技服务需求要求科协拓宽服务领域

随着农业的转型发展，农业生产者对产前和产后的市场预测服务、储运销售服务、农业信息服务、产业规划服务、产业联盟服务，以及农业新业态科技服务等需求与日俱增。而乡村振兴战略的提出，更是增加了对乡村治理、农村文化挖掘等多方面的需求，在此大背景下，科协需要转变思想、创新发展，由以服务科技创新和科技工作者为主，扩展到服务经济发展、参与社会治理创新、推进乡风文明建设等更为广阔的领域。才能顺应时代发展的潮流，发挥农业科技创新主体的作用与地位。

2. 要素资源向乡村集聚要求科协转变服务方式

实施乡村振兴战略，需要整合资源要素向乡村集聚，也就要求农业科技服务要从技术咨询、技术转移、信息服务等单一服务发展向技术熟化、创新创业等综合性、集成化服务转变。要围绕农业产业发展各环节提供包括技术研发、生产、销售、创新创业、科技金融等全方位的“一站式服务”。在服务方式上要求科协向特色化、专业化、定制化服务转变，要更加注重农村专业人才队伍培养，扶持培育一批农业职业经理人、经纪人、乡村工匠、文化能人和非遗传承人等。利用互联网开展线上线下相结合服务，拓展农业科技服务的服务半径。

五、促进科协在乡村振兴战略中发挥作用的对策建议

围绕“五个振兴”工作布局，立足科协组织“四服务”职责定位，从发

挥创新簇的服务作用、推进科技智库建设、探索建立农业科技社会化服务机制、加强基层科协组织建设等方面提出促进科协在乡村振兴战略中发挥作用的对策建议。

（一）推进服务理念创新，提升科协服务乡村振兴能力

1. 强化科协自身能力建设

推进科协向专业性的社会组织转变。通过深入调研找准科协在服务乡村振兴战略中的发展的定位，树立制订相关计划或发展规划。完善治理结构和运行管理机制，加强自身建设，整合社会资源，提高专业化水平；进一步扩大基层组织覆盖面。扎实开展加强基层科协组织建设“3+1”试点工作，基本形成以区科协为枢纽，以村（社区）科普协会为基础，以企业（园区）科协、农技协为依托的科协基层组织网络体系。实施基层科协赋能行动，集中系统内各类资源向基层科协倾斜，提升基层科协组织力。

2. 向全面服务渗透的同时突出服务的特色化、专业化

服务乡村振兴战略需要科协在各个方面都要发挥作用，北京科协应充分发挥首都的资源优势，树立“立足北京、服务京津冀、面向全国”的服务理念，向全面服务渗透。同时随着农业科技服务需求的日益多样，科协需强化自身优势，凸显服务特色，开展特色化、专业化服务，发挥科协引领农业科技创新的重要作用。如，对于综合性科技社团，可以将工作重心向学术交流、科技成果鉴定与评价、科技成果转化利用、科技奖励等方面倾斜。对于专业性科技社团，其工作重心可以主要聚焦于学术交流、农业科普、农业技术培训、科技人才培养、标准规范制定等，也可根据社团意愿开展第三方评估相关工作。完善科技社团与挂靠单位的合作机制，明确利益分配机制，激发科研单位参与服务的积极性，从而提高科协的专业化服务水平。

3. 重点加强新型农业经营主体培育

培育新型农业经营主体是乡村振兴战略的重要内容之一，科协需通过大力推进会企合作、会社合作等服务模式，为专业大户、家庭农场、农业专业合作社、农业产业化龙头企业新型经营主体提供全产业链农业科技服务；协助政府开展新型职业农民培育工程，实施面向种植大户、合作社和龙头企业的人才培养计划，促进新型农业经营主体经营能力提升。探索建立由科协和新型经营主体共同参与的，集农业技术指导、信用评价、保险推广、产品营

销于一体的公益性农业公共服务组织；积极参与推进农业产业化联合体和产业联盟的培育与发展，促进各类新型农业经营主体融合发展。通过服务新型经营主体，提升农业规模经营水平，促进农业的产业化发展。

（二）发挥科技创新簇作用，带动农业产业升级

1. 加强科技创新平台建设

推进以院士专家工作站为载体的政产学研用创新平台深入基层，发挥高端智力资源与企业自主创新对接平台作用，组织和动员广大科技工作者服务基层、服务企业，加快构建政产学研用一体化和农业产业上中下游一条龙的科研创新体系。围绕乡村振兴的科技需求，加强绿色发展科技创新，加强农业环境突出问题治理。重点突破一批基础前沿技术，攻克一批核心关键技术，集成一批农业绿色发展模式，转化一批科技创新成果，打造一批乡村振兴科技示范样板，为乡村振兴战略实施提供前沿引领、技术支撑、政策供给和典范示范。

2. 对接产业需求，加大科技成果转化

围绕现代农业发展方向，进一步对接科技成果评价与转化资源，鼓励专业技术人员到市科协科技套餐基站进行技术研究、技术创新、技术集成，有效提升科技社团协同创新能力。促进学科最新科技成果与产业创新需求的有效对接，通过整合北京地区科技资源力量，向需求地区输送科技成果，促进当地传统农业产业转型升级。

3. 以“大联合、大协作”方式整合智力资源

以自然科学与社会科学联合高峰论坛、两界联席会议、两界协同创新研究基地为主要载体，促进两科融合和学科交叉协同创新。充分发挥学科联盟的引领和协调作用，组织开展跨专业、跨学科的综合性学术交流与合作，以“大联合、大协作”方式，促进不同学科相互渗透、共同发展、集聚集成、协同创新。

（三）整合科协资源，引育结合，打造乡村振兴人才队伍

1. 推进科技人才队伍建设

加强农村科技人才引进。根据乡村振兴人才需求现状，统筹建设院士、青年、产业、智库、科普等各类人才库，协调引进农村产业发展急需的各类人才；加大人才培养、表彰举荐力度。开展与年轻科技人员职业拓展有关的

培训交流活动，实施青年人才托举工程，以发现和培养高精尖缺人才为重点，发挥学会和学会联合体的同行举荐作用，加大托举工程与国家自然科学基金和重点研发计划的对接，规范评选表彰制度和程序，不断提升举荐人才的质量，形成对青年人才职业成长接续支持的重要平台；继续加强民间国际科技交流涉农项目。形成科协系统对外交流涉农工作的合力，围绕强化农业资源环境生态保护力度、创新农业绿色发展机制建设，积极引导海内外科技社团、科协海智基地，组织海内外专家学者开展专题研讨、项目合作和人才培训等系列活动，助力乡村振兴战略。

2. 加强乡村学生与教师的培养力度

围绕乡村振兴战略，大力推动乡村学生与教师的长效发展平台的建设。积极推动区科协、教委广泛联系乡村学校周边高校资源，利用市级科技智力平台优势，实现基础培养与拔高培养的有机结合，加强青少年科技后备人才早期培养计划，建立青少年科技人才成长的“金字塔”模式，推动农村后备人才培养与高等教育相衔接，形成未来农业科技人才发现、培养、跟踪机制，为具有科学潜质的农村学生未来从事科研事业创造条件和机会。

3. 培育新型职业农民及农村专业人才

把扶贫与扶志、扶智结合起来，把救急疏困和内生脱贫结合起来，支持引导科技社团联合区科协，培养一批农村科技带头人、乡土专家、大学生村官，示范带动低收入户依靠科技增收致富；开展继续教育和专门培训。支持基层科协组织开展业务研讨和继续教育培训活动。充分发挥企业、高校科协在培养高技能人才方面的作用，加大农民技能培训力度，着力培养掌握专门知识、具有较强创新能力的高技能农业人才。同时围绕推进农业和农村经济结构调整，继续做好农村党员基层干部实用技术和市场经济知识培训工作，着力培养农村实用技术人才；尝试开展职业农民职称评定试点工作。鼓励科技社团发挥学术资源优势，与相关农业部门建立对接，通过政府购买服务等方式，开展农民职称评审工作。

（四）以科普工作为重要抓手，提升农民综合素质

1. 加强基层科普阵地建设

整合强化全国科普日、科普大篷车、“科普之春”等各类科普活动和资源，深入推进“基层科普行动计划”，推动农村科普公平普惠，增强农村科普

活动能力，壮大农村科普服务队伍，提高农民科学素质，服务乡村振兴；推动科普资源建设向农村倾斜，着重支持三农类优秀科普文化艺术作品创作，打造乡村振兴战略科普惠农系列出版物；重点面向生态涵养发展区、城市发展新区及城市功能拓展区的农民群体开展活动，邀请相关专家下基层，走进农村开展农民迫切需要了解的科普讲座、分发科普知识问卷，专家通过视频、游戏等方式针对相关科普知识进行详细解答。

2. 促进科普资源信息化建设

促进科普网站间资源共享。利用互联网的开放性优势，促进科协系统间各类科普网站的资源共享，实现优势互补。建立具有科协特色、适应乡村振兴及科协发展需要、满足基层科普需求的科普信息发布平台；改变传统的自上而下的专家对农户的科普教育方式，促进“微内容”传播渠道的建设，如建立科协的博客、微博和微信等；促进科普内容移动端的传播。契合互联网时代视频化、移动化、社交化的发展趋势，以农业生产、医疗健康、环境保护等与农民切身相关的热点为主题，建设移动科普信息平台，开发农业科普信息化 App、科普手机报等新媒体农业科普产品，打通农村科学传播“最后一公里”。

3. 深化移风易俗树立文明乡风活动

以郊区、农村地区为主要方向，以“广场科普舞起来”展演活动为平台，增加群众文化活动、科普剧等多样形式，以群众喜闻乐见的方式，进一步推动群众反邪教文化活动在各区的开展。形成全市群众参与反邪教活动的整体氛围。动员更多的群众广场舞团队开展反邪教科普宣传活动，把健身体育锻炼和精神、艺术提升结合起来，通过丰富多彩的广场文化活动，占领基层的文化广场，进一步挤压邪教滋生空间，树立农村新风尚，展示新面貌，大力普及绿色发展、安全健康、耕地保护、防灾减灾、绿色殡葬等科技知识和观念，抵制封建迷信，坚决破除封建迷信和伪科学的消极影响，不断改善农民精神风貌。

（五）借助科协组织资源平台，充分发挥国家智库功能

1. 提升乡村振兴决策咨询能力

以长期性、全局性的战略思维建设科协乡村振兴决策咨询工作体系。突出科协优势，完善以科技智库为龙头，以科技工作者建议、决策咨询沙龙、

调研课题、思想库技术平台为载体的乡村振兴决策咨询工作体系，注重前瞻性、战略性、储备性的中长期研究；探索建设智库型乡村振兴研究基地。按照国家级科技思想库建设要求，统筹科协系统资源，突破学科、技术领域和行业分工的界限，发挥科协系统多学科、多专业的资源优势，按照乡村振兴发展需要重新整合研究资源，建立跨学科、跨领域的智库型研究基地，重点扶持建设若干专业性强、资源优势明显的科技智库；加大人才培养力度，支持跨领域集成专家资源，围绕乡村振兴重点研究领域，形成一批专业功底扎实、学术水平高、咨询能力强的专家团队。

2. 有序承接政府转移职能

搭建承接政府转移职能的服务平台。发挥“枢纽型”社会组织作用，统筹学会资源，搭建工作平台，引入竞争机制，建立健全规章制度，将政府转移职能、政府购买服务和政府采购有机结合起来；发挥科技社团第三方作用。推动科技社团发挥其专业性、客观性和独立性作用，主动承接政府转移的人才评价、科技评估、专业技术资格认证、技术标准和规范制定等社会化服务职能。

3. 探索建立农业科技社会化服务机制

挖掘一批涉农科技社团成为能够提供农业科技社会化服务的典型，总结推广发挥科技人才支撑作用，推进农业生产全程社会化服务，推动公益性服务和经营性服务相结合、专业性服务和综合性服务相协调，探索科技社团开展社会化服务机制；建立能够与市场需求进行双向选择的信息平台，组建包含农业科技培训、农业科技咨询、信息咨询与服务、产业发展规划与咨询服务等方面的专业化团队，适度发展有偿服务。

第九章

产业技术联盟推进京津冀农业协同发展路径分析

产业技术创新战略联盟（以下简称产业技术联盟）是推进京津冀农业协同创新的重要手段，也是京津冀协同创新共同体建设的重要内容。自2009年以来，北京、天津、河北各地建立了众多的产业技术联盟，在破解行业发展瓶颈，实现关键技术重大突破等方面也发挥了重要作用。而跨省市产业技术联盟组建则是在2014年京津冀一体化上升为国家战略之后。截至2016年底，京津冀在节能环保、旅游营销、技术交易等领域，组建了40个多个跨省市产业技术联盟，但农业领域的跨省市联盟起步较晚。2015年开始，由北京高校、科研院所或企业牵头成立了“京津冀农林高校协同创新联盟”“中国农业大学节水研究院”“京津冀农业科技创新联盟”“京津冀果树产业科技创新联盟”等；天津市企业、高校、科研院所牵头成立了“京津冀微藻与水族产业技术联盟”等。随着京津冀一体化进程的深入推进，农业领域还会组建跨省市的产业技术联盟，推动三地在更多层面进行创新和科技成果转化。目前，京津冀跨省市产业技术联盟在实践层面处于初步探索阶段，组织形式、运行和作用机制不成熟，产业技术联盟研究的理论基础及案例素材尚不丰富。如何加强引导联盟建设，构建区域协同发展的政策体系，以产业技术联盟为切入点，深化区域产业协同成为当前亟须研究的问题。本章将从理论层面分析产业技术创新战略联盟与产业协同建设的基本理论，研究并提出产业技术战略联盟推动区域产业协同发展的逻辑框架。以京津冀农业领域的跨省市产业技术创新联盟、国内发展较好的其他产业技术创新联盟、科技部认定的一些A级系列联盟为研究对象，研究优化产业技术联盟的组建模式和运行机制，及以联盟推动科技成果转化和区域产业协同发展中的政策着力点。

一、联盟推进京津冀产业协同发展理论分析

（一）产业技术联盟相关概念

1. 联盟的概念

联盟兴起于20世纪80年代中期。首先由美国管理学家罗杰·奈杰尔和DEC公司总裁简·霍普兰德提出。指两个或两个以上的企业间或特定事业与职能部门间，为了实现共同的战略目标和各公司自己的战略目标，通过公司协议或联合组织等方式而结合在一起的网络式的经营联合体。

产业技术联盟作为一种新的优化配置科技资源的组织方式，对于推动区域创新体系建设具有重要意义。最早支持组建联盟的是科技部。科技部以推进行业关键技术、共性技术研发，推进产业技术战略联盟建设，先后出台了《国家科技计划支持产业技术创新战略联盟暂行规定》（国科发计〔2008〕338号）、《关于推动产业技术创新战略联盟构建与发展的实施办法（试行）》（〔2009〕648号），推动产业技术创新战略联盟的构建与发展。其中，“648号文”对我国产业技术联盟进行界定，是指由企业、高校和科研机构、政府及中介组织，以企业发展需求和各方共同利益为基础，以提升产业技术创新能力为目标，以具有法律约束力的契约为保障，形成的联合开发、优势互补、利益共享、风险共担的合作组织。联盟以创新活动为纽带，围绕产业重大关键、共性技术难题，通过国家科技计划等重大项目的实施，在引领产业发展、推动乡村振兴、发挥联盟智库作用、开展多领域合作和创新联盟管理机制中发挥重要作用。

综合国内外学术界以及政府相关文件的阐释，以产业技术创新战略联盟的界定为基础，农业产业技术联盟是指以农业企业（多为农业产业化龙头企业）为主体，联合高等学校、科研机构、农业科技中介组织或其他组织机构（农民专业合作社、农村专业技术协会等），以农业产业技术创新需求为基础，以突破农业产业发展关键共性技术、创造知识产权和重要标准为目标，以具有法律约束力的契约为保障，形成的共同开发、优势互补、利益共享、风险共担的农业产业技术创新合作组织。由于农业科技创新是一个复杂的系统，整个创新过程由政府、科研机构、高校、涉农企业实体等机构参与，需要政府给予财政金融、社会资本以及创新人才等各种要素的投入，同时还涉及制度安排以及政策规定等外部各种多变环境的影响和制约，在创新过程中存在

较大的不稳定因素，具有较为明显的丰富性、风险性、系统性、复杂性和灵活性等特征，凸显农业产业技术联盟具有兼容互补性、能力层次性、承诺共享性以及中间组织等属性。

第一，产业技术联盟是推动创新驱动发展的组织新范式。产业技术创新战略联盟是指由产业界、高校、科研机构及其他组织，以提升产业技术创新能力为目标形成的优势互补、利益共享、风险共担的技术创新合作组织（Cooke P.，1996；Hermann Haken，1983；李新男，2007）。国外产业技术联盟起源于20世纪20年代，英国最新出现研究联合体，很快被法国、德国、日本、美国等借鉴；我国产业技术联盟起源于1992年“产学研联合工程”，快速发展于2008年国务院六部委《关于推动产业技术创新战略联盟构建的指导意见》发布之后。国内外经验显示，产业技术联盟在解决产业集中度分散、原始创新匮乏、核心竞争能力不强等方面有巨大优势（Haken H.，1988；周程，2008；张晓,2009；杨继涛，2011）。产业技术创新战略联盟，是提高创新能力，加快科技成果转化，推动创新驱动发展的组织新范式（殷群，2012；刘云等，2014；吴昊等，2016）。国内外研究集中于联盟类型、组建动因、成员选择、稳定性、知识溢出及政府行为等方面。资源互补性、关系资本、文化相容性等是联盟成员选择的基本条件（石书玲，2007；邢乐斌，2010；李红宇，2011；王巾，2016）。组织能力、组织信任、关系类型等组织要素，资源共享、利益分配、沟通协调等制度要素是影响联盟技术产出及运行效率的关键（包卿，2009；林兰，2010；陈佳，2011；周青，2014）。政府应对联盟建设给予必要的法律、资金和政策等方面的支持（杨继涛，2011；马永红，2011；殷群,2012）。

第二，产业技术联盟是推动区域产业协同发展的新型载体。产业技术联盟具有结构的稳定性和较强的自适应性（吴昊等，2016），可迅速收集相关产业的即时经营数据资料，及时发现并解决制约行业发展的关键性、共性技术问题（M. E. Porter，1998；章争鸣，2009），更好地解决科技与经济连接不畅问题，有效地释放创新对区域经济发展的驱动活力（刘志春，2010；吴昊等，2016）。国内学者对浦东新区与长江三角地区（林兰，2010；曾刚，2011）、湖北省（刘钒等，2014）、福建省（刘海明等，2010）、天津市（朱司宇等，2012）等不同地区的产业协同发展研究显示，不同地区产业发展存在梯度差异和互补性，是实现区域内产业合理分工、协同发展的基础；技术创新是产业发展的“能力”或“内核”，产业链水平或垂直的联系是实现知识流动或技术扩散的主要途径。

第三，产业技术联盟是京津冀协同创新共同体建设重要内容之一。京津冀三地农业技术水平、创新能力和经济发展存在着明显差距，农业协同发展面临着政策协同、产业合作、要素流动、利益分配等诸多障碍（张劲文，2013；吴爱芝，2015；刘雪芹，2015）。为此，《关于建设京津冀协同创新共同体的工作方案（2015—2017年）》提出“推动成立产业、专业领域等多种形式联盟，充分整合联盟资源，发挥联盟在京津冀协同创新中的优势作用，促进京津冀产业对接合作，提升区域协同发展能力”。农业部《“十三五”农业科技发展规划》提出“推动省级农业科技创新联盟建设，推进中央与地方协同创新”。《京津冀现代农业协同发展规划（2015—2020）》发展重点任务之一是“依托国家级和京津冀涉农高等院校、科研院所和农业产业技术体系，建设区域农业科技创新联盟，支持鼓励区域内农业科技人才流动”。率先在产业发展领域实现协同，支持组建一批跨省市的产业技术研究院或创新战略联盟等产业创新载体，以重点产业协同创新带动整体产业结构调整，是实现京津冀协同创新共同体建设目标重要内容（孙文久，2015；张建国，2015；王丽娟，2016；王秀玲，2017）。

总体来看，京津冀创新共同体建立背景下，产业技术联盟及区域产业协同发展的相关研究仍薄弱：（1）产业技术联盟组建的路径、治理模式等研究较多，以组建联盟作为产业创新主体，促进区域产业协同发展的路径、机制、模式等研究比较少；（2）京津冀地市产业技术联盟的研究缺乏，新组建的联盟组织方式、治理模式和政府行为影响等尚处于探索中，经验研究尚不够细致和深入。

2. 联盟成员的作用

围绕联盟建设目标，企业、高校和科研机构、政府及中介组织三类主体在联盟中形成战略“金三角”，如图 9-1 所示。其中，企业，尤其是龙头企业，处于行业骨干地位，是产业共性技术的直接受益者，是各种创新资源的主要拥有者和使用者。高校及科研院所，在合作的技术领域，具有前沿水平，其异质性的科技资源、智力资源，是知识创新和技术创新的主要来源地。政府及其他中介组织，支持产业共性技术创新是其履行提供公共产品的职能，是产业技术创新联盟的引导者和推动者。不同联盟组织类型下，盟主及其骨干成员在行业的影响力、实业基础非常重要，影响着联盟的稳定性和其他成员的发展。

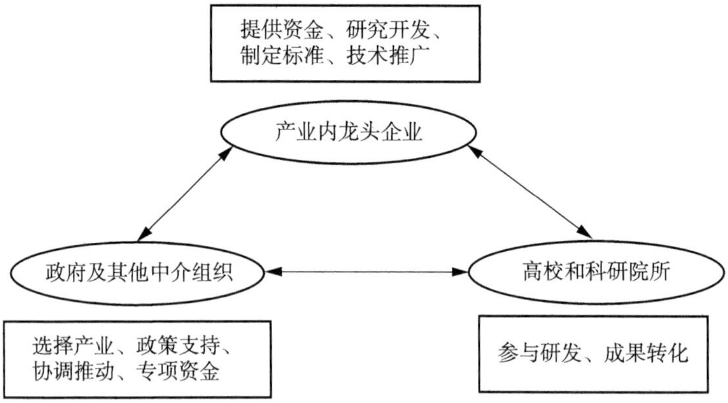

图 9-1　产业技术联盟网络中的战略金三角

3. 联盟的功能定位

联盟是资源配置的组织创新。长期以来，人们认为只有市场和企业两种相互排斥的资源配置方式，然而，随着经济发展，许多介于市场和企业间的组织也不断涌现，是第三种资源配置方式。战略联盟介于市场价格调节和计划调节之间，是二者的联合，兼具两方面优势。

在产业创新体系建设中，运用市场机制，整合产业技术创新资源，引导创新要素向企业集聚，促进产业技术集成创新，产业技术创新能力，提升产业核心竞争力。因此，联盟核心功能是“集聚、协调、创新、服务”。

集聚：聚集科技、信息、人才、资金、项目、平台等多方科技创新要素，聚集科研院所、高校、企业等科技创新组织，进行行业技术研究开发并推广应用。

协调：联盟是连接企业、科研院所、高校及政府的桥梁。以市场为导向，对行业内市场急需、综合效益高、前瞻性强的应用技术，协调企业和科研单位合作研究、共同开发，实现成果共享或高效率转移。

创新：围绕产业技术创新的关键问题，利用所聚集的创新要素、组织和建立的创新机制，共同开展技术合作，突破产业发展的核心技术和加快成果转化，提升行业的自主创新能力。

服务：通过企业间分工协作，围绕新技术和产品，尽快形成产业技术标准，为行业内其他中小企业发展服务；加强联盟成员的人才培养、信息交流互动，为联盟成员服务，提高联盟企业核心竞争。

4. 联盟相关理论

（1）交易成本理论

根据交易费用理论对企业性质的解释，企业是一个规制结构，或制度安排。联盟作为一个规制结构可以看成是两个或多个企业间的一个不完全的契约。在这个契约中，每个企业的控制是无限的。战略联盟合成了内部化和市场交换的特征。在战略联盟的两头，一边是企业，另一边是市场，而联盟是介于企业和市场的中间组织。该理论认为："当一个交换的交易成本是处于中间，并且没有高到足以证明纵向一体化是合理的时候"人们才会采用企业联盟这一战略。而作为介于市场和企业之间的中间组织，联盟的优越性在于，它保留了市场交易的灵活性而能以类似企业内部组织的方式组织资源，尤其是当内部化是有效率的，而由多种因素妨碍了内部化的时候。这样不但达到了企业的战略目的，而且降低了交易成本。

（2）资源理论

资源理论认为：战略联盟同企业间的合并或者并购一样，都是用于进入其他公司资源的一种战略，目的是获取和利用外部互补性资源。具有竞争优势的企业常常具有其他企业所没有的资源，而这些资源一般都具有稀缺性、不完全可模仿性和不完全的替代性，市场在配置资源上存在障碍，以及在某些资源的配置上失灵，因此，企业就采取了战略联盟这样一种组织方式。

（3）产学研合作理论

产业技术联盟是我国产学研结合实践和探索中产生的一种新型的技术创新组织形态，推动产业技术联盟的构建是加强产学研结合，促进技术创新体系建设的重要举措。产学研合作是产业界与高等院校、科研院所等多方为了共同的目标和利益而形成的合作交流关系。它的历史可以追溯到世界工业化进程的前端，随着新技术革命的兴起日益活跃，在技术创新实践和创新成果产业化过程中，普遍得到了各国政府的政策支持。

（4）合作竞争理论

合作竞争理论认为，竞争并不排除合作，有时合作更有利于提高竞争效率。联盟成员之间不同的竞争和合作关系，影响着联盟的稳定性：第一类，合作是主要的，没有竞争。这类联盟可以是按产品上下游关系而形成的联盟。这类联盟由于各方主营业务不一致，核心能力各异。因此彼此之间保护核心能力不是企业的首要目的，而彼此之间的协同效应显著。这类联盟稳定性强，持续的时间也长。第二类，合作是主要的，有少许竞争。这种类型主要存在于同一行业非竞争的企业之间。提高产品和服务的价值以及彼此学习是这种联盟的共同目的，但保护彼此的核心能力不是联盟的主要问题。这种联盟存续期间稳定，但联盟往往在新产品开发完成即告结束。第三类，竞争是主要的，合作程度很低。这种联盟大多是由不相关或不同产业的企业为开发一项新技术而建立的，随着新技术开发成功，其竞争性日益增强，导致了联盟的不稳定。第四类，竞争性很强，几乎没有合作。这类联盟主要是同行业之间的横向联盟，在产品和服务的增值过程中，各方更重视在相互学习的基础上保护各自的核心能力，导致了冲突的增加。这种联盟易于走向两个极端，即要么合并要么破裂。一般而言这类联盟的稳定性最差。

5. 联盟构建类型

（1）从联盟中主导者的角度划分。按照联盟中产业技术创新主导者，构建模式分为龙头企业主导型、科研院校主导型及政府主导型三种模式。

第一，龙头企业主导型。以龙头企业为主导的产业技术创新战略联盟是最主要的联盟构建模式。现代社会不是一成不变的，市场变化莫测，谁能够把握住市场的脉搏谁就能取得先机。企业为主导者的战略联盟主要优势就在于此。在三个主导者中龙头企业是唯一一个直接接触市场的主体，在利益的驱动下，龙头企业能够敏锐地发现市场中能够通过技术创新创造利润的机会，而且龙头企业对市场需求还有一定的预测能力，这就使技术创新有方向性和实用性，避免过度开发不符合市场需求的技术造成资源浪费。对于龙头企业而言，任何形式的创新都是以营利为最终目的，只要龙头企业意识到哪项技术创新能带来收益，它们就会为其提供资源，包括资金、技术人员和科研设备等，同时积极谋求与高校、科研院所的合作，参与研究开发。如果能在行业中创建技术标准，龙头企业合作意愿将更大。在市场中利润是技术推广最有说服力的广告，实现技术创新的产业化，将会在龙头企业追求利益的过程中自然完成。也就是说龙头企业主导的产业技术创新战略联盟是以市场需求为选择标准，以市场为导向，最符合市场规律的。此种模式适合市场需求变化较快的产业，如高新技术产业。

第二，科研院校主导型。该产业技术创新联盟是由某一产业领域科研能力强，掌握先进的核心技术的科研院所、高校主导成立。高等院校和科研机构以科技资源、智力资源组织推动联盟运行。一直以来科研经费主要来自政府专项资金，因此它的科研项目与市场的契合度不高，直到近些年我国倡导产学研合作，高校和科研院所才逐渐采用市场资本，参与企业技术创新活动。但是以高校和科研院所为主导者的产业技术创新战略联盟相对较少。至少要具备以下情况的科研院所才有可能主导产业技术创新战略联盟：联盟主导的项目是政府提倡的，有国家扶持；创新资源不足需要企业参与；高校和科研院所将技术转化为实际生产力能产生巨大价值；科研院所需要实验基地。如，2009 年 4 月份由国家大豆工程技术研究中心牵头，九三、阳霖、哈高科及中国农业大学、中国食品发酵工业研究院等 17 家大豆加工企业、大学和科技机构组成了大豆产业技术联盟。

第三，政府主导型。政府主导的产业技术创新战略联盟具有很多优势。如，政府立足于整个社会的发展，在确定产业的中长期战略目标及遴选对国家、社会、区域经济发展具有重要推动作用的产业共性关键技术时具有战略性眼光；由于我国特有的社会主义市场经济体制，政府宏观调控对市场作用不容忽视，通过推出经济政策、产业政策，引导实行资源的优化配置，营造良好的政策环境，严格控制联盟的发展方向和发展进度，实现社会利益最大化，政府的强制力是其他模式无法超越的。政府主导的产业技术创新战略联盟具有以下特色：一类是关系民生的产业，如房地产产业、粮食产业等；涉及国家安全的产业，如电力、石油资源、航天航空、军工产业等；还有一类就是市场主导不能实现的，投入资源巨大，企业无法负担，收益率低，不符合市场机制的，如基础设施建设。2007 年政府主导的钢铁可循环流程、新一代煤（能源）化工产业、煤炭开发利用和农业装备 4 个产业技术创新战略联盟，这 4 个领域都是国民经济的重要基础产业，对国民经济和社会发展具有举足轻重的影响，亟须通过重大技术创新来提升产业发展水平。我国钢铁产量占全球 1/3 以上，但是产业大而不强，集中度较低，缺乏核心技术，对于加强节能、减排和环保技术创新，突破日益严峻的资源、能源和环境制约的需求比较强烈；我国煤炭资源相对丰富，但是煤炭开发利用方式粗放，利用效率低，面临着日益激烈的国际竞争和资源环境压力；我国是农业大国，但是农机行业小、散、弱，产品层次低，与国际差距巨大，不能满足装备现代农业的要求，亟须提升竞争力。以上三种构建模式对比优势及其适合的产业举例见表 9-1。

表 9-1　不同模式比较及其适合产业类型

主导者名称	优势	适合产业
政府主导型	联盟贯彻国家利益政策；符合社会利益；强制力	电力、石油资源、航空航天
龙头企业主导型	市场敏感度高	高新技术产业
科研院校主导型	人才众多；紧跟知识前沿	国家科研项目

（2）从联盟构建目标划分。按照联盟构建目标划分，构建模式分为技术攻关合作联盟、产业链合作联盟及技术标准合作联盟三种模式。

第一，技术攻关合作联盟。技术攻关合作联盟是最常见的模式，主要目的是解决产业共性技术问题。特点是需要攻关的技术在构建联盟前已经确定，且集中在同一个行业，类似于企业横向一体化，以分散经济风险和避免过度竞争造成的资源浪费，实现优势互补，加快攻关速度，管理相对简单。如日本政府组织东芝、日本电气股份有限公司、瑞萨和富士通 4 家公司成立研发合作联盟，通过 3 年的联合攻关，成功突破了关于集成电路制造工业（2～3μm 级）的设备、工艺等 30 多个技术难题，造就日本半导体制造技术和设备统领全球的新局面。

第二，产业链合作联盟。产业链合作联盟的构建目标是打造有竞争力的产业链。产业技术创新链是指将科研成果或发明转化为产品，形成规模经济或范围经济，从而具有强大的市场竞争优势，最终成为国民经济分支产业的技术经济的全过程。完整的技术创新链条应该包括市场发掘、科研、设计、工程、生产和市场推广等几个阶段。产业链构建包括横向和纵向两种模式。最初的国际技术创新战略联盟多是同行业者在相近领域展开的横向联合。通过双方优势的合力达到一种“增值效应”，使整体组织中各要素诸如人力、资金、设备等在共同作用下实现一种新综合，从而达到双方技术能力质的飞跃，变竞争为合作共同对付复杂的外部环境。而现在的国际技术创新战略联盟已经突破了这种企业模式，开始顺产业链条纵向延伸，与供应商之间建立了纵向联盟。一方面，通过战略联盟，可以将产业链条中处于劣势的部分转移出去，如日本的许多电子产品企业通过技术协定将制造部分转移到东南亚等劳动力资源丰富的地方。另一方面，为加强核心环节的创新能力，企业也通过联盟抢夺利用全球的智力资源。产业链合作联盟的构建优势是将独立的企业组成联盟，降低了相互的沟通成本；每个技术创新都符合整个产业链的发展，避免不必要的创新造成浪费；上下游企业共同协作能快速完善联盟。

第三，技术标准合作联盟。技术标准合作联盟的目标是制定产业技术标准。通过联盟制定竞争性技术标准，推动新技术的应用和整个产业的发展。此模式最大的优势是标准由哪个联盟创建就会给该联盟成员带来巨额利益，使得成员创新积极性和自觉性相对较高。例如，闪联标准联盟是 2003 年由信息产业部牵头，组织联想、TCL、康佳、海信、长城 5 家厂商组建的，其目标是制定并推广我国自主知识产权的 3C 融合协同标准。闪联即信息设备资源共享协同服务标准，是新一代网络信息设备的交换技术和接口规范，在通信及内容安全机制的保证下，支持各种 3C 设备智能互联、资源共享和协同服务。创立标准的企业在市场竞争中有绝对的优势。

（3）从联盟组织形式划分。根据联盟组织形式首先将联盟分为实体型模式和契约型模式，实体型模式又可分为法人实体模式和非法人实体模式。法人实体模式中有三种应用较广泛的模式，分别是股份合作制企业模式、模拟公司模式和聘请专业化的经营管理公司模式。

第一，契约型模式。契约型模式也被称为半实体型模式，它是以契约为基础性纽带，各方就人员、财务、合作机制等建立了较为全面、规范的制度，实现了一定程度的制度化运作，表现出类似于共建实体的一些特点。在契约型模式下，法律赋予订约方最大限度的自由，各方可以就技术创新的内容、方式、期限、地点、违约责任等各种事宜进行充分协商，并以合同的形式将协商成果上升为具有法律效力的合约，以约束各方行为，实现合作目标。契约型模式的缺点也较为明显。其一，协议内容完全由合作方自行确定，缺乏法律的进一步引导，极易因重大事项缺少事先协商、突发事项无法达成一致等情况引发纠纷，纠纷严重可能危及合作。其二，合作过程中可能出现的各种突发情况在事先协议中难以面面俱到，而合作方通过另行约定、补充协议等给予弥补，会增加人力和时间成本的耗费，不利于合作项目的顺利、高效开展。其三，合作能否顺利完成在一定程度上还受制于契约型本身的违约成本。尤其是当合作进程中各方发生分歧时，违约成本直接成为合作方另寻出路的重要诱因。契约型模式具有协商范围广泛、内容和形式灵活、手续简便等优点，适用于联盟组织不复杂，权利义务关系明确且相对简单，成员素质较高，持续时间并不长的产业。如我国早期建立的产学研组织大多属于此类模式。

第二，实体型模式。实体型模式是指合作各方在达成合意的基础上共同组建的某种实体联盟，通过实体实施技术创新合作。与契约型模式相比，实体型模式合作程度更高，合作时间更为长久，合作关系也更为稳固。联盟的主要意义却不仅仅在于联盟本身的经济效益，而在于促进整个产业的技术进步。因此，联盟对其成员参与的长期性、稳定性、持续性要求更高，势必需要对成员的加入、变动、退出等设定严格的条件，因此，在采用实体型模式的同时，合作各方需要及时发现这些不健全、不适应之处，并采取相应对策予以弥补。

实体型模式中包括法人实体模式和非法人实体模式。法人实体是能以自己的名义进行经营活动并对其活动产生的后果负法律责任的企业和其他单位，必须满足具有自己独立的名称、组织机构和财产，并进行合法注册登记四个条件。法人实体模式优势表现如下：以章程的形式将协议提交工商登记，使其具有在不违反法律规定的前提下具有高于一般协议的法律效力，成功解决联盟法律保障机制相对薄弱的问题；模仿股权制度使联盟成员可以根据自身性质和具体情况决定“入股的方式和比例”，如企业可以选择货币或固定资产等作为主要出资，高校和科研院所则可以选择以知识产权、技术等作价入股，之后各方根据入股比例各自对公司享有股权利益、承担有限责任。为联盟及其成员各自的权利、义务和责任制定了科学、合理且制度化的标准；采用法人治理结构即“三权分立”制度，使联盟组织的管理更规范系统，切实保护联盟成员利益。法人实体模式，还分为股份合作制企业模式、模拟公司模式和聘请专业化的经营管理公司三种主要的构建模式（如图 9-2 所示）。

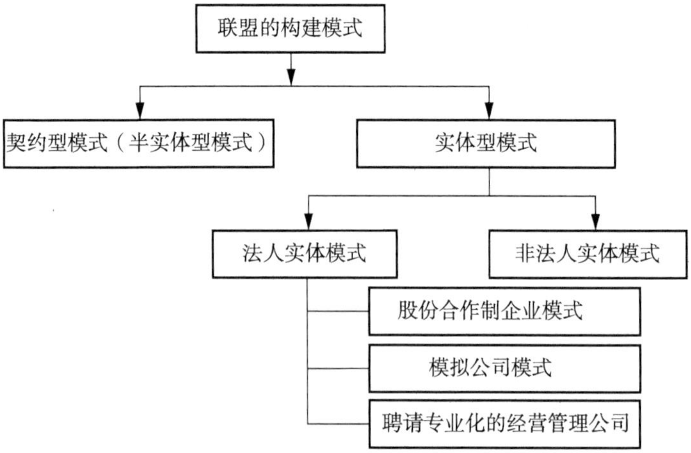

图 9-2 产业技术创新战略联盟构建模式分类

6. 影响战略联盟稳定性的因素

影响战略联盟稳定性的因素很多，大致可以分为两类：先天性影响因素和后天性影响因素。先天性影响因素是指那些在战略联盟未正式形成之前就已经决定了联盟稳定性的因素，包括联盟成员的选择以及联盟的类型，只要联盟的成员给定，联盟的结构类型已知，联盟的稳定性就基本决定。后天性影响因素是指那些在战略联盟形成之后，决定战略联盟稳定性的因素，包括联盟的管理和联盟成员的沟通。

（1）联盟的成员

一个好的联盟成员是联盟成功的前提，是决定联盟成功的关键因素。因为一个联盟作为一个价值链，其功效由竞争链中最薄弱的一环决定。所以，好的联盟应该是强强联合。当然好多跨国公司都有详细的指标体系用于联盟的选择。一般来讲，一个好的战略联盟应具备以下几个方面条件：联盟企业应优势互补、战略相近、文化相容。也就是说企业不仅要清楚自己的优势和劣势，还要了解联盟伙伴的强项和弱点，这样才能做到优势互补，不仅如此，企业之间在文化和管理风格上的差异以及战略目标的不同往往也会影响联盟的命运，另外，企业以前是否有着丰富的联盟经验也会影响到联盟的发展。依据什么原则选择战略伙伴呢？学术界将战略伙伴的选择原则概括为3c原则：

第一，兼容（compatibility）。兼容性高低表现在两个方面。其一是硬件因素，包括战略、组织、生产、销售、财务和安全等几个方面。就财务而言重点应考察以下几点：双方在财务实力、风险政策、分配政策、再投资安排、资产/负债比率、现金管理方面有何差异？从对销售和获利能力趋势的分析结果看，潜在合作者能承受多大的不可预见的财务压力？合作伙伴是上市公司、个人持股公司还是国有公司？等等。其二是软件因素，最重要的当数相互之间的信任，在联盟中的相互信任具有巨大的价值；而公司文化是否融合也是决定联盟命运的一个关键因素。

第二，能力（capability）。主要应评价以下几点：①在拟合作的领域，你与合作者谁更活跃？②对方的市场实力如何？③对方的技术水平、生产能力、销售网络如何？

第三，投入意识（commitment）。具体从以下几个方面来考察：首先，要考察联盟的业务是否属于合作对方的核心产品范围或核心业务范围。如果拟设立联盟的业务范围对合作者的主要业务来讲是微不足道的，那么合作者就很有可能不愿对合资企业投入必要的时间和资源；同时在这种情况下，合作对象很有可能退出联盟。然而，如果联盟涉及对方的主要业务或主要发展战略，这种风险便会大大减小。其次，要确定合作伙伴退出联盟的难度。联盟面临的危险之一就是合作一方把合作纳入他们的全球战略，并且投入大量的资源和精力，而合作伙伴却突然要求退出联盟。所以，公司在决定组建战略联盟前，必须预测这种可能性有多大和对方退出的困难程度。

（2）联盟的管理和沟通

一般而言，战略联盟的目标多样性以及组织文化和价值观的相异性，使得组织的管理和沟通更加复杂化。很多看似前景很好的联盟最终归于失败都是由于管理不善造成的。尽管由于联盟种类的不同及其目标、时间长短、资源投入多少及对企业价值的大小等的不同，联盟的管理也不可能采用同一种模式，但是建立一个好的管理体系是任何联盟管理所必需的。一个好的管理体系一般要做到以下几个方面：不同的联盟采用不同的管理方式、分工明确、跟踪并支持信息的流通、评价联盟管理体系。

（二）产业协同发展相关理论

1. 产业发展内涵及相关理论

产业介于微观经济单位（企业和家庭消费者）和宏观经济单位（国民经济）之间中观的概念。产业发展指的是产业产生、成长和进化的过程，既包括单个产业的进化，也包括产业整体即整个国民经济的进化过程。

产业发展研究实际上涉及三大领域。从宏观层面，分析研究经济社会中整个产业体系的发展变化；从中观层面，分析产业之间的关系，如产业关联、产业链、产业集群的发展变化；从微观层面，分析个别产业的发展。所涉及的理论有生命周期理论、产业组织理论、产业结构演变理论、区域分工理论、产业集群理论等。

产业发展的核心是产业组织的合理化、产业结构的合理化、高端化的过程。同时，也伴随着新兴产业的兴起和发展以及传统产业的衰退和萎缩。目前，产业升级和转型仍是我国经济发展的主流，巨大规模的全新产业尚未出现。

创新是引领发展的第一动力。创新与产业发展关系是发展瓶颈—创新突破—成果扩散—规模扩大—产业发展遭遇新瓶颈，这样一个螺旋上升的过程。构建创新驱动型现代产业体系是步入工业化中后期、适应新发展阶段要求的战略选择。在这一时期，国内外需求市场发生变化，产业发展与资源环境冲突加剧，使得资源驱动、要素驱动难以为继。传统产业告别高速增长时代，新的产业发展模式正在形成。技术进步加快，产品生命周期短，继续业务转型和拓展（如图 9-3 所示）。

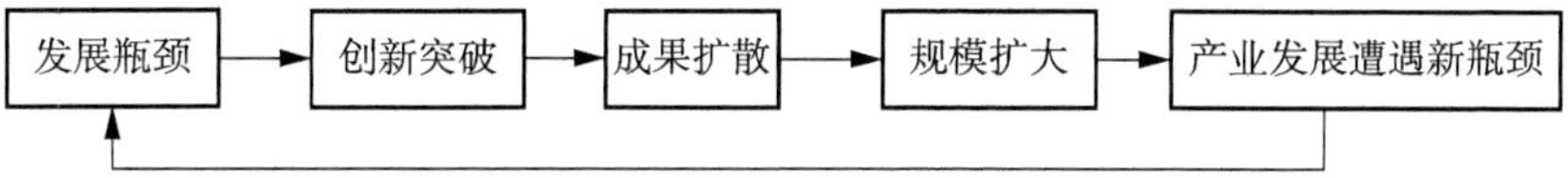

图 9-3　创新与产业发展过程

产业发展的相关理论有生命周期理论、产业组织理论、产业结构演变理论、区域分工理论、产业集群理论（见表 9-2）。其中，生命周期理论认为，产业发展过程需要经历从形成、成长、成熟到衰退的周期，处于不同生命周期的产业对国民经济发展影响不同。产业组织理论认为，产业发展就是围绕企业规模扩大与资源利用效率之间的关系问题展开，也就是产业组织性质使产业内企业有足够的改善经营、提高技术、降低成本的压力，同时可以利用规模经济使单位成本降到最低。产业结构演变理论认为，产业发展就是推动产业结构发展呈现由低向高和横向联系由简向繁的演进过程。对现有产业的价值链进行延伸，增加附加值也是产业结构升级的一种方式。区域分工理论认为，产业发展是区域之间经济联系的一种形式，是基于生产成本、要素资源的绝对优势和相对优势进行区域分工。产业集群理论则认为，产业发展是以中小企业为主体，相关的企业、研究机构、行业协会、政府服务组织集结成群的经济现象，最基本的特征是基于分工基础下的竞争性配套与合作，具有产业链条长而且配套、内部专业化分工细、交易成本低、人才集中、科技领先、公共服务便利等优势和竞争力强的特点。

表 9-2　产业发展的相关理论

相关理论	主要观点
生命周期理论	产业发展过程需要经历从形成、成长、成熟到衰退的周期。H. 钱纳里的“标准结构”理论，根据国内人均生产总值水平，将不发达经济到成熟工业经济整个变化过程分为三个阶段六个时期
产业组织理论	哈佛学派认为，企业的市场结构、市场行为和市场绩效之间存在着单向因果联系，进入壁垒限制了竞争；芝加哥学派则强调三者之间存在逆向因果关系，强调是否存在人为壁垒限制
产业结构演变理论	推动产业结构发展呈现由低向高和横向联系由简向繁的演进过程。随着经济发展和收入水平的提高，劳动力首先由一产向二产转移、三产转移（配第-克拉克定理）；农业部门收入在整个国民收入中的比重和农业劳动力在全部劳动力中的比重均处于不断下降之中（库兹涅茨法则）；产业技术的不断升级而对传统产业进行改造，不断提升产业自身的质量

续表

相关理论	主要观点
区域分工理论	比较优势学说运用绝对生产成本优势（亚当·斯密）和相对成本优势（大卫·李嘉图）来解释区域分工；要素禀赋学说认为，区域或国家之间存在生产要素的禀赋差异是分工的主要原因（赫克歇尔和俄林）；新贸易理论认为分工是国家根据收益递增原理进行专业化发展的结果（克鲁格曼）
产业集群理论	以中小企业为主体，相关的企业、研究机构、行业协会、政府服务组织集结成群的经济现象

2. 产业协同发展的内涵及相关理论

产业协同发展从表面含义来看，协同就是相互配合，共同协作，通过两种或多种力量共同努力，使之产生的效果大于单独力量效果的和。从系统协同学角度看，协同就是系统从无序到有序的过程，实现总功能大于各自功能总和，产生“1+1>2”的协同效应。

不同学者从不同视角对产业协同进行了解释，有学者认为在国民经济的开放系统下，不同产业作为子系统存在，产业协同便是各子系统相互关联耦合的过程（徐力行，高伟凯，2007）。有的学者从产业集群和供应链角度度出发，认为产业协同，是发生在产业集群内，企业之间通过分工协作获得较企业单独运行时产生更多回报，即“1+1>2”的效果，以此获得竞争优势（胡大立，2006；张旭明，2006；赵广华，2010）。也有学者认为，产业协同是在开放的环境中，各产业子系统自发地在时间、空间和功能上产生相互耦合、有序结合，包括产品从投入到产出、“上下互动”的纵向关联和细分产业的横向关联，不仅要重视产业活动在时间和功能上的衔接，还要关注其在空间上动态变化的一致性。在这一过程中，外部环境的力量也可产生作用，并且因产业协同方向上存在惯性，想要有效改变产业运动方向需要外力在系统内杠杆作用点处施加压力（徐力行，毕淑青，2007）。

研究发现在国家层面开展产业协同最有效的，区域范围太小，产业同构严重会难以分工，区域范围太大，各经济主体差异也太大，产业良性互动少（徐力行，毕淑青，2007）。产业集聚能够促进产业产生分工、制度、创新、资本等方面的协同，促进产业升级发展。

综上所述，本文认为产业协同是在政府、市场、非政府组织等多种力量的参与下，有效整合区域之间的劳动力、资本、技术、自然资源、制度等要素，通过加深产业上下游之间的纵向耦合和关联产业间的横向耦合，构建跨行政区的产业链，并推动产业链的各环节分工合作、良性互动，促进资源、信息、技术的共享，实现产业在空间上的优化布局和在更高层次区域上的一体化发展，最终带动更高层次区域整体的产业发展和升级。本报告研究的京津冀农业协同发展便是打破行政区划的束缚，将京津冀各区域之间农业产业关联起来，打造横向和纵向的农业产业链，有效推动农业资源、技术等要素在京津冀之间的一体化流动。根据京津冀三地的技术、环境要素禀赋等，将有关联的农业产业在空间上集聚起来，建立相应的农业产业集群以获得相应的农业规模效益，实现京津冀农业产业结构升级和产业的合理布局。

关于产业协同的理论有系统论、耗散结构论、协同论等（见表9-3）。其中，系统论认为，世界是一个由相互联系的子系统组成的大系统，其他所有的事物都是它的子系统。系统所有的变化都是有规律的。耗散结构理论和协同学理论则是揭示系统演化规律的相关科学。耗散结构论指出，在一定的环境条件下，事物的非平衡涨落使得系统由无序状态演化为有序状态。协同论指出序参量之间的竞争与合作决定着系统的演化进程，竞争是协同产生的前提和条件，协同是一切系统通过竞争进行演化发展的必然趋势。系统的诸要素或诸子系统之间通过竞争与协同的集体行为，使得系统从无序走向有序，从而达到系统整体功能大于各要素或各子系统功能之和的一种结构，这是一切系统中普遍存在的客观规律。在千差万别的复杂系统中，各子系统和系统各要素之间的联系与发展通常会呈现无序或有序两种状态，无序是混沌的反映，有序是协同的反映，二者在一定的条件下可以相互转化。

表9-3　产业协同的相关理论

相关理论	主要观点
系统论	相互作用的诸要素的复合体（贝塔朗菲，1937）。系统具有多元性、相关性和整体性的特征。系统通常是在内部动力和外部动力的共同作用下进行演化的。系统所有的变化都是有规律的
耗散结构论	一个远离平衡状态的开放系统，通过不断地与外界交换能量和物质，在外界条件达到一定的阈值时，系统的渐变就可能引起突变，系统由原来的无序状态转变为有序的状态（普里戈金，1969）。耗散结构有四个形成条件：开放的系统、远离平衡态、要素之间存在非线性相互作用、通过涨落导致有序
协同论	自组织系统是其内部子系统之间竞争与合作的共同结果。协同是系统中诸多子系统或诸要素之间互相协调、合作或同步联合作用的集体行为（哈肯）。竞争是系统演化最活跃的动力

3. 京津冀产业协同发展的理论分析

京津冀产业协同发展，应考虑产业生命周期的不同阶段，根据不同的产业阶段推动产业在区域间的梯度转移。

按照产业组织理论，政府要出台相应的产业政策调整和改善不合理的市场结构，同时放松对企业不必要的管制，鼓励企业扩大规模，充分发挥规模经济的作用，以使企业获得更高的市场绩效；推动京津冀区域产业结构高度化，推动区域整体产业结构的高度化，推动劳动力从一产转移到二产、三产。

按照区域分工理论，对京津冀区域的产业分工进行合理安排和布局，发挥各自比较优势，找准自身的定位，实现合理分工。

根据产业集群理论，一个区域或城市在产业选择或引进时，应注意其与已有企业或产业之间的关联程度，是否能延伸现有产业链或提升现有产业技术水平，最终融入集群中，增强地区或城市的产业发展潜力并提升整体的产业竞争力。

京津冀产业发展就是一个系统，包含众多子系统，这些子系统通过运动、发展和演化，从无序达到有序进而推动整个产业系统达到有序状态。京津冀产业协同的动力正是各序参量之间的竞争和协同。如果各子系统或系统各要素之间不能实现协同发展，则系统必然呈现出无序和混沌的状态，京津冀区域作为一个系统整体的功能不能得到有效的发挥。京津冀复杂的产业系统，需要找到一定的系统结构，使得组成系统的各子系统要素发挥整体协同的作用与功能。

创新是构建新产业体系的根本驱动力。构建以企业为主体、以市场为导向、产学研相结合的京津冀产业创新体系作为战略支点，营造有利于激励创新的制度环境，推动包括科技创新、模式创新、企业创新、市场创新、产品创新、业态创新、管理创新等在内的全面创新，走创新驱动产业协同的发展道路。从这个意义上看，京津冀产业协同发展的路径，就是构建产业创新体系，打通产业创新和发展路径，进而牵引体制机制变革，最终实现京津冀经济协同发展。

（三）联盟创新机制及推进产业协同阶段特征

1. 联盟推进产业创新体系建设机制

产业创新体系的建设，主要是通过产业内企业之间以及企业和其他次要参与者之间的信息交流、知识共享与传播、人才流动、设施共享，实现产业创新体系的组织创新、结构创新、技术创新和管理创新。其中，组织创新是先导，结构创新是核心，技术创新是关键，管理创新是保障。

联盟网络产业发展中重要的创新主体要素、资源要素，通过建立协同创新的运行机制，从组织创新、结构创新、技术创新和管理创新等四个方面，推动了产业创新体系的建设（如图9-4所示）。首先，联盟将产业领域内各类资源进行有效衔接，促进企业、科研院所、高等院校、科技服务机构之间技术知识资源、信息、服务、资金等进行有效融合与共享，以突出联盟的“集聚、协调、创新、服务”四种核心功能，坚持“政府搭台、企业主体、自愿平等、市场机制、共同发展”理念，以企业为创新网络的节点，推动产业内新技术的产生。其次，联盟通过科研机构与企业的联合，以产业链为基础，以市场为导向，通过科企间的产业业务的促进与互补，通过整合上下游的垂直产业链，推动产业内新技术的扩散转移，最终有效地将水平创新链、垂直创新链与外围的高等院校、科研机构、金融机构、中介机构等社会组织结合，共同形成产业创新网络，最终实现结构创新、技术创新、组织创新以及管理创新，推动产业升级和提高产业核心竞争力。

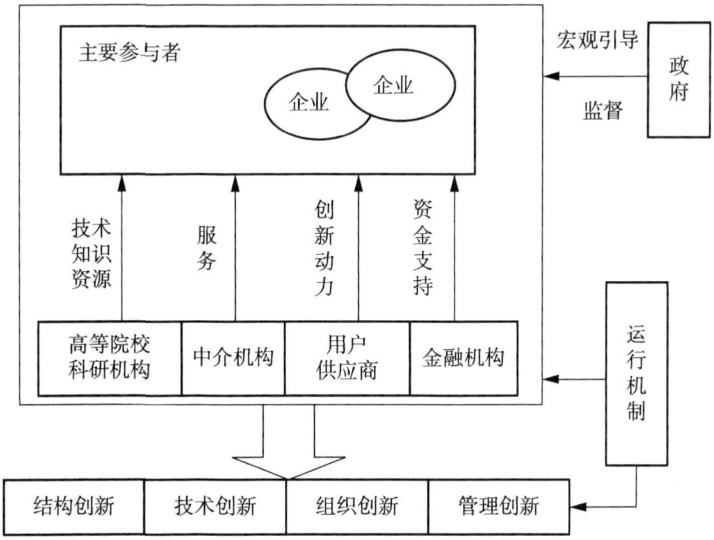

图9-4 产业创新体系的基本架构

2. 联盟推进区域产业协同发展的阶段特征

在跨区域间协同创新的三重交互模式的基础上（毛磊，2014），按照“点—线—面”的演进逻辑，本研究认为跨区域以创新推动产业协同主要划分为主体联通、产业链联动、产业协同三个演进阶段（见表9-4）。

表 9-4　联盟推进产业协同演进机理和阶段性特征

序号	阶段划分	经济现状	联盟主体之间关系	创新主体关系	技术流动方向	合作成本	目标
1	主体联通阶段	技术势能、经济差异大，产业联系不紧密	重点领域的产业关键性或共性技术研发	重点关注领域的跨区域专业技术产学研合作	技术由高到低单向辐射	制度和市场壁垒存在，合作成本高	资源的优势互补
2	产业链联动阶段	技术势能、经济差异大，产业关联日益紧密	跨区域的主导产业链关键技术或共性技术研发	跨区域专业技术产学研合作增多	技术呈现双向流动	制度放松，市场一体化发展，合作成本降低	打造有竞争力的产业链
3	产业协同阶段	势能技术、经济差异小，产业关系紧密	建成产业协同创新体系，并联结成网	产学研合作增多，网络扩大，合作领域拓展	技术双向互动，一体化	制度完善，市场一体化，合作成本进一步降低	协同环境整体改善

第一，主体联通阶段。区域内各类创新主体，围绕共同关注重点领域，开展点对点沟通合作。由于区域间经济基础、产业结构、资源禀赋、技术水平等方面存在差异，跨区域创新协作的搜寻成本、学习成本、协作成本较高，区域间产业、企业之间的协作行为受到制约，缺乏能够建立跨区域主体协作的制度安排、文化认同、合作路径。随着信息技术的发展和交通条件的改善，跨区域发展需求增加，在共同关注的生态保护、资源环境等公共领域建设协同创新共同体。在这一阶段，围绕公共领域共性问题，创新主体通过采取技术项目研发委托合作、成立产学研技术协作联盟、设立产学研合作研发中心等组织创新方式，开展产学研合作，实现优势互补，加快技术攻关步伐。由于区域之间具有一定封闭性，此时的技术流动方向是从技术势能高区域向低区域的单项辐射。

第二，产业链联动阶段。区域之间围绕着重点产业，创新主体之间开展沟通协作。随着区域协同创新活动增加，合作加深，跨区域产业之间信息交互、人才流动、创新合作、知识共享等科技活动更加频繁，技术距离、文化差异逐步缩小。协同领域由公共环境领域向主导产业拓展，主体之间基于产业链发展开展区域分工和协作，共同致力于降低跨区域合作的各类成本，打造有竞争力的产业链。区域经济发展环境发生变化，企业相应调整的产能结构，再到企业（科研院所）之间依据某种规则的协同的制度安排与组织设计，最终形成对企业协同行为的正向激励的过程。从发展趋势上看，企业与企业之间的联结通道更加稳固，企业与高校、科研院所、中介机构等跨区域主体之间的联结网络开始出现并逐步增多，跨区域的创新协作更多集中于一个或几个主导产业领域。在这一阶段，区域之间开放性增强，技术流动上，开始呈现双向互动的特征。

第三，产业协同阶段。基于企业合作、产业分工协作的区域产业链协同阶段。多条产业领域的产学研主体之间交叉协作，推动区域协同的创新网络体系建立和产业协同。而新的制度安排、治理结构设计和创新合作长效机制建立，降低了搜寻与交易成本，区域间的信息交流、知识共享、人才流动等一体化程度不断提高。相比于上一阶段，跨区域联盟规模不断扩大，深度嵌入区域创新网络，创新协作的领域从生态、产业向社会、经济其他领域延伸。在这一阶段，区域之间技术创新活动呈现双向互动、一体化特征。

（四）联盟推进区域产业协同发展的逻辑架构

京津冀协同发展过程就是京津冀区域产业创新体系建设过程。基于上述产业创新体系建设的机制，本研究构建了以产业技术战略联盟推进区域产业协同发展的逻辑框架：联盟从组织建设、领域布局、成果推广和政府引导四个方面（如图 9-5 所示），在实现自身发展过程中，推进了产业的组织创新、结构创新、技术创新和管理创新，实现区域产业协同发展和转型升级。

1. 加强联盟组织建设，推进产业组织创新

（1）构筑产业技术联盟组织。联盟是推进产业创新体系建设的一个新兴载体。通过选择合适联盟组织形式，建立有效协同创新机制，促进联盟之间融合发展，与行业协会有机联合，为产业创新体系的建设奠定组织基础。

① 选择合适的联盟组织形式。根据技术公益性特点、产业吸引力、企业的内部能力、战略目标以及特定产业的扩展潜力等，选择由企业，或是政府、科研院所牵头，组建产业技术联盟。发挥盟主（理事单位）的带动作用，健全联盟组织章程和管理机构，组建高素质的管理团队，开展具有专业性和战略性的联盟工作，推动产业变革和技术进步。

② 筛选联盟伙伴。好的联盟伙伴是联盟成功的前提，是决定联盟成功的关键因素。联盟对成员企业创新绩效的影响与联盟合作伙伴的性质密切相关，合作伙伴的创新性越强，成员企业从中得到的知识、技能和信息就越多，创新绩效的表现就越好，因此，联盟合作伙伴的选择应该成为企业加入联盟前

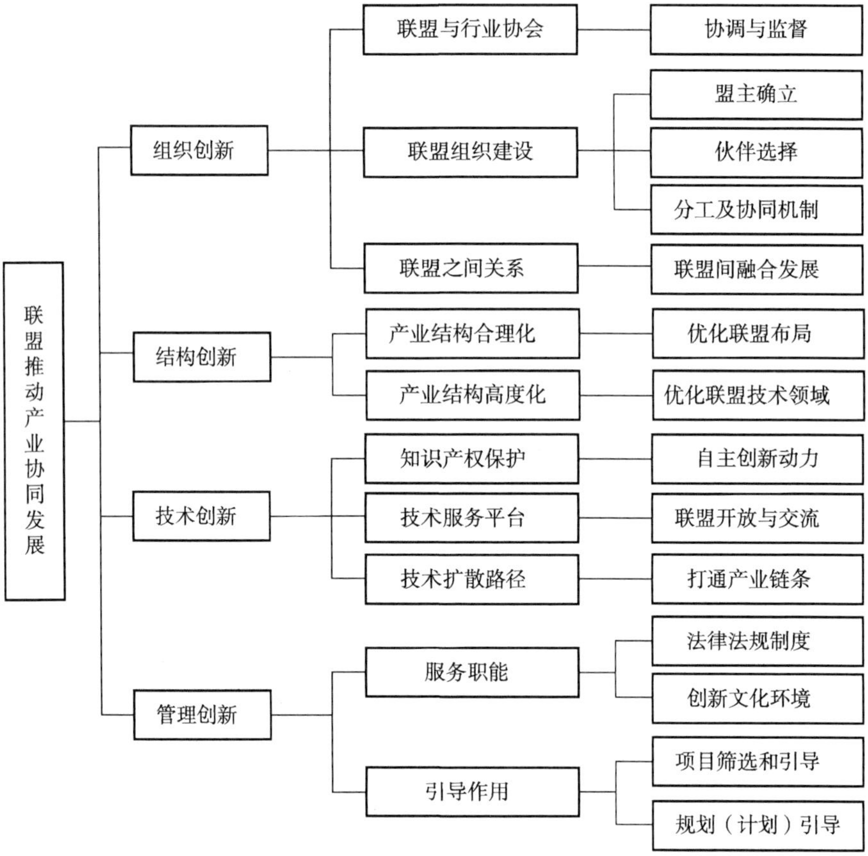

图 9-5　联盟推进产业技术创新和协同发展的逻辑框架

的关键环节。企业选择了创新型的合作伙伴，带来的不仅是创新绩效的提高，同时也会把创新型企业在管理等方面的良好经验吸取过来为己所用。

制定联盟伙伴选择筛选标准。联盟的伙伴，可以是同一个价值链上的企业（主要开展横向技术攻关合作），也可以是不同价值链上的企业（完善产业链条合作）。选择的标准就是一定要符合联盟的动机，是为实现某个目标而与其他企事业相联合。兼容性（各方资源的优势互补）、能力和价值取向是目前联盟合作成员的选择原则。一般而言，联盟之间的优势互补性越好，联盟自身能力越强，联盟成员的价值取向越趋同，联盟的绩效就越高。

③ 建立协同创新机制。联盟绩效影响着产业技术创新体系建设绩效，而联盟绩效高低主要取决于联盟各方之间的相互依存、合作共享而形成的综合整体效应，也就是建立协同创新机制，充分发挥创新过程中各种要素的协同

作用，从而为联盟成员在复杂条件下提高创新绩效提供了一条有效途径。总体来说，科技的协同创新机制，包括动力机制、协调机制、利益分配机制、信息沟通机制等。

（2）联盟之间融合发展。现代农业建设已经突破了传统农业发展空间的局限，是一二三产业之间高度融合的产业。现代农业产业创新体系是由若干个创新联盟构成，共同推进着产业的发展和演进。联盟之间企业相互交叉持股，有利于联盟成员技术、信息、知识交流，也有利于联盟的稳定发展。

（3）联盟与行业协会有机联合。联盟与相关行业协会同为产业技术创新体系中的载体，二者有机结合，将会有力地推动产业创新体系建设。从工作内容看，行业协会主要是规范市场和行业协调作用，开展带有政府职能的事务性工作，例如民间交流、行业信息交流、行业发展报告等。联盟旨在推动产业变革和技术进步，起着高端引领、产业提升的作用。联盟可以通过对行业技术的变革来影响协会，政府也可以发挥行业协会作用，加强对联盟工作的监管。

2. 优化联盟领域布局，促进产业结构创新

产业结构优化升级，是产业结构合理化和高度化的有机统一。关注重点产业、重点领域进行联盟建设，围绕限制产业发展的关键环节开展联合攻关，产业技术进步作为推进产业结构优化升级的推动力。

（1）关注重点产业和领域布局。产业结构优化需要及时收集产业经营数据、掌握制约行业发展的共性症结、能做出重大创新和具有战略思维的联盟。联盟重点布局的产业，首先，具有区域优势和技术优势的主导产业，能充分体现区域资源禀赋，具有很强的技术敏感度以及较强的技术基础实力，能够较好发挥产业技术创新及联盟竞争优势；其次，联盟要聚焦重要工程和区域创新板块，强烈的技术需求和较强的研究能力是推动产业结构优化的重要动力。

（2）聚焦产业发展的关键环节。以信息技术、生物技术、能源技术等为代表的高新技术先导产业，代表着先进生产力的发展方向，在推动产业结构高度化过程中发挥重要作用。因此，必须强化在技术创新活跃的领域组建联盟。这些高新技术产业是带动区域经济增长的火车头，通过与传统产业有机结合，以强大的渗透性、带动力和成长性，推动着传统产业升级换代。

3. 搭建联盟成果扩散路径，促进产业技术创新

产业技术是联盟与产业最为直接的联系。通过搭建成果扩散路径和构筑公共服务平台，助推成果扩散，使创新发挥潜在的带动效应。

（1）搭建共性技术创新服务平台。依托战略联盟，搭建产业共性技术创新服务平台，服务广大企业尤其是中小型企业，提高科技资源配置效率。在共性技术服务平台下，中小型研发企业和研发个体的潜力得以发挥，同时，那些资金及设备实力雄厚的大企业和科研机构也可以利用共性平台的便利条件，改变科研资金的使用结构，提高资源的配置效率。

（2）加强联盟技术成果保护。技术联盟中主体之间的"竞争合作"关系，要求既能享受知识，又要防止对方投机行为。知识资源对企业的特殊性使得联盟间的知识共享面临一定风险，这种风险可能导致企业核心技术泄露，丧失创新能力。因此，在技术联盟中，知识产权比知识本身更重要，技术标准比技术本身更重要，联盟必须建立合理的知识产权保护机制，以保护联盟持久的创新能力。

（3）搭建技术成果扩散路径。产业技术是联盟与产业最为直接的联系。创新的潜在效应一般通过扩散逐渐得以发挥。只有实现了技术扩散，才能够真正体现技术创新的价值。

① 产业链扩散路径。产业链上下游不同企业相互提供的材料或加工品获取产品部分创新成果，从而为企业自主创新提供一定的信息基础。在产业链条上，产业内具有相关业务和互补业务的节点组成水平创新面，具有投入产出关系的上、中、下游节点组成垂直创新链，推动产业内新技术的转移和扩散。在产业链视角下的产业技术脉络清晰的基础上，选择需要建立的产业技术联盟，通过联盟为产业输送技术。

② 科技中介服务机构扩散路径。科技中介服务机构不仅是技术购买者、供应者，还是合作者，是联系技术买卖双方的桥梁，是构建创新主体网络的纽带，使得企业技术创新成果有效和快速地扩散。

4. 建立政府服务和引导机制，促进产业管理创新

（1）创新联盟发展外部环境。产业技术联盟本身存在着制度性缺陷。如，技术联盟发挥着互相学习、信息交流的基本功能，但参与者都只是抱着学习的态度来参与，那么可能造成谁也学不到，构成"学习的悖论"；由于信息不对称，可能产生合作方"偷懒"的道德风险和不具备真正合作研发能力的逆向选择问题，产生机会主义行为。客观上要求政府通过完善法规体系和创造良好的外部环境，以降低联盟组织成本和运行的不确定性。环境建设包括：建立信息交流制度，提供决策咨询服务、信息服务；完善知识产权保护制度，

促进合作研发和科研人员流动等。

(2) 构建联盟发展的政府引导机制。坚持“联盟出项目，项目出技术”的宗旨，建立行业共性技术项目筛选机制。通过联盟征集共性技术需求，对接国家科技重大项目，通过执行项目确定行业主要企业构成，促进产业组织发展。此外，还要建立规划引导机制。通过联盟编制产业发展规划，根据产业不同发展阶段的技术需求，确定产业发展战略。

二、京津冀涉农产业技术联盟概况

根据注册地点和服务范围不同，当前，涉农领域联盟建设主要划分为全国性、地方性和区域性三类。

（一）全国涉农产业技术联盟建设

国家各部委、中关村科技园区，代表政府，进行政策顶层设计，选择建设联盟的产业或领域，项目引导支持下协同推动全国各地的产学研机构开展合作联合。由国家各部委、中关村科技园区牵头，自上而下协调行业领域行政管理关系，确保了联盟运转。

1. 中关村科技园区产业技术联盟

中关村管委会在全国最早出台了支持产业技术联盟发展的专项政策。2006 年中关村出台了《促进中关村科技园区产业技术联盟发展的实施办法》（中科园发展〔2006〕30 号），以中关村科技园区高新技术企业为主体，大学、科研机构和中介组织参与，广泛吸纳国内外创新资源，组建了一批中关村产业技术联盟。近年来，中关村产业技术联盟呈现了发展快、数量和规模大、覆盖产业领域广、成员实力强、类型多样等特点。相比较国内其他联盟，中关村联盟构成主要以企业为主体，其中，聚集了行业领军企业且企业会员超过 70%的联盟约有 50 家。据不完全统计，中关村较为活跃的联盟约有 70 家，成员单位近 4000 家，为全国其他地区产业联盟发展起到了很好的示范作用。中关村产业技术联盟，除了享受中关村科技园区“1+4”区域创新政策外，还可以吸纳国外的成员，并在全国、国际范围内开展联盟活动。

2. 科技部推动联盟试点

2007 年 6 月开始，科技部先后启动了三批全国产业技术创新战略联盟试点。截至目前，共有 146 家联盟参加了试点工作。其中，农业领域有 36 家，集聚了全国1550家行业龙头企业、大学和科研院所单位。联盟主要涉及农产品供给、农产品加工、农用物资、农业装备、食品与质量安全5个技术领域。其中，农产品供给技术领域分布10家联盟，主要开展水稻、小麦、玉米、蔬菜、花卉、畜禽等新品种培育与高效种养殖配套技术的协同创新；农产品加工技术领域分布7家联盟，主要开展食品加工与高效利用、林业资源高效利用及生物质能源等方面的协同创新；农用物资技术领域分布7家联盟，主要开展安全优质饲料、肥料、农药等的研究与创新；农业装备技术领域分布5家联盟，主要开展数字化、自动化、智能化的农机装备与技术的协同创新，以及食品装备、冷链物流、设施蔬菜等领域创新研究；食品与质量安全技术领域分布8家联盟，主要开展食品加工以及相关技术的协同创新。2012年度，农业装备、饲料、木竹、肉类加工、杂交水稻、乳业和柑橘加工7家试点产业技术创新战略联盟，被科技部评估为A级联盟。2018年，在中国产业技术创新战略联盟协同发展网组织的年度联盟活跃度评估中，16家联盟被列为高活跃度和较高活跃度联盟。2019年5月，农业装备、木竹和农业航空3家产业技术创新战略联盟获得首届创新中国“创新服务平台”称号。

3. 其他部门推动的联盟

除中关村、科技部外，水利部、国家林草局、农业农村部等国家行业主管部门也纷纷推动组建了一批全国性产业技术联盟。这些联盟已成为实施国家创新驱动战略，建设技术创新体系的重要载体。虽然，各部门管理联盟侧重点不同，但核心都是推进产学研紧密结合，以创新为动力推进产业发展（如图9-6所示）。

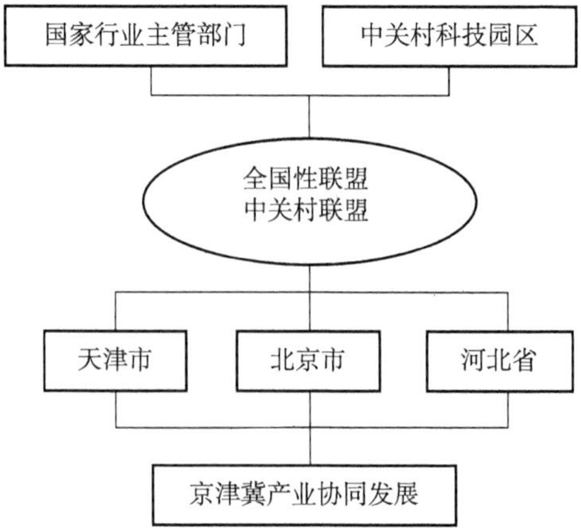

图9-6　全国性产业技术联盟推进产业协同示意

如在水利部推动下，2013 年 12 月由甘肃节水集团股份有限公司牵头，中国水利水电科学研究院等 23 家骨干企业、大学、科研机构组成，我国节水灌溉产业技术创新战略联盟在天津京滨工业园区大禹节水（天津）有限公司成立。主要围绕节水灌溉产业技术创新的关键问题，开展技术合作，突破产业发展的核心技术，加速科技成果运用，提升产业整体竞争力。

国家林草局，2018 年 9 月为深化实施《“十三五”国家技术创新工程规划》《林业科技创新“十三五”规划》，着力解决林业和草原重大战略需求与共性关键技术，保障科研与生产紧密衔接，首次同意批准“林木基因组与基因工程国家创新联盟”“林木抗逆材料选育与利用国家创新联盟”等 110 家林业和草原国家创新联盟，2019 年国家林草局又继续开展第二批国家创新联盟申报。

农业农村部，2014 年启动国家农业科技创新联盟建设。围绕“一个产业问题、一个科学命题、一个团队支撑、一套运行机制”的要求，按照“有目标、有任务、有团队、有资金、有考核”的标准，通过创新实体化、一体化、共建共享等运行机制，一批产业性、区域性和专业性联盟先后建立。为推进联盟健康发展，2017 年底前对已经成立的 62 家联盟开展第三方评估，在此基础上，于 2019 年 12 月，农业农村公布了认定的 34 家联盟，其中，棉花产业联盟、奶业科技创新联盟、高效复合肥料科技创新联盟等 15 家为标杆联盟。

（二）京津冀各地涉农联盟建设

由政府、科研与高校、企业联合形成了在各地行政区域内注册的联盟组织。由于本地区联盟所开展活动只局限于本区域，服务于本区域产业发展，但不排除联盟成员会加入其他地区联盟。本地区政府、科研与企业，组织关系比较简单，围绕本地区产业发展目标开展工作。本行政区域内，政府出台联盟管理政策，对联盟发展进行监督管理。在京津冀地区自行组建的产业技术联盟，由辖区的科技局、农业农村局、园林绿化局等部门进行业务管理。从所开展业务空间看，各地联盟除非获得中关村产业技术联盟认证，否则只能在注册地开展业务，不能以联盟名义开展跨区域的活动。

1. 北京市涉农联盟建设

为落实“科技北京”行动计划，加快农业领域产学研用相结合，提高农业企业自主创新能力和市场竞争力，推动首都现代农业发展，自 2009 年，依托农业科技城平台，由北京市科技局倡导组织，通过整合技术创新链上、中、下游资源和各类社会主体，启动首都科技创新服务联盟建立工作。市科委联合其他部门发布了《关于促进产业技术创新战略联盟加快发展的意见》，设立了“产业技术创新战略联盟建设”科技专项，对联盟成员单位联合申报的共性技术研发及公共技术服务平台建设项目进行支持（见表9-5）。

联盟由北京市科技局的技术交易促进中心负责管理，牵头组建了首都创新大联盟，联盟内部分行业有很多行业的子联盟，如现代农业、生物医药、信息技术等。截至目前，北京一共有联盟近200家，涉农领域有11家，占6%左右。从联盟发起人来看，首都农业科技创新服务联盟大部分为龙头企业主导型，占联盟总数的80%；从组织形式看，除北京现代农业科技创新服务联盟（以下简称现代农业联盟）在民政部门进行了社团法人注册，具有法人实体地位，其余均为契约型模式。契约型模式，也就是非法人实体联盟有联盟目标和章程，但没有营业执照，不能收取会费、承担科研项目等。实体联盟则可以。现代农业联盟，在北京市民政部门注册后，同时，又在中关村注册，属于中关村产业技术联盟，接受民政部门和中关村管委会年检。因此，由于属于中关村联盟，可以在全国开展业务。

表9-5 首都农业科技创新服务联盟概况

	成立时间	联盟成员数量	联盟名称	理事长单位	秘书处单位
1	2009年	29家	首都食品安全科技服务联盟	新发地	科技局农村中心
2	2009年	24家	首都农产品加工科技创新服务联盟	首农集团	科技局农村中心
3	2009年	34家	首都籽种产业科技创新服务联盟	大北农	种子管理站
4	2009年	28家	首都设施农业技术创新服务联盟	农林科学院	科技局农村中心
5	2009年	—	北京农村水环境治理创新联盟	—	科技局农村中心
6	2012年	—	营养健康食品产业技术创新战略联盟	中粮集团	科技局农村中心
7	2012年	5家	国际合作服务联盟	中国农科院	科技局农村中心
8	2012年	20家	首都生物肥料科技创新服务联盟	世纪阿姆斯	科技局农村中心
9	2012年	13家	首都生物农药科技创新服务联盟	中农绿康	科技局农村中心
10	2012年	12家	首都生物饲料科技创新服务联盟	大北农	科技局农村中心
11	2013年	49家	北京现代农业科技创新服务联盟	大北农	科技局农村中心

数据来源：课题组调研。

2. 天津市涉农联盟建设

2012 年，天津提出创建产业技术创新联盟工作，2015 年启动产业技术创新战略联盟备案工作，2017 年天津市科技局才对外公示了首批 36 个备案的天津市产业技术创新战略联盟名单。截至目前，进行备案的产业技术创新战略联盟仍只有一批。2018 年 12 月底，天津市科技局研究制定了《天津市推动产业技术创新战略联盟构建与发展的实施办法（试行）》（津科规〔2018〕11 号），对联盟构建原则、联盟的组建、联盟的备案、支持措施、运行与管理机制进行了规范，由此，对产业技术创新战略联盟的管理才有了正式规章制度。在对联盟成员进行项目资助方面，天津市科技局仅在 2015 年设立过一次天津市产业技术创新战略联盟资金补贴，各成员单位可自行申请，单项补贴金额为 30 万元，但对于资金的使用情况及取得效果，并没有监督与考核，且此后再未设立类似项目资助。

3. 河北省涉农联盟建设

2015 年河北省出台了《关于深化科技体制改革加快推进创新发展的实施意见》（冀发〔2015〕14 号），对建设产业技术创新战略联盟提出新部署新要求，引导创新要素向企业聚集，提高产业创新能力，2015 年 12 月河北省科学技术厅印发了《河北省产业技术创新战略联盟构建与发展实施办法》（冀科政〔2015〕18 号）。2018 年，河北省科技厅对 18 号文进行修订，制定了《河北省产业技术创新战略联盟建设管理办法》。2018 年，河北省公布了 17 个省级产业技术创新战略联盟，其中，涉农联盟有 4 家，分别是河北省丘陵山地果蔬现代农业装备产业技术创新战略联盟、河北省甘薯产业技术创新战略联盟、河北省金银花产业技术创新战略联盟、河北省农作物种业技术创新战略联盟（如图 9-7 所示）。

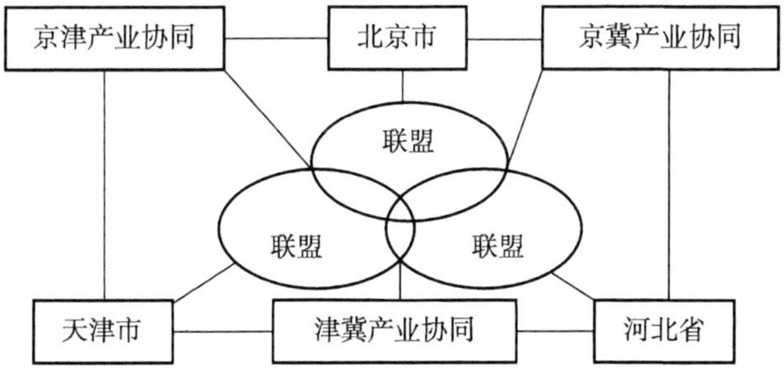

图 9-7 各地联盟推进京津冀农业协同发展示意

（三）京津冀产业技术联盟

跨区域产业技术联盟服务于区域协同发展战略，由相关行政区内的产学研机构组建。如长三角地区、珠三角地区、京津冀地区组建的联盟。跨区域联盟由于没办法注册实体，加上涉及多地的政府和产学研单位，协调关系比较复杂，与前两种联盟形式相比，组织形式更加松散。

2012年，在京津冀一体化趋势下，三地将政府、产业、金融三个方面结合做出有效探索，在相关领域陆续建立了跨区域创新创业服务平台，搭建了高效沟通和专业服务的投融资平台，为联盟建设做好支撑服务。在科技、农业、发改委等政府职能部门引导和推动下，金融机构、高校科研机构和企业积极参与联盟建设。从领域看，主要围绕技术研发、试验示范推广、成果转化等产业技术链，集中于产权和技术转移、经济开发、产业发展、投融资管理、科研和成果转化、人才培养和创新创业基地建设等环节开展协同。这些联盟，为农业领域的联盟组建和发展、为推动三地产业协同做出了突出贡献（见表9-6）。

表9-6　京津冀非农领域产业技术联盟概况

序号	成立时间	名称	理事长及联盟成员
1	2014年7月	京津冀产权市场发展联盟	北京产权交易所、天津产权交易所、河北产权交易中心
2	2015年5月	京津冀开发区创新发展联盟	中国开发区协会，京津冀三地开发区协会，京津冀三地国家级开发区，省、市级开发区以及相关企业组成
3	2015年12月	京津冀技术转移协同创新联盟	北京大学科技开发部、北方技术交易市场、河北省科技成果转化服务中心等26家单位发起
4	2016年3月	京津冀知识产权发展联盟	首都知识产权服务业协会、天津科学研究所和河北省知识产权研究会等120家创新型企业和30家知识产权服务机构
5	2016年12月	京津冀产业发展联盟	国资公司旗下北科建集团
6	2017年7月	京津冀资产管理公司战略合作联盟	北京市国通资产管理有限责任公司、天津津融资产管理有限公司、河北省资产管理有限公司3家
7	2017年11月	京津冀科研院所联盟	北京市科学技术研究院、天津市科技协作促进会、河北省科学院、清华大学公共管理学院4家等，91家机构，其中，科研院所51家、高校29家、企业11家
8	2017年12月	京津冀投资联盟	石家庄臻万投资咨询有限公司

续表

序号	成立时间	名称	理事长及联盟成员
9	2018年1月	京津冀创业投资联盟	京津冀三地创投协会
10	2018年1月	京津冀协同创新发展联盟	天津中关村科技园运营服务有限公司等26家企业、科研院校、产业联盟、金融机构等
11	2018年8月	京津冀信息安全职业教育产教融合联盟	北京信息职业技术学院等40余家信息安全技术企业和京津冀三地近100家职业院校
12	2019年1月	京津冀双创示范基地联盟	北京市海淀区、清华大学等34家京津冀和东北地区的国家级双创示范基地

数据来源：课题组调研。

随着京津冀一体化战略实施，涉农领域的京津冀跨区域产业技术联盟蓬勃发展，成为推进区域产业协同发展新型创新组织形式（见表9-7）。根据调研，从现有10多个涉农跨区域联盟看，涉及需要三地进行协同发展的农业产业发展、生态环境保护领域。其中，农业主要在蔬菜、果树、畜牧、水产、粮食和休闲旅游产业，关注突破性新品种、节水、节地、节肥、节药、污染防治等关键技术研发，产业发展要素资源共享，产业链上下游衔接和市场一体化；生态环境保护主要在大气、水环境、土壤、生态等污染联防联控及共性技术研发。上述各领域联盟之间，成员是相互交叉，大部分科研高校机构还以理事长或成员身份，组建和参加了不同领域的产业技术联盟。

据了解，联盟名称涉及“京津冀”三个字，目前尚无法在民政部门得到注册。如，京津冀农产品行业联盟，于2017年在北京、天津和河北农委组织下，由中和农信公司牵头，联合千禧农、华瑞等三地企业共同成立。在2020年新冠肺炎疫情期间，积极组织津冀地区货源，确保北京蔬菜供应。联盟联合中和农信公司共同推出“京津冀农产品公共信息平台”，提供全国部分果蔬基地数据，为助力农产品出村，为销售企业提供稳定货源信息。据联盟理事长介绍，联盟没办法在三地任何一处的民政部门注册，也就是不能注册实体，不能收会费、举办活动也无法开证明，很多活动属于纯公益性组织。很多京津冀联盟为便于对外开展工作，联盟名称与实际注册不是同一个名字（如图9-8所示）。

表 9-7　京津冀涉农领域部分产业技术联盟

序号	成立时间	联盟名称	理事长单位	联盟成员数量	领域
1	2014 年 6 月	京津冀农业与水安全协同创新战略联盟	天津农学院	8 家	农业转型与水安全战略提供政策支持及技术和人才保障
2	2014 年	首都食用菌产业科技创新服务联盟	绿源永乐（北京）农业科技发展有限公司	35 家	为食用菌产业发展提供有效科技服务，促进京津冀食用菌产业协同发展
3	2016 年 5 月	京津冀现代农业协同创新研究院	中国农业大学	—	以产业融合带动为目标，聚焦京津冀生态农业
4	2016 年 6 月	京津冀农业科技创新联盟	北京市农林科学院	23 家	—
5	2017 年 3 月	京津冀果树产业科技创新联盟	北京市农林科学院	—	以京津冀果树产业技术创新需求为导向
6	2017 年 4 月	京津冀微藻与水族产业技术创新联盟	天津晨辉饲料有限公司	23 家	加速推动相关技术的产业化运作
7	2017 年 6 月	华北节水保粮协同创新联盟	中国农科院农业环境与可持续发展研究所	55 家	华北地下水超采综合治理中的农业高效用水等重大科技问题
8	2017 年 9 月	京津冀蔬菜产业联盟	北京市农产品流通协会	—	京津冀蔬菜产销对接
9	2017 年	京津冀农产品行业联盟	中和农信公司	—	京津冀三地农产品流通行业的合作
10	2017 年 12 月	京津冀乡村旅游服务联盟	河北省现代服务业职教集团	60 家	—
11	2018 年 6 月	京津冀农业产业龙头企业联盟	三地农业产业化龙头企业协会共同发起	—	加快京津冀农产品加工业区域一体化发展
12	2018 年 10 月	京津冀生态农业产业联盟	京津冀大数据产业协会	131 家	推动芦笋产业发展

数据来源：课题组调研，为不完全统计。

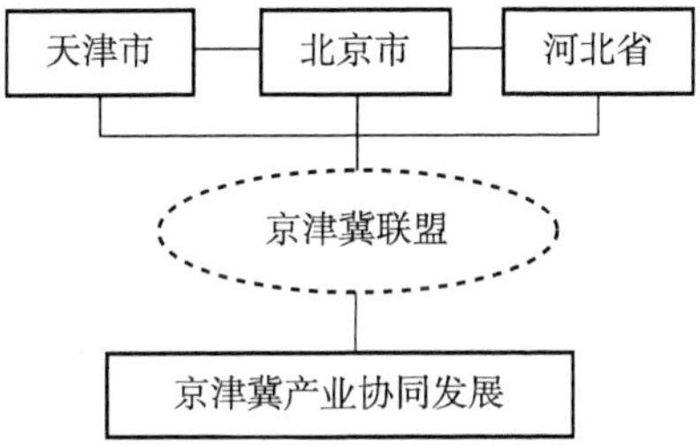

图 9-8 跨区域联盟推进京津冀农业协同发展示意

（四）涉农领域的京津冀跨区域联盟

本章选取了京津冀农业科技创新联盟、北京现代农业科技创新服务联盟、京津冀微藻与水族产业技术联盟三个典型联盟，从定位目标、组织形式、成员构成、运行管理、主要工作内容等方面介绍联盟建设和技术创新情况，为完善联盟政策设计提供支撑。

1. 京津冀农业科技创新联盟

2014 年 5 月，北京市农林科学院与天津市农业科学院、河北省农林科学院共同签署了《京津冀协同发展农业科技合作协议》，确立了生态环境保护与区域可持续发展、种业科技创新、农业与农村信息化、都市农业等七大合作领域。2015 年 5 月，京津冀三方农科院发起成立了“京津冀农业科技协同创新中心”。以京津冀三方农科院为主体，按照优势互补、互利共赢、扎实推进的原则，从创新机制、搭建平台、聚焦需求、凝练任务、资源共享等方面开展农业科技协同创新工作，在科技引领和支撑京津冀区域现代农业与城乡一体化建设方面取得了初步成效。2016 年 6 月，由北京市农林科学院牵头，联合京津冀地区农业科研院所、高等院校、涉农企业等 23 家单位成立了“京津冀农业科技创新联盟”（以下简称联盟）。北京市农林科学院为理事长单位，天津市农业科学院、河北省农林科学院为副理事长单位。联盟秘书处设在北京市农林科学院科研处。

联盟将围绕京津冀现代农业“调转节”和“三农”发展科技需求，以构建科技合作、共享平台、开展区域农业发展战略研究、凝练重大科技需求与任务、联合开展科技创新攻关与成果转化等为主要任务，提升区域现代农业科技总体水平，实现科技引领与支撑区域现代农业协同发展，着力推进区域农业现代化进程。联盟主要开展的工作及成效：

（1）搭建区域协同创新平台，协作开展高新技术研发、产业技术创新和科技成果产业化活动。自 2015 年始，京津冀三地农科院根据协同创新中心的工作部署，分别制定并共同发布了仪器设备共享目录，积极落实仪器设备共享工作。2016 年，依托三院牵头建立的仪器设备共享机制，三院水产相关研究所（中心），为天津蓟县锦鲤养殖户、河北省保定市和固安县的罗非鱼养殖示范户检测、诊断养殖鱼类疾病，制定重大疾病防治方案，挽回了养殖户的经济损失，取得了较好的经济和社会效益。除此之外，联盟成员整合京津冀相关单位的科技创新力量，搭建了多个专业性领域创新平台，从载体共建、联合攻关、成果共享等方面推进落实了协同创新平台的建设和共享工作。分别搭建了京津冀果树产业创新平台、京津冀农业生物技术协同创新平台、京津冀蔬菜科技示范创新平台、小麦籽种产业化平台，参与筹建了京津冀协同发展燕山果业试验站，筹备组建观赏鱼产业科技创新服务联盟等。

（2）组建协同创新团队，发挥联盟智库作用。依托联盟创新发展目标，支持组建了五个区域农业科技专业技术领域创新团队。第一，京津冀农业生物技术协同创新团队。围绕植物转基因技术、植物抗逆生理、分子生物学、农作物育种和农业微生物等方面，联合开展农业科技创新工作，服务京津冀区域现代农业和城乡一体化建设。第二，京津冀谷子种业科技创新共同体。主要开展谷子优异资源的基因挖掘，开发重要农艺性状的分子标记，构建谷子分子育种技术体系；开展谷子资源搜集与评价，创制谷子育种新材料，开展常规育种；建立优异谷子品种示范基地，示范推广新品种及配套生产技术，完善并推广适用谷子生产的轻简栽培技术体系。第三，京津冀花卉创新团队。以市场需求为导向，服务京津冀花卉产业发展。第四，京津冀林果创新团队。不同研究优势院所联合建立了桃研究团队、草莓研究团队、苹果栽培和梨栽培研究团队。第五，京津冀生态景观植物研究团队和生态安全研究团队。针对京津冀地区较突出的生态环境问题，整合资源，组建了生态景观植物研究团队和生态安全研究团队，从多个角度对京津冀地区的生态环境问题进行研究，提升生态学科优势，推动三地生态环境建设持续发展。

（3）启动项目联合研发，协同开展技术创新。根据京津冀农业科技需求，依托国家和北京市科技计划等各级研究项目，联盟聚焦重点，启动项目联合研发工作。自 2015 年始，北京市农林科学院利用院创新能力建设专项等自有资金设立了京津冀区域协作创新专项等院级项目，围绕环北京农业科技示范带建设、科技冬奥、区域农业调结构转方式等重大任务，先后投入近 1700 万元在资源环境、生态治理、种业、精品农业、城市农业等领域开展联合攻关，共建京津冀联合实验室，支持京津冀农业区域协同创新。同时，通过院级项目的支撑，北京市农林科学院与河北院开展的顺平大桃基地、晋州优质梨基地、涞水蔬菜基地、张家口现代景观农业基地建设工作得到了长足进步。如，北京市农林科学院联合河北省农科院谷子所、张家口农科院、北京农职院共同申请并执行了北京市科技计划课题“优质抗病高产谷子种质创制与新品种联合选育”，开展生物育种技术创新、材料创制与常规品种选育和轻简栽培技术示范，促进农业高效节水，带动京津冀谷子产业发展和农民增收。

（4）加强科技成果示范和推广，推进区域产业协同发展。联盟积极推动北京市院所与河北省各地市开展科技对接活动，推进了北京市的玉米、蔬菜、水产、林果、食用菌、油鸡、杂交小麦、新型肥料、植保、生态景观、农业物联网、花卉等系列新品种、新技术在京津冀区域的转化落地和推广应用。累计在京津冀区域推广粮饲玉米500多万亩，鲜食玉米近150万亩；蔬菜达200多万亩；罗非鱼达2万亩；四季草莓达3000余亩；生态景观草面积达50万平方米；10000亩大田作物实现了网联；涉农科技信息服务超过500万人次。此外，京津冀农业科技创新联盟组织成员多次围绕当前农村发展政策框架和需求、信息化促进农业现代化、都市农业“十三五”规划重点问题等方面进行学术交流和开展技术培训，助力京津冀协同发展。

2. 北京现代农业科技创新服务联盟

北京现代农业科技创新服务联盟，2013年7月，北京市科技局农村发展中心牵头发起，北京、天津、河北等地的现代农业领域龙头企业、科研院所、高等院校及相关中介服务机构联合组成经北京市民政局核准注册成立。目前，有会员单位124家。联盟是企业主导型，现有企业会员102家，占82%，科研院所、高校5家，中介机构7家，涉及种植、养殖、加工、销售、投入品等现代农业各领域。会员按照农业产业链的上、中、下游和产学研各环节分布，形成了蔬菜、蛋鸡两条完整的产业链，有力地保障了北京地区的农产品供应。

联盟采取的是“联盟成员代表大会—理事会—秘书处—专业委员会”的治理模式。秘书处负责会员日常服务、项目实施、成果宣传推广、区域合作交流等业务。联盟运行管理经费筹集渠道主要是收取会费。联盟还成立了专家咨询委员会，为联盟战略规划、区域合作、项目组织、重大事项等决策参考。联盟建设了网站，及时发布会员信息、产品信息、技术信息、市场信息、行业信息等，搭建了网上交流平台，让会员在网上实现沟通交流、洽谈合作。联盟还创建了公众号和微信平台（农科联盟、京蒙合作），促进了会员之间零距离、全天候的沟通交流。为服务中小企业创新创业，依托农科城投资公司搭建了科技金融服务平台，为企业融资提供咨询、培训、投资等服务。主要开展的工作及成效：

（1）共建协同创新平台，为会员创新提供服务。联盟构建了一批协同创新平台，为成员单位提供研发所需的检测、测试、分析、设备等科技条件服务。其中，通过“首都籽种产业协同创新服务平台”建设，帮助企业进行育种技术的检验验证，确保开发新产品的稳定性，且通过全流程监控和评价，确保技术—产品之间的有效反馈。发挥“首都生物饲料协同创新平台”协同作用，开展饲用微生物工程领域的菌种资源创新、实验室规模的发酵及后处理工艺和饲用微生物产品的应用基础研究等工作，打通从生物饲料研发到动物实证，再到产品中试、规模化生产的生物饲料技术创新链，切实保障首都饲料安全和畜产品安全。“种业科技成果托管平台”集成果汇集、鉴定确认、产品展示、价值评估、产权确认、交易服务等功能于一体，引导科技成果公开、公平、公正转化，促进种业科技成果转化率提升。联盟搭建“科技金融服务平台”，依托中国农业银行海淀支行等金融服务机构，聚集社会资本，形成农业科技创业基金群，支持联盟成员技术输出、成果转化、创新创业，开展跨区域、跨领域的产业合作。

（2）组织科技项目征集和遴选，发挥联盟桥梁纽带作用。联盟作为市科技局指定的申报、推荐科技项目的渠道之一，成立了专家委员会，并建立了专家库和项目储备库，根据成员需求，提供项目策划、方案编制、预算评审、专家咨询、申报培训等服务。其中，联盟作为承担单位，承担市科技局、中关村科技项目 9 项，帮助联盟会员申报市科技局项目 39 项，保障农业科技项目顺利实施，提升联盟成员单位科技创新能力。如，北京天安农业发展有限公司承担了北京市科技局“首都菜篮子安全加工配送科技示范”项目，对原有信息管理系统进行了升级扩充，对蔬菜生产—加工—配送—销售产业链全覆盖，实现了生产计划、采收管理、环境自动监测、物流全球定位及过程管理、加工库存管理、远程实时订货和销售统计等多项功能，提高了企业的生产管理水平。

（3）参加区域供需对接活动，促进科技成果示范和推广。联盟组织会员与合作地政府、企业、合作社、农户等联合举办科技合作对接会，参加国内外高水平展览、展示、业务交流会，举办技术产品论坛及推广活动，形成了“政府搭台+联盟组织+企业主体+政策支持”的区域科技合作及成果转化模式，加快了科技成果转化应用。联盟通过与河南南阳、京津冀、贵州毕节等地的科技主管部门建立稳定、畅通的交流机制，主办10余次成果推介与项目签约活动，促成20余家单位开展实质性合作。联盟与石家庄市农业科技园区、石家庄市农作物种业技术创新联盟、石家庄市农林科学院以及有关县（市区）科技局对接，促进京石两地农业产业科技合作。此外，联盟积极参与“一带一路”建设，组织联盟成员“走出去”，提升科技成果的国际影响力。此外，联盟还组织成员通过建立科技示范基地，加快技术辐射带动。目前，已在京津冀重点地区建立安全生产示范基地两个，总计4150亩。其中，河北承德平泉县生产基地，面积为1800亩，主要种植包括黄瓜、青椒、尖椒、圆茄子、番茄等13个品种。天津蓟县生产基地，面积为2350亩，主要种植番茄、青椒、韭菜、黄瓜、白萝卜等16个品种。

3. 京津冀微藻与水族产业技术联盟

中国微藻属朝阳产业，年生产量已达1万吨，中国成为世界上主要的微藻生产国家。2017年4月，天津现代晨辉科技集团承办了中国第一届微藻与水族高峰论坛，并在会上成立了京津冀微藻与水族产业技术创新联盟。该联盟由天津晨辉饲料有限公司牵头任理事长单位，天津农学院水产学院为秘书长单位。目前，联盟共有23家单位，包括北京市水产科学研究所、河北农业大学、天津市水产推广站、天津海升水产养殖有限公司等相关协会、大学、科研机构、企业及应用单位。联盟旨在推动天津微藻与水族产业相关企业和科研机构，有效整合行业产、学、研、用各方资源，发挥各自优势，开展相关的技术研发、标准化、产业化工作，加速推动相关技术的产业化运作，并带动区域产业技术升级，提高京津冀地区微藻与水族产业的整体科技水平。2017年，京津冀微藻与水族产业技术联盟获得“天津市领军企业产学研用创新联盟拟认定及补贴清单”，市财政补贴30万元。2018年，联盟获得开展高端科技对接与交流活动补贴58.95万元。主要开展工作及成效：

（1）推进技术成果产业化组织。联盟致力于以“公司+科研院所+专业合作社+农户”的产业化组织形式，依托天津现代晨辉科技集团有限公司与天津农学院、宝坻区畜牧水产业发展服务中心合作，建立产学研联合体共同承担科研项目，促进高新技术型生产力的转化，在培养一批又一批的科研人才和养殖技术能手的同时，实现产业的综合发展，带动周边农民共同致富。天津现代晨辉科技集团依托产业项目，推动科技创新，提升品牌，有效推动了天津市水产产业的进一步发展。目前，集团独资两家企业产值已达近 3 亿元，带动宝坻区 1.7 万亩养殖水面升级，通过合作社带动农户养殖观赏鱼 500 余户，有力促进当地农民增收致富。

（2）合作开展科研项目。目前，与天津农学院、大连海洋大学、天津财经大学、中国海洋大学、天津科技大学、中科院水生所、中科院工业生物研究所等几家大学院所签订了产学研协议并开展了紧密的合作。联盟每年都能承接科技部门十项左右的研发推广类项目。2019 年和中科院天津生物技术研究所、中科院生物能源研究所、中科院海洋所、加拿大国家研究中心联合承担了政府间国际科技创新合作国家重点专项。截至目前，集团申报了专利技术 300 多项，认定的 5 项技术成果均属于国内领先水平。

（3）加强技术经验交流。2017 年第一届微藻与水族高峰论坛在天津召开，由天津市科协、宝坻区人民政府主办，天津农学院、天津现代晨辉科技集团和天津水产学会承办，中国科学院水生生物研究所的桂建芳院士、中国海洋大学麦康森院士等 21 个省市，106 家单位的专家、学者共计 400 名参加了会议，研讨了我国藻类产业发展与水族应用的战略路线。2018 年第二届微藻与水族高峰论坛在天津召开，论坛的主题为“融合发展、协同创新”，成功促进我国微藻产业的发展和应用。

（4）搭建科研技术平台。2016 年 3 月集团与中科院桂建芳院士签约共同组建了分子遗传育种院士工作站。2016 年 9 月天津市科技局批准集团旗下晨辉饲料有限公司筹建天津市水族动物功能性饲料企业重点实验室，工程院院士麦康森任学术委员会主任。两大技术平台的建设，两名院士的引进使集团的技术研发能力迈上了一个新的台阶。2019 年 5 月，与天津财经大学工商管理研究中心联合成立天津现代晨辉集团农业产业发展研究中心，共建科研平台，统筹智力资源。

上述三个联盟，从建设类型上看，京津冀农业科技创新联盟理事长单位为北京市农林科学院，属于科研单位主导型、契约型联盟。北京现代农业科技创新服务联盟，联盟第一届理事长单位北京市科技局农村中心，秘书处设在北京市科技局农村中心，第二届理事长单位天安农业，秘书处挂靠在市科技局农村中心，属于政府主导型、实体型联盟。京津冀微藻与水族产业技术联盟，理事长单位天津晨辉饲料有限公司，属于企业主导型、契约型联盟。

从工作成效上看，各联盟单位都围绕着京津冀现代农业转型升级发展的科技需求，以构建科技合作、共享平台、凝练重大科技需求与任务、联合开展科技创新攻关与成果转化等，积极开展工作，促进了区域科技协同创新共同体建设（见表 9-8）。

表 9-8　京津冀涉农产业技术联盟典型特征比较

联盟名称	成立时间	联盟理事长单位	成员单位数量	联盟类型
京津冀农业科技创新联盟	2016 年	北京市农林科学院	—	科研单位主导型、契约型
北京现代农业科技创新服务联盟	2013 年	北京市科技局农村中心	124 家，其中企业 102 家	政府主导型、实体型
京津冀微藻与水族产业技术联盟	2017 年	天津晨辉饲料有限公司	23 家	企业主导型、契约型

三、联盟推进京津冀产业协同发展的成效

本节基于理论基础上建立的“联盟推进产业技术创新和协同发展的逻辑框架”，结合三地政产学研各机构的实践，分析联盟推进京津冀产业协同发展的效果。需要说明的是，根据联盟管理的相关制度，地区性联盟不能跨区域开展活动。本研究主要以联盟骨干成员单位的科研机构、高校、企业为调研重点，了解它们所跨区域开展科技协同实践做法，分析取得的成效和面临的问题。虽然不是联盟推动下开展的活动，但也是联盟建设的重要组成部分。

（一）北京发挥科技源头作用，成为区域协同创新的主导力量

北京在推动京津冀科技协同创新过程中发挥了主导作用。调研显示，联盟发起人和理事长单位多为北京地区机构，通过机制创新，将各地人财物资源进行整合，搭建资源共享平台，推动关键技术研发和产业创新体系建设，把北京的科技优势转化为京津冀区域的创新优势。

1. 京冀合作助力精准脱贫和推进科技成果转化

燕山—太行山贫困带属于河北省的有 22 个县，并且这些县和环首都贫困带中河北省的贫困县重合，耕地资源贫瘠，基础设施匮乏，生态环境有待改善，产业结构亟待优化。北京地区的中央及地方各级科研机构对口帮扶河北贫困地区，助力精准脱贫。如，2012 年，中国农业科学院对口扶贫保定阜平县，为阜平县现代农业示范园项目建设提供全面技术支持，全力推进院属研

究所在阜平的科技成果转化。中国农业大学在河北邯郸市魏县、秦皇岛市青云县，建设了两个教育部对口扶贫县。北京市科技局在丰宁建立了“科技特派员产业扶贫工作站”。此外，京冀合作推进成果转化和产业化。如，中国科学院与唐山市政府共建“唐山高新技术研究与转化中心”，推动30多个项目的成果转化和产业化；北京市科技局在河北省白洋淀国家农业科技园区建设基础上，启动了“白洋淀星创天地”建设工作。北京市农林科学院与河北省科技厅、河北承德市隆化县政府、迁安市政府、唐山市曹妃甸区等津冀多家单位，就加强高效实用技术推广，促进地方产业发展等方面达成了合作共识。2015年北京林业大学与保定政府签订战略合作框架协议，在协同创新，科研成果转化，人才培养交流，企业发展等方面开展合作。

2. 京津合作打造我国产业技术协同创新高地

京津两地的科技资源拥有量居于全国前列，两地强强联手，优势互补，显著提升地区科技创新竞争力和影响力。如，2006年，中国林科院主导与天津市建立“院省合作办院”，2006年围绕生态建设与天津签订合作协议。2014年4月，天津与中关村国家自主创新示范区联合打造具有世界创新影响力的“京津创新共同体”，形成具有国际竞争力的（中关村）科技创新中心和5大创新社区，发挥中关村科研与产业的溢出效应和示范效应。

（二）多元主体主导下技术合作，促进了区域协同创新体系构建

坚持“引领创新、支撑创新、主导创新、服务创新”的原则，各组织以创新活动为纽带，围绕产业重大关键、共性技术难题，通过项目实施，促进了成果的产出示范和推广、产业链条延伸、产业集群形成和区域协同创新体系构建。京津冀地区联盟及产学研合作基于发起人不同，主要具有科研高校主导型和企业主导型三种类型：

1. 科研院校主导下合作，促进了创新成果跨区域的流动

科研机构、高等院校是科技创新源头。它们与各地科研高校、龙头企业、农民专业合作社等创新主体开展技术领域合作攻关，或在当地建立示范基地、技术培训、专家咨询等直接开展技术成果转化活动，促进了科技成果在区域内的快速流动，并快速转化为生产力，助力农业产业转型升级。

第一，组建技术攻关合作联盟。京津冀三地通过项目合作、共建研究中心等方式，围绕解决产业发展中共性和关键性技术问题，开展联合攻关。2014年，农业部支持下，中国农业科学院等国家级、省级和地市级农业科研

机构共同成立了“国家农业科技创新服务联盟”，着力解决农业全局性重大战略与共性技术难题和区域性农业发展重大关键性技术问题。2014 年，在科技部、市科技局等政府职能部门支持下，北京市农林科学院联合津冀农科院成立了“京津冀农业科技创新联盟”，围绕三院共建实验室和联合攻关需求，每年从自有资金中拿出 500 万元，将科技服务延伸到河北张家口、承德地区。2015 年，北京林业大学建立了“白洋淀生态研究院”，参与了雄县生态农业规划、通州城市副中心规划。北京营养源研究所与河北果仁食品有限责任公司合作，共同开发研制“二级压榨物理精炼杏仁油生产技术”“低脂杏仁粉生产技术”。

第二，以科技示范基地为核心增强技术协同。在市级或各区政府有关部门引导下，联合中央在京市属科研院校，通过项目带动、基地建设、技术培训、品种展示等方式，为京津冀农业发展注入科技力量。中国农业大学创新了“科技小院”模式，在河北邯郸、秦皇岛等地实践和开展科技成果转化活动。中国农业科学院与河北合作建立河北省廊坊市广阳区现代农业示范园在石家庄及赵县开展小麦、玉米节水技术集成与示范。中国林业科学研究院等 6 家单位于 2017 年在北京房山青龙湖地区建立“北京林业国际科技创新示范基地”，5 年内将实施 20 多个科研课题，着力解决园林绿化重点工程建设和产业开发中的技术“瓶颈”问题。北京林业大学发挥在枣、板栗等方面的学科优势，在京津冀建立 4 个科技试验示范基地。北京市农林科学院分别在唐山、廊坊、高碑店、徐水、张北坝、丰宁县、康保等地建立了小麦良种繁育基地、高寒蔬菜育种试验站、能源草示范基地、优质鸡养殖示范基地、玉米新品种试验示范基地。北京农学院在兴隆、怀来、滦平建有林果业、葡萄酒、食用菌的试验示范基地；在丰宁建立了林果产业、中药材产业两个扶贫工作站；北京农学院与承德农林科学院签订战略合作协议，依托小杂粮、甘薯、食用菌、中药材等特色作物建立了两个“教授工作站”。北京农职院主要围绕科技服务及培训方面开展京津冀合作，在服务方面每年在乡镇、企业等开展科技挂职；依托市农委、科技局、教育局开展科技服务；培训方面：在张家口、承德做培训，学校有一个党建工作部，主要给对口援建地区做培训。

第三，通过展会学术会议等交流形式提升行业影响力。京津冀三地借助举办高层论坛、学术会议、交流展会等，进行实地展示和现身说法，以会带展，促进区域合作、成果对接，扩大示范推广规模和影响。2013 年，北京林业大学与北京市水务局等单位联合成立了“北京市水土保持协会”，每年聚焦水源地保护、面源保护等领域召开研讨会。2014 年，京津冀三地农业科研机构召开“京津冀农业与水安全论坛”，中国科学院、中国农业科学院、中国农业大学、北京市农林科学院、北京农学院、天津市农业科学院、河北省农林科学院等单位签署了“京津冀农业与水安全协同创新战略联盟”协议，致力于凝聚三地科研力量，进行更加紧密的合作。在产品展示、品种推介方面，自 2004 年始，北京与承德联合举办了首届“京承农业项目洽谈暨农产品推介会”，展示承德名优新特农产品，签订农业合作项目 43 项，总投资 13.2 亿元。2013 年签订农业合作项目 12 项，总投资达 141 亿元。

第四，专业技术人员直接参与经营或提供技术支撑。科研院所、高校的专业技术人员，通过技术承包、入股、转让、咨询、培训等多种形式，参与地区农业生产经营或提供技术支撑。如，北京市农林科学院通过技术入股、技术转让及委托等方式，缓控释肥料技术、沼液滴灌施肥技术、样品检测及 AM 真菌等成熟技术，与京津冀及外埠的高校、企业等开展了广泛的合作，提供科技服务工作。同时，该院专家和推广人员深入京津冀的市场一线，从播种、出苗到除草、追肥等田间管理的关键环节，全程技术指导示范基地农户生产。自 2014 年始，北京市农林科学院依托北京市农委“‘菜篮子’新型经营主体能力提升项目”，创新建立百名专家对接百个基地的“双百对接基地”技术服务模式，并将服务延伸到津冀地区。据统计，2014 年北京市农林科学院在天津、河北两地共开展技术培训 50 次，培训 1000 人次，为农户提供水产、畜牧养殖、蔬菜、小麦、玉米种植等多项技术。

2. 企业主导下合作，促进了产业链延伸和产业集群形成

在京津冀一体化背景下，由行业内具有影响力的农业科技园区、示范基地、大型农业龙头企业牵头，对接各地相关创新主体，围绕市场需要开展创新活动和跨区域布局产业链，促进产业集群形成。目前，在京津冀地区有龙头企业主导技术创新联盟和龙头企业基于产业链开展技术合作。

第一，龙头企业主导的技术创新联盟。龙头企业围绕制约产业发展的关键技术环节，联合科研院所进行研发，提升自主创新能力。首都食用菌产业科技创新服务联盟，2014 年由绿源永乐（北京）农业科技发展有限公司牵头，会同北京市农林科学院，联合京津冀致力于食用菌产业发展的企事业单位等 35 家联盟单位共同组建，通过组织公益性事业及商业性经济协作，为食用菌产业发展提供有效科技服务，促进京津冀食用菌产业协同发展。国家设

施蔬菜产业技术创新战略联盟，2014 年由山东省寿光蔬菜产业集团有限公司牵头，先后承担及参与国家和省部级科研项目 32 项，积累了丰富的科研成果。2018 年联盟在河北、山东等地建设核心示范基地 5 个，示范面积为 6.5 万亩，辐射面积为 13.6 万亩，示范区化肥减施 30%以上，农药减量施用 35%以上，肥料利用率提高 15 个百分点以上，农药利用率提高 12 个百分点以上，蔬菜平均增产 4.7%以上。京津冀微藻与水族产业技术创新联盟，2017 年由天津的企业牵头，联合三地科研机构成立，推动相关的技术研发、标准化、产业化工作，加速推动相关技术的产业化运作，并带动区域产业技术升级。

第二，龙头企业基于产业链的技术合作。以围绕市场需求为核心，京津冀三地企业以产业链条为基础，基础研究、关键攻关、装备研制与示范应用的纵向创新链相结合的一体化开展科技创新活动，促进了上下游企业对接合作、跨产业企业间对接合作。一是北京龙头企业跨区域开展产业链布局，打造空间布局合理，产业链完整的现代化安全食品生产、流通和运营体系，提升“菜篮子”产品应急保障能力。如，北京三元集团有限公司，在 2005 年就与承德市人民政府签订合作协议，以联合成立股份公司的形式将基地主体转移到承德。首农集团 2014 年与河北省政府签署了战略合作框架协议，在河北共建了 47 个农产品生产基地及 10 个现代农产品物流园，推动河北农产品在北京的市场份额由以前的 45%提高到 54%。首农集团还在天津东疆保税区合作设立了 2 个农产品进出口企业。二商集团累计投资 2.8 亿元，在河北省建设了生猪养殖、蛋品生产加工基地等 7 个重点项目。千喜鹤集团、顺鑫农业公司等 65 家国家级农业产业化龙头企业进驻承德，投资总额达到 113 亿元。新奥集团在廊坊投资建立新苑阳光环京津冀安全农产品产业园，以高新农业技术为导向，打造以蔬菜瓜果温室、大棚等设施农业为主的高效节水灌溉精品项目，推广建设农业社会化服务体系、标准化种植体系、冷链物流配送体系及安全监测可追溯体系，成为环京津安全农产品服务商。二是河北企业积极利用北京大市场优势，采取农超对接、建立物流基地等方式，提高农产品供京比例。如，廊坊市有 55 家龙头企业与北京 18 家大型超市和驻京单位签订了长期供应合同，与北京企业集团合作建设了华北现代农业科技物流园项目和草莓种植观光采摘项目，总投资超 100 亿元。

（三）联盟产业不断聚焦和优化，创新引领区域产业转型升级

京津冀地区涉农联盟，在优化“菜篮子”产品生产布局，搭建基于科技

园、示范基地的技术示范载体，辐射带动区域传统产业实现转型升级。

1. 优化“菜篮子”生产布局，协同创新推进产业转型升级

北京充分发挥首都农产品市场优势、农业科技优势、农业企业优势，与河北省、天津市签署了《2016 年京冀农业协同发展工作要点备忘录》，重点建设“菜篮子一小时物流圈”，提升津冀蔬菜供京比例，对畜禽养殖业进行有效疏解，促进养殖业产业化发展一体化。

第一，蔬菜产业。北京以周边 20 个蔬菜主产县为重点，建立了环京津一小时物流圈，蔬菜供京比重达 49%。三地协同开展蔬菜新品种联合展示 1000 多个品种，实现产销数据共建共享。在张家口、承德地区重点推广蔬菜产地商品化技术和贮藏保鲜技术、节水技术等 5 项，带动了当地现代农业发展和农民增收。在津冀共建设 164 个蔬菜生产基地，其中：绿控基地 95 个，扶持建设外埠蔬菜生产基地达 69 个，超过 30 万亩。

第二，畜禽养殖业。三地签订了《京津冀协同发展畜牧兽医合作框架协议》，重点从产业对接、执法联动、检测资源共享、人员科技信息协作等方面，按照做精畜牧业要求，不断优化畜牧产业布局，疏解畜禽养殖总量。截至 2017 年底，北京市在津冀建立畜牧业外埠基地 57 个，年出栏生猪 45 万头，肉禽 6000 万只，年产生鲜乳 7 万吨，实现了产业疏解和首都市场畜产品安全供应的有机结合，提升了首都肉蛋奶市场供应和应急保障能力。

第三，渔业。三地签署了《关于建立京津冀渔政协同执法机制的协议书》，北京市农业局、河北省农业厅联合发布了《关于官厅水库禁渔期的通告》，共同举办了“2016 年京冀渔业资源增殖放流暨官厅水库联合禁渔启动仪式”，实现了官厅水库放流时间、禁渔时间、执法时间的“三统一”，为实现官厅水库、拒马河、潮白河等水域协同执法提供了政策保障。另外，逐步形成以北京市苗种企业为龙头，扩大河北、天津虹鳟鱼、鲟鱼、观赏鱼的养殖面积，产品供应首都市场的产业化发展模式。

2. 依托科技平台开展产业链合作，发挥了技术辐射带动作用

京津冀三地通过共建农业科技示范基地、科技园区等平台，以技术组装集成、科技成果转化及示范推广为核心，以体制机制创新为动力，联合开展农业新技术、新成果、新品种的研发试验、展示示范和技术培训，推动产业技术协同发展。如，2011 年 8 月，北京市津冀两地筹建天津宝坻的北京科技园，天津蓟县的健康科技产业园和河北承德的中小企业科技园，积极将创新

资源引向周边地区，推动区域间科技合作与产业对接。2015年顺义区与威县合作，建立“威县·顺义产业园”，以承接顺义区外迁的装备制造、农产品深加工和商贸物流等产业项目，同时，发展特色农业，建设籽种产业基地、花卉苗木基地和农产品加工生产基地，以提高两地现代农业管理和科技服务水平。自2016年始，将基地发展到津冀地区，现已发展了13个基地。天津市农科院以武清、宝坻、蓟县、宁河现有的农产品生产基地为重点，与北京地区科研高校单位合作，共同建设面向北京市场的新、特、名、优农产品生产基地。同时，京津两地科研院所将在河北省建设以生猪、肉牛、肉羊为重点的高标准畜禽产品生产基地，直接参与河北省畜禽养殖业标准化改造提升工程建设。

（四）联盟积极组织开展技术创新工作，成果产出绩效显著

联盟成员积极参与和主持国家科技支撑计划项目以及行业重点研发项目，在科技创新成果、发明专利、标准创制、新产品研发、人才培养、专著和论文产出等方面取得了多项重大成果，提升了产业结构转型升级的技术支撑能力。

1. 积极参与或承担各级各类创新项目任务，取得多项重大成果

根据科技部农口联盟秘书处提供的《农业产业技术创新战略联盟十年领域发展报告》，据不完全统计，自2007年以来，36家全国涉农联盟共承担国家“863”“973”重点科技计划项目354项，各级各类科研课题合计经费投入60多亿元。联盟各成员单位获各级各类科技奖励、荣誉和称号1585项，开发新产品、新技术、新工艺1.6万项，研发新装置1748台（套），制修订国际标准10项，国家标准231项，行业标准、地方标准、团体标准等合计622项，颁布联盟标准29项。

2. 实施了自主创新计划，应对生产实践中的技术难题

各联盟积极组织成员单位联合攻关，发挥各方动能，共同解决制约行业发展的关键共性技术问题，取得了显著成效。2018年，畜禽良种联盟设立创新项目8项，促进学科群内各实验室、实验站与产业联盟成员单位间的融合发展。畜禽良种联盟十年来培育的39个新品种或配套系，降低了对国外引进品种的依赖程度。特别是北京市华都峪口禽业有限责任公司等单位培育蛋鸡品种，实现红、粉、白全覆盖，实现蛋鸡行业由“中国制造”到“中国创造”的转变，蛋鸡产业步入国产化时代。

（五）跨区域发展政策环境不断完善，促进产业管理创新

1. 建立信息沟通和资源共享机制，推动了要素市场一体化

由于京津冀处于3个独立的行政区域，长期各自相对独立发展，京津冀现代农业协作仍处于初级阶段。农业技术创新具有广泛的外部效应和公共物品特征，需要平台及制度的推动，三地政府主导下建立了区域信息沟通机制，为联盟成员协同开展创新提供了良好制度环境。

第一，建立定期磋商和会商协办机制。京津冀有关农业部门定期召开座谈会，讨论确定京津冀农业科技合作政策、规划，研究解决京津冀协同发展中需要协调的重大问题，加强三地政策互动，促进协同发展。如，京冀签署《京涿农业协作、安全与发展备忘录》，建立信息通报制度，以共同防控动植物疫情和有害生物，合作筑起首都生态安全绿色屏障。根据《京津冀协同发展畜牧兽医合作框架协议》，三地共同推进重大动物疫病联防联控转型升级，实行疫情信息共享和横向沟通，共建风险评估、预警模型和网络。京津冀还建立农产品质量安全协同监管工作机制，实现农产品质量安全检测结果互认。

第二，建立了品种联合审定机制。2015年3月，北京市农村工作委员会、天津市农村工作委员会、河北省农业厅签署《推进现代农业协同发展框架协议》，强调三地将突出大城市农业功能定位，重点在籽种、会展、观光休闲、沟域经济等方面开展交流，在农业新技术、新品种、新设施推广及动植物疫病联防联控和节水、循环、低碳农业发展等方面开展科研合作，共同开发农业生产、生活、生态等功能。在此合作框架下，2015年5月，北京市农业局、天津市农村工作委员会、河北省农业厅共同印发《关于建立京津冀一体化农作物品种审定机制的意见》，规定在保留京津冀独立开展农作物品种审定的基础上，京津冀三省市农业行政主管部门共同确定水稻、小麦、玉米、棉花、大豆等主要农作物相适应区域的试验区组、试验方案和品种审定标准，实现统一审定。

第三，建立了科技创新资源共享机制。为解决信息不对称性、管理机制条块分割问题，在各级政府支持下，京津冀地区通过搭建基于“互联网”服务平台，促进仪器设备、科技成果、信息数据、研发队伍等科技资源实现对接、共享和集中示范。如，北京市通过组建信息化服务联盟，助力河北搭建农产品产销对接平台，推动京外基地与京内研发、菜篮子产品销售网络有效对接。12396北京新农村科技服务热线，由市科委农村发展中心与市农林科学

院联合共建，为津冀地区农户提供新品种新良种、农业生产技术咨询、农产品市场信息咨询、农业政策法规信息咨询、农村生活常识信息咨询、专家的双向视频诊断等信息服务。建立了农产品市场行情信息服务体系，横向上开展京（北京）冀（河北）农产品市场信息合作、共享，在环北京 24 个蔬菜主产县部署、建立了 200 个蔬菜产销信息监测点，动态采集蔬菜生产、销售、进京情况的数据，每年信息采集量达 500 多万条。结合农民手机应用培训的契机，推出“菜篮子”市场信息微信号，为京津冀农业生产经营主体提供每日价格查询、历史走势查询、市场报告等服务。

2. 联盟主持或参与政策顶层设计，探索区域一体化管理机制

联盟发挥了智库作用，牵头组织编写技术预测、产业发展报告，为产业发展提供支持。如，花卉产业技术战略创新联盟，2013—2016 年连续 4 年参与了《中国花卉产业发展报告》《中国花卉产业发展战略研究》等编写工作；编写了《北京市花卉产业“十三五”发展规划》《京津冀花卉产业调研报告》《京津冀花卉产业协同发展战略研究》报告，制定《京津冀花卉产业技术路线图》，为促进京津冀花卉产业发展与协同创新提供了战略指引。

在政府部门支持下，联盟成员以科研项目为合作的切入点，促进京津冀一体化的产业技术创新体系建设。2017 年，在国家林业局指导下，中国林科院联合在京林业科研机构，组织编写了京津冀生态率先突破、长江经济带生态保护、“一带一路”生态互联互惠三大创新行动方案，并筹建“三大区域协同科技创新中心”，进一步集中科技资源优势，攻克区域生态建设面临的重大共性关键技术，支撑国家生态文明建设和国家战略实施。2017 年，在京津冀领导小组组织下，科技部、北京市科技局、天津市科技局和河北省科技厅等单位参加的第七次会议，确定了京津冀科技协同创新工作要点，构建了“1+3 联动”机制，即科技部牵头，三地联动共建“白洋淀科特派基地”、建设环首都现代农业科技示范带。

四、联盟推动京津冀产业协同发展存在的问题

（一）联盟组织规模发展缓慢

1. 联盟活跃程度不高

2009—2015 年应该是北京市联盟发展最好的几年，在市政府相关部门牵

头组织下，财政项目的牵引下，科研机构、高校和企业齐心协力建设联盟，工作开展比较顺利。随着支持联盟建设的科研项目减少，行政事业的领导职务改革，领导干部不允许在社会团体兼职，联盟没有政府项目支持，没有领导干部支持，工作没有了抓手，联盟成员凝聚力、吸引力大大降低。政府部门、社会组织、科研高校等机构，对于组织联盟开展活动的积极性不高。管理责任大，工作又推不动，成员也不认可。2016 年之后，联盟数量维持现状，每年活动也还那么多。挂靠业务单位在年底评级、年检、盖章、注册的时候能见到活动，平时几乎没什么集体活动。

2. 联盟组织数量不多

如前面调研显示，北京市涉农联盟只有 11 家，全国性试点联盟只有 36 家，京津冀区域涉农联盟不超过 50 家。仅北京地区有涉农企业 3000 多家，现有联盟成员企业单位不足 5%。因此，无论从联盟组织的数量，还是联盟成员的数量，联盟的规模还是很小。近年来，北京市民政部门对联盟审批权收紧，不轻易给联盟注册，新获批的联盟数量屈指可数。原因主要是联盟的注册审批权与业务管理权不一致，管理体制不顺，管理责任大要求多。民政部门除负责审核联盟注册资料外，还要负责获批联盟的年检、盖章等工作。尤其近年来，上级对于联盟管理要求明显增多，要求管理上不留死角，要开展社团评级、工作走访、党建会议等各种要求。联盟具有松散型组织特点，本来管理难度就大，加上联盟业务管理归行业主管部门不归民政部门，所以，审批机构对新建的联盟申请，采取了减少审批数量和严格审批程序。如，中关村科技园区要新增一家联盟，要经过党委会批准，再经过专家论证之后才可以。

3. 联盟发展方向不清晰

一些联盟为积极响应中央和市级文件精神，在政府部门推动下开展合作。联盟成立初期，以政府项目和财政资金投入为纽带，订立了发展目标、章程和中长期任务等。随着科研管理体制、领导干部管理制度等改革政策实施，原有联盟出现了秘书处挂靠难、秘书长人选难、盟主影响力不够等问题，使联盟吸引力、创新能力和行业影响力都在下降。（1）联盟秘书处处境尴尬。通常联盟秘书处挂靠在理事长单位，依托理事长单位开展业务，自身并不承担科研项目和技术推广活动。现有政策不允许秘书处挂靠在政府和事业单位，削弱了联盟威信力和影响力。纯粹企业担任理事长，所策划的联盟活动倾向于服务所在企业，对其他企业影响和吸引力不足，工作不易开展。（2）秘书长人选难定。政策不允许领导干部兼职联盟秘书长，如果招聘年轻人、退休人员，则面临着经验不足或年龄太大，缺少高素质的管理人才，更缺少能够带领联盟成员团结奋战，打硬仗、打胜仗的领军人物。（3）农业领域企业实力不强，盟主影响力不够。农业弱质产业特点，各行业领军性企业不多。以前，靠政府项目牵引、相关领导的人脉、威信等维持，行业内大企业、中小企业有“主心骨”，联盟活跃程度比较高。现在，有实力企业不多且积极性不高，加上在计划管理体制尚未完全改变情况，发展支持项目减少，造成了联盟发展方向不明朗。因此，原有联盟亟须转变依靠政府项目牵引的发展思路，建立真正符合本行业特点的市场运营模式和商业模式。

4. 联盟与协会等社团组织职能重叠

在对联盟的调研过程中发现，农业产业技术创新战略联盟与相关行业内已有的协会、学会等组织功能相近，职责类似。由于各协会、学会组织一般经历过正式注册，其组织结构更加合理，管理体系更加科学，成员之间的联系更加紧密，组织活动内容更加丰富，能够起到更多的实际效果。而产业技术创新战略联盟往往较为松散和随意，对内部成员没有硬性的约束，且功能被各类协会、学会所替代，因此呈现出发展后劲不足的状态，特别是一些由政府部门牵头成立的联盟，已名存实亡。

（二）联盟领域布局尚需优化

1. 联盟重点领域关注不够

基于北京科技资源分布的特点，目前，科技联盟理事单位基本上集中在海淀、朝阳、丰台、西城等北京城近郊区范围内，郊区分布比较少。与其他产业不同，北京现代农业的大部分产业还主要分布在郊区。这种区域的局限性，不利于科技联盟在一个较大的区域内配置资源。同时，对照“十三五”农业科技发展规划，从科技联盟的行业布局上看，目前在数字农业、低碳循环等领域是空白，生态环境领域联盟也不完整。布局上的局限性，导致资金来源和服务对象基本局限在城区，资源集聚程度较低，可能出现产业分工、产业链的某些关键环节缺失，限制科技联盟对产业创新体系支撑作用的充分发挥。天津市现有联盟所涵盖的行业领域较为狭窄，特别是在投入—产出效益较低的传统种植业、具有天津特色的蔬菜育种、奶牛养殖等种养产业，以及农业绿色发展工程技术和投入品领域等，联盟发展仍属空白，不能满足农业转型发展与市场化的需要。

2. 关键技术环节创新仍需加强

联盟是一个复合体，其协同创新发展要求复合体中的各要素相互作用，同时要求各成员间有一致的发展目标和诉求。就调查情况来看，目前，联盟各成员的研究水平、开发能力、成果转化效果和与市场对接情况均有所不同，其对技术的需求存在较大差异，协调各成员之间，以某一项技术为核心，开展协同创新存在较大难度。各地联盟目前所开展的工作，更多地体现于技术前沿研讨、产学研对接和各种联谊活动、政策解读等方面，没有很好地切合企业的研发需求，未能为成员提供深层次的创新服务，解决企业发展中存在的实际问题。与国家对产业技术联盟所要求的工作内容相比，各地联盟在联合攻关和技术研发、开展成果转化及产业发展促进、开展领域（行业）服务、标准制定、联盟品牌建设、国际化合作等工作内容进展缓慢。而这些是联盟需要开展的实质性工作内容，也是衡量联盟建设绩效的重要方面。

（三）联盟市场运行机制有待改善

1. 技术需求引导的市场推动力不足

农业技术创新的投资回报率不高、风险大、企业规模小且分散等特点，导致农业领域企业主导协同创新的能力和内生动力不足。现阶段，三地科技协同政府成为主要推动力量，呈现“大政府，小市场”特点，企业市场推动力量不足。京津冀成立的产业技术联盟大多都是政府推动下，虽然集聚了中央在京的、北京市、天津市、河北省的高校和科研院所、著名龙头企业，但还是高校或科研机构处于主导地位，中介机构、行业协会、农民专业合作组织成员单位数量少，且由于自身实力和科研能力弱，在联盟中也缺少话语权，无法满足技术需求。

2. 区域协同合作深度有待提高

由于京津冀产业技术联盟成立时间短，缺少经验，所开展的工作也在不断探索中。科研机构主导下的联盟，目前所开展的工作，更多地体现于技术前沿研讨、产学研对接、各种联谊活动等方面，联盟成员通过科技示范园区、科学试验基地、专家试验站等方式在外埠开展技术成果示范和推广工作，还面临着区域间的协作障碍，推动成果转化方式和手段还不是很丰富。省际科技资源的共享范围和合作程度有限，尤其是区域之间科学数据资源尚缺乏有效管理，在数据标准化、规范化方面也面临较多困难，数据应用服务系统和分布式数据库网上管理与发布服务技术尚不成熟，阻碍了区域科技资源的有效共享和高效使用。

（四）支持联盟发展的政策环境尚需优化

1. 联盟行政和业务管理体制不顺畅

从行政管理体制上看，农业部、科技部、高校、科研院所都牵头建立过很多联盟，牵扯管理机构多、部门多。行业内的核心成员就那么多，以致很多机构同时参加多个联盟。从业务上看，各自管理部门都有自己的业务工作目标，彼此之间差别又较大，都是各说各的事儿，各交各方的差。长此以往，联盟成员努力方向经常发生变化，为了应付各联盟任务，低水平重复提交创新成果、科研业绩，联盟集成创新的作用并没有真正发挥出来，联盟建设"一盘棋、一体化"的问题也亟须解决。从联盟成员构成上看，产学研各部门属于不同的管理体系，呈现出明显的多部门、多环节的条块化管理特点，人为割裂了创新链条，造成经济、科技、教育和产业等多个部门之间长期彼此分割、相互脱节。科技资源主要分布在公立的高等院校和科研机构，以企业为主体建设的联盟，协同创新成本高，必然使创新活动效果大打折扣。

2. 农业领域联盟建设支持力度不够

2004—2015 年，各级部门对联盟建设，无论科研项目还是联盟建设等方面支持资金都比较充足。尤其是全国性联盟，一般都是承担国家或行业发展的重点项目。自从"十三五"以后，国家科技部、地方各级科技管理部门这部分资金大幅度削减，依靠企业根据行业需要，自筹资金进行研发。对于北京市而言，市科技局、中关村科技园区都设有联盟专项基金，为支持联盟成员开展活动，提高活跃度，但金额不太大。与其他一些高新技术企业不同，农业公益性强，产业链细长增值效益不明显。随着政府支持项目大幅度减少，企业投资建设积极性不高，造成了联盟创新能力有所减弱，吸引力和发展后劲不足。

五、京津冀协同发展下联盟建设面临的机遇和挑战

（一）面临的机遇

未来一段时期，新一轮科技革命和产业变革加速推进，交叉融合、相互渗透的创新态势，京津冀协同创新深入推进，将重塑区域科技产业发展格局。

1. 非首都核心功能疏解对各地区定位提出新要求

北京非首都核心功能向外埠转移，将打破行政壁垒，推进人才、资金、技术跨行政区域优化配置，也将进一步调整优化三地农业产业结构和空间布局，推动形成定位清晰、结构合理、功能互补的一体化现代农业产业体系，区域内农业发展方式将由高产向高效转变。为保障区域内农业提质增效和转型升级，京津冀必须在设施农业、健康养殖、农产品质量安全方面加大科技协同创新与推广服务力度。围绕设施农业的发展，开展实施装备、精准控制系统等配套成果示范，推进设施蔬菜品种研发、高效栽培技术示范推广；开展奶业、蛋鸡、种猪养殖科技示范，提升种养殖的整体效益，带动京津冀农民增收；建设安全食品产业聚集区，推动农产品加工与资源综合利用技术的集成应用和产业示范，保障京津冀居民食品安全。

2. 企业创新主体定位要求协同有新的商业模式

科研管理体制改革，倒逼联盟建设模式必须发生改变。从依赖政府项目的牵引到发挥企业市场主体地位，提升联盟成员创新投入的积极性，建立以企业为创新主体，推动成员之间开展实质合作的商业模式。以联盟为平台，以行业技术需求为导向，以项目为纽带，主动在搭建创新平台、共享仪器设备、组织科技攻关、建设示范基地等方面广泛对接，推进产学研各主体之间知识共享、知识协同与知识创造，进而推动科研创新走向市场，走向自我发展的良性循环道路上，引领和支撑京津冀区域现代农业发展。

3. 信息技术使区域产业技术协同有了新手段

随着信息技术时代的到来，大数据、人工智能、物联网等新一代数字技术和共享经济理念，越来越广泛应用在农业生产领域。信息技术突破了产业技术创新和推广工作的时空局限，满足了现代农业多样化生产需求，成为行业管理、技术创新、成果推广的重要手段和支撑。多领域、跨区域的技术创新服务平台搭建，打破行政区域限制，面向各类服务主体实现了智能化、实时化培训、语音问答和信息推送，凸显技术创新和信息服务的便捷化和活力，将在未来构建新型产业技术协同创新体系中发挥重要作用。牢固树立京津冀三地协同发展“一盘棋”思想，大力发挥信息技术在三地创新合作中的作用，深化农业产业技术服务的数据源中心、服务源中心、物联网服务中心和农业网上交易中心的建设，促进创新链、产业链、资金链、市场需求的有机衔接，消除科技创新中“孤岛现象”，实现产学研间的深度融合和创新要素的有效组合。

（二）面临的挑战

1. 京津冀区域协同面临着制度壁垒

京津冀合作的最大制约是行政区划和“分灶吃饭”的分税制及所谓“总部经济”造成的彼此割裂的利益格局。这种“诸侯经济”，致使京津冀区域之间在市场基础上的整合还存在许多深层次的制度壁垒，三地内资源共建、共享与开放不足。区域合作协作过多地依赖政府推动层面，签订的协议大多停留在纸面上，没有实质性动作。如，按照财务管理制度，地方财政资金不能出省（市），也就是北京市的财政项目不能用于津冀地区的科研创新活动。尽管，北京确立了全国科技创新中心地位，但津冀科技创新的功能定位和区域分工有待进一步明确，政府间高层次的协同创新磋商机制有待进一步健全，尤其是在区域科技规划、科技政策、重大项目、科技标准等沟通协同机制方面有待进一步完善，协同机制还缺乏有效的制度保障，区域农业产业技术协同创新活跃度偏低。

2. 经济水平差异制约着资源要素相互流动

三地经济发展水平存在巨大差距，京津财政实力强，农业规模小，工业反哺农业、城市支持农村的基础好、力度大；河北农业规模大、基础弱，产业配套能力差，人均生产总值只相当于京津的一半，财政支农能力有限。这种状况使河北在现代农业协同发展中处于相对弱势。2017 年，北京市居民人均可支配收入达到 57229.8 元，位居全国第二位，是天津市的 1.5 倍，是河北省的 2.7 倍。北京市 R&D 经费支出为 1595.7 亿元，位居全国第四位，R&D 经费投入强度达到 5.64%，位居全国第一位，比全国平均水平高出 3.51 个百分点，远高于津冀（见表 9-9）。京津都市现代农业发展处于全国领先水平，河北现代农业发展正处于成长期，国家级和省级贫困县还有 57 个。京津和河北之间较大的发展差异，导致市场对京津冀内资源配置的决定性作用不能充分发挥。突出表现为区域内人才、资金等生产要素“虹吸”效应明显，河北科技资源、龙头企业都向京津集中，而京津对河北的辐射效应小。虽然，京津冀三地的科研单位和高等院校已经开展多方面的合作，但是，由于北京市周边各城市在落户指标、薪酬待遇、发展机会、公共服务、社会保障、职称认定等方面缺乏吸引力，众多高端人才还是优先选择流向北京。加之目前京津冀在支持科技人才创新创业政策、激励与评价政策等方面存在较大落差，三地一体化的人才市场也面临诸多的行政壁垒和制度障碍，致使区内科技人才、农技人才的培养与交流难以推进。

表 9-9 2017 年京津冀三地居民收入与 R&D 经费支出情况

	人均居民可支配收入（元）	R&D 经费支出（亿元）	R&D 经费投入强度（%）
全国	25973. 8	17606. 1	2. 13
北京市	57229. 8	1595. 7	5. 64
天津市	37022. 3	458. 7	2. 47
河北省	21484. 1	452. 0	1. 33

资料来源：《中国统计年鉴》（2017 年），国家统计局，2018 年；《2017 年全国科技经费投入统计公报》，国家统计局、科技部和财政部，2018 年。

3. 科研与行政管理体制制约创新要素向企业流动

长期以来，计划经济体制下形成的科技资源掌握在科研单位，而农业科研单位的考评机制引导着科研人员主要以争取课题经费数量、发表论文数量、培育和通过审定品种数量及获得新品种权、专利权等作为年度考核、职称晋升和荣誉推荐的重要依据，引导科技人员进行成果市场化、开展协同创新的评价导向缺乏。此外，现行的行政事业单位和企业社会保障体制的差异，使得科研人员顾虑事业身份和退休待遇保留问题，制约了科研人才向企业流动。多数种子企业总体上实力不够，规模不大，是靠买品种求生存，在获得育种优势资源和国家投资、稳定人才队伍等方面处于劣势，尚未做好接纳科研机构商业化育种领域的所有资源准备，承担农业科技创新联盟建设能力有限。

六、产业技术联盟建设的国内外经验借鉴

本节选取了五家科技部 A 级联盟，农业农村部牵头组建的国家农业科技创新服务联盟，以及美国、日本两个国家，对比分析联盟建设的经验，为完善京津冀联盟建设提供经验借鉴。

（一）我国产业技术创新联盟典型做法

1. 样本选取

根据中国产业技术创新战略联盟协同发展网、中关村国联产业协同创新发展促进中心联合发布的《2017 年产业技术创新战略联盟活跃度》评价报告，146 家联盟中，农业装备产业技术创新战略联盟、国家木竹产业技术创新战略联盟、花卉产业技术创新战略联盟，具有较高的活跃度。相较上述三家联盟，饲料产业技术创新战略联盟的活跃度一般。选取作为对照，比较分析

该联盟在组织机构建设与运行、协同创新活动、带动产业发展成效等方面，与活跃度较高联盟之间的差距。此外，2014 年在农业农村部推动下，涉农科研机构组建国家农业科技创新服务联盟，在推动农业科技创新、成果转化方面发挥了重要作用。本节选取上述五家联盟为典型，分析联盟在科技创新活动、取得成效，存在的问题以及各方在联盟管理方面的经验（见表 9-10）。

表 9-10　调研联盟的基本情况

联盟名称	成立时间	主管部门	联盟发起人	活跃度评价
农业装备产业技术创新战略联盟	2007 年	科技部，科技部推动的首批四个产业技术创新战略联盟之一	中国农业机械化科学研究院	98 分
国家木竹产业技术创新战略联盟	2009 年	科技部	中国林业科学研究院木材工业研究所	96 分
花卉产业技术创新战略联盟	2011 年	科技部，科技部批准的第三批国家级试点联盟	北京林业大学国家花卉工程技术研究中心	92 分
饲料产业技术创新战略联盟	2012 年	科技部，第一批试点成立的联盟	本联盟秘书长单位为中国农业科学院饲料研究所	51 分
国家农业科技创新服务联盟	2014 年	农业农村部	中国农业科学院	—

资料来源：课题组根据调研资料整理。

2. 国内各产业技术联盟的主要做法

（1）农业装备产业技术创新战略联盟

2007 年，中国农业机械化科学研究院联合农业装备行业的骨干企业、高校、科研院所共同组建。截至 2017 年底，联盟成员从最初的 15 家增加到 42 家，规模显著扩大。其中，骨干企业位居行业前列，专精特配套企业各具优势，企业的规模及收入占行业的 40%左右；高校具有农业装备理论和基础研究优势，科研院所具备地域特色。联盟以突破产业共性和关键技术瓶颈，培育重大产品创制的产业集群主体为目标，着力整合行业的优势科技资源、先进制造能力和产业创新人才，构建产业技术创新链和产学研结合的协同创新机制，引导产业发展，推动技术创新，支撑农机化和农机工业又好又快发展。主要创新工作，包括：

联盟自组建以来，组织实施了国家各类重点研发计划项目、科技支撑计划项目，发挥行业技术引领作用。实施一批联盟自主立项项目，取得了显著成绩。为应对企业面临的技术难题，联盟还采取自设课题方式，支持创新活动。联盟已为行业提供了近1000种农业装备新产品、1000多项农业装备数字化设计、精准高效作业、信息化及智能化关键共性技术。其中，设施结构创新，填补了国内空白，突破了设施园艺光—电—热调控利用方式及技术装备的集成应用、设施园艺清洁高效生产装备、养殖设施低碳节能、智能控制技术，满足了猪、蛋鸡和肉鸡等畜禽养殖集约化、生态化和健康化的需求。

在服务产业方面，积极组织及参与产业科技发展战略等研究，为政府和行业规划、决策提供支撑；组织专家参与编制国家重点研发计划“智能农机装备”重点专项2018年项目申报指南；深入推进多元化的产学研合作，强化辐射扩散、开放服务，全面支撑产业转型升级。

在联盟日常管理方面，布置落实联盟年度及各阶段工作；参与中国产业技术创新战略联盟协同发展网建设，探索适合联盟的可持续发展、产业融合、跨界合作、协同创新等机制。组织开展农业装备产业发展调研，深入探讨农业装备产业发展方向，发挥联盟智库作用。发挥联盟技术标准工作组机制和从标准提出、研究起草、制修订、实验验证到应用推广等标准工作体系，重点围绕联盟组织实施的国家科技计划项目需求，参与标委会组织的46项国家标准、行业标准研究及制修订工作，组织研制联盟技术标准5项。

（2）国家木竹产业技术创新战略联盟

2009年，中国林业科学研究院木材工业研究所联合木竹产业25家行业骨干企业（原则上年销售额不少于5亿元）和7家具有技术优势的科研机构和高等院校组建。截至2017年，联盟成员由成立时的32家发展到46家，其中，企业36家（12家上市公司和24家国家高新技术企业），高校和科研院所10家。企业占联盟成员单位数量的比重达到78%。联盟围绕“原料加工→材料制造（锯材、人造板）→终端产品制造（地板、木门、木家具等）→物流配送与安装服务”产业链，组织技术创新活动，突破木竹产业发展的技术瓶颈和体制约束，引领木竹产业发展。主要创新工作，包括：

① 承担国家重点研发计划项目，培育重大科技成果。推进种苗繁育、营造林、加工利用全产业链技术升级，加强基础、共性和集成示范类项目上游、中游、下游的有效衔接。组织申报、启动实施“十三五”重点专项，发挥联盟成员产业技术创新的先导优势。强化全产业链创新一体化组织实施，开展以速生用材、珍贵用材、工业原料等主要树种为纽带，联合资源培育、重大灾害防控、高效利用等产业链关键环节技术，增加林业科技有效供给。例如，

突破了超厚单板单元旋切制备、超厚单板精细分离、超厚单板应力去除与展平、材料重组结构优化设计等关键技术；突破了人工林杨木压缩增强、人工林杨木浸渍增强术、改性材专用无醛胶黏剂制备与胶接、改性杨木饰面术及实木家具设计与制造等关键技术，构建了由杨木材质改良、无醛胶接、饰面层合、产品设计等多个工艺环节组成的杨木低质材提质加工制造技术平台。技术成果已在多家企业得到推广，取得显著的经济效益。此外，联盟采取自设课题方式组织研发，及时应对企业面临的技术难题。如，2017 年联盟围绕木竹绿色、智能化加工制造等技术难题自设课题 8 项，筹集经费近 1000 万元。

② 发挥引领作用和平台技术优势，推动产学研单位深度合作。发挥联盟科研院所和高等院校成员单位的人才资源优势，向企业推荐“联盟科研特派员”，缓解了企业研发任务大幅度增加而科技计划组织协调力量不足的困境。截至 2017 年底，联盟已向企业选派科研特派员 12 人，协助企业开展项目研究、管理、技术攻关、专利挖掘、人才培养等工作，提升企业自主创新能力。

③ 组织召开国际性和国家级行业会议，针对企业需求特点，开展专题培训。采取“联盟专家企业行”的方式，专家针对木竹产业发展态势、热点问题和企业自身特别关注的问题，与企业进行了非常广泛又深入细致的交流讨论，促进了对联盟企业的了解，初步达成了多项多边合作和双边合作意向，实现了解企业、服务企业、加强交流、促进合作的目的。

④ 企业主导产学研联合攻关和决策机制发挥了重要作用。围绕木竹产业技术创新链构建，吸纳具有创新能力和产业特色的龙头企业加入，强化联盟技术创新链布局。加盟的企业全是木竹行业的核心骨干，年销售额均在 5 亿元以上，加盟的科研机构和大学在合作的技术领域均具有前沿最高水平。在联盟重大决策机制中，根据投票权来决定，而企业占多数，相应权重会增加。联盟建立专门管理机构，构建了有效的企业加盟机制、决策机制、知识产权和利益分配机制、研发立项机制、资源共享互惠机制等，有效地维护了联盟成员的利益，得到联盟成员的拥护。联盟运行经费来源多渠道，包括会费、专项研发项目资金、政府专项资助经费、社会捐赠、企业特别资助经费、联盟课题成果转化收益提留，以及联盟外单位委托研发课题经费等；其中，联盟重大事项决策机制，与成员缴纳会费关联。联盟在交流培训、与其他联盟之间建立协作关系、联盟成果宣传、联盟信息及时更新等方面做了较多工作，在行业内产生较大影响。

（3）花卉产业技术创新战略联盟

2011年，由北京林业大学国家花卉工程技术研究中心牵头组建。2015年北京市民政局注册成立社会团体，联盟的法人实体为“北京国佳花卉产业技术创新战略联盟”。是我国林业行业的第二家国家产业技术创新战略联盟；截至2017年底，联盟有成员单位69家，其中高校9家，科研院所19家，企业41家（含9家上市公司）。企业占联盟成员数量60%。联盟旨在以产业技术发展需求为导向，以提升我国花卉产业自主创新能力并形成产业核心竞争力为目标，以企业为主体，围绕花卉产业技术创新链，运用市场机制，集聚创新资源，实现产学研在战略层面的有机结合，共同突破花卉产业发展的技术瓶颈，促进技术集成创新和科技成果转化，推动了产业结构优化升级。主要创新工作，包括：

① 推动关键技术研发。积极组织申报“十三五”国家重大专项和重点研发计划等国家级项目；协助理事单位申报省部级、地方等各类项目，促进科技合作与推广。“十二五”期间承担科技课题120余项。获得了国家发明专利110余项，国家植物新品种权100余项、美国及欧盟品种专利各1项、植物新品种国际登录100余项；支持联盟自设项目，促进成员单位协同创新能力。与多地政府合作，规划并建设的花卉特色小镇，服务范围遍及国内10余个省份。

② 制定联盟标准。2017年，联盟完成全国团体标准信息平台的注册，正式成为团体标准信息平台团体用户。理事会通过了联盟标准化委员会章程以及标准化委员会第一届委员会成立标准化委员会，并开展团体标准项目申报工作，2017年申报团体标准8项。

③ 组织召开各类学术论坛。例如，2017年召开了花卉特色小镇高峰论坛、千种新花卉高峰论坛、中国观赏园艺学术研讨会、盐城大洋湾樱花高峰论坛、京津冀园林花木行业创新发展大会、上海国际月季研讨会、全国花卉产销形势分析会等学术会议，提升联盟影响力。

④ 开展国内外交流与合作。组织考察国外花卉行业的创新成果和前沿技术，并与国外植物园签订新品种引进等合作协议；对接北京城市副中心、雄安新区、花卉特色小镇、2019年北京世园会、2016年唐山世园会等重点工程生态建设需求，提供针对性服务。组织推动理事单位间、理事单位外“企业—高校—科研院所”之间的合作共建，协调创新。

⑤ 开展新技术新产品推广。联盟对花卉新技术、新品种进行市场推广，

包括“南天竹容器苗”“一种盐碱地绿化的模块及盐碱地绿化的方法”“多季茶花新品种及其快繁技术”等 11 项新技术及月季、野牡丹、紫薇、丁香等 20 余个新品种进行市场推广，已应用至园林工程、花卉市场销售，市场收入超过 1 亿元。

在组织管理方面，为适应国家对产业技术创新战略联盟要求的变化，完善联盟运行管理，联盟进一步完善科研项目、财务管理等各项规章制度，审议通过联盟标准化委员会章程；完成了联盟网站的更新与升级，建立联盟成员单位信息库和联盟成果库。联盟理事会审议并通过了联盟标准化委员会章程。聘用专职秘书，为联盟成员单位提供更优质的服务。加强各类创新服务平台建设。联盟共建有 14 个专业服务平台，其中，9 个共性技术服务平台、3 个科技咨询平台、1 个检测检验平台、1 个宣传展示平台。为联盟理事单位提供种质资源评价、新品种选育与推广、共性技术研发等方面服务，提升联盟企业技术创新能力，服务企业约 3600 余家。

（4）饲料产业技术创新战略联盟

2003 年发起组建，由中国农业科学院饲料研究所发起，其前身为北京“7+1”高科技饲料企业联合体，即由饲料所联合国内 7 家预混合饲料龙头企业，组成了一个利益共同体。2009 年，在“7+1”联合体的基础上，吸纳上下游饲料企业，核心成员 28 家，会员 825 家，形成了比较完整的饲料产业技术创新链——饲料产业技术创新战略联盟。2010 年 2 月饲料产业联盟被科技部列入全国 36 家试点单位之一，也是我国农业行业批准的 4 家产业技术创新战略联盟之一。主要创新工作，包括：

以服务饲料及养殖业产业发展重大科技需求为主线，实施了国家重点研发计划、“863”计划项目、农业公益性行业科研专项等项目，取得多项成果。主办“中国畜牧饲料科技与经济高层论坛”“中国生物饲料科技大会”“饲料酶制剂科技与产业发展大会”等，并针对实时发展行情策划和组织有特色的培训会，面向全国饲料企业开展技术培训，推动学术交流和提升行业影响力。示范推广羔羊早期断奶技术、新型生物饲料添加剂、冷水鱼养殖关键技术等，取得显著经济效益。

组织管理工作：

第一，秘书处为技术转移机构。产业技术创新链的环节如果没有技术转移机构是不完整的链条，技术转移机构起到承上启下的作用，对成果转化起到重要的作用。科研、生产和应用部门之间协作攻关是完成技术转移及成果转化的关键，科研单位以原有的试验基地进行关键技术的研究和技术的组装集成，通过中试基地、示范线进行展示，向周边地区推广示范，效果比较明显，为联盟协同创新和成果转化奠定了坚实的基础。

第二，建立内部协调与信任机制。联盟充分利用北京先试先行的政策，在北京民政局注册，从而具有一定的独立性、中立性和公正性。同时，本联盟还建立了联盟信息交流机制、联盟分级会议机制、联盟危机处理机制等有效的机制。

第三，多帮一和多边合作机制。联盟以求同存异为原则开展合作，一方需要，八方相助，成员企业由竞争转向竞合。同时，对于某个项目，不要求全体成员都统一都参加，而是采取更为灵活的多边合作模式，从而使联盟合作项目推进更快捷。

第四，完善的管理制度。包括联盟章程和日常事务管理制度，项目管理制度，经费管理制度，专职人员岗位职责管理制度，知识产权管理制度等。

（5）国家农业科技创新服务联盟

为了贯彻落实和扎实推进创新驱动发展战略，深化农业科技体制改革和农业科研治理机制，提高科技自主创新能力及效率，支撑我国现代农业发展，农业部、财政部于 2014 年 12 月 22 日建立了国家农业科技创新联盟。联盟是由农业部、财政部主导成立，由国家级、省级和地市级农业科研机构共同参与，着力解决农业全局性重大战略与共性技术难题和区域性农业发展重大关键性技术问题，开展农业科研协同创新的合作组织。主要创新工作，包括：

第一，加大农业科技供给。围绕支撑产业兴旺、生态宜居和生活富裕的科技需求，推动联盟在名特优新产品开发、生态循环模式创建、“农业+”新业态培育等方面强化协同攻关，加大科技供给。采取建立基地，打造示范乡村等方式，推动联盟优势资源转化，推动农业领域的技术进步、产业变革和绿色发展。

第二，聚焦重大产业问题、区域难题和基础性科技工作，在技术攻关和模式创新上取得突破。在解决产业共性关键问题方面，瞄准制约产业绿色、优质安全、低碳、循环发展的共性关键技术问题，研发应用一批新技术、新品种、新装备和绿色发展模式，着力推动产业转型升级和提质增效。针对区域重大难题，出台一体化综合解决方案。瞄准东北秸秆利用、华北超采区节水、西北旱区生态循环、西南热区石漠化等区域重大发展难题，加强技术熟化配套和系统集成，形成技术措施、工作措施、工程措施和政策措施“四位一体”的综合解决方案和推广应用模式。

第三，在基础性科技工作方面，围绕解决科学基础数据系统性不强、连续性不够、规范性不足等问题，推动联盟在土壤、环境等领域部署长期定位试验和观测监测，加强数据收集统计、分析评价和开发利用，为科学研究和政策制定提供服务和支撑。

组织管理方面：

第一，推动地方组建子联盟。该联盟是农业农村部主导下的科研机构的联盟，重点开展顶层设计、联盟建设指导、平台搭建等工作。为解决科技不接地气、精准企业技术需求问题，鼓励企业、教学、科研机构牵头组建了 60 多个子联盟，并积极发挥子联盟作用。全国的 13 个省（自治区、直辖市）投入财政资金共计 27 亿元，支持联盟建设和运行。其中，有 9 个省分别建立了本地联盟，吸纳本省优势科教单位和企业，围绕本地农业产业发展和科技创新重大关键问题开展协同攻关。同时，各地政府积极引导和鼓励本地科教企单位积极参与国家联盟建设，承接国家联盟在本地的试验示范、成果转化和推广应用。

第二，联盟成员遴选。一是科教单位广泛参与。全国有 340 多家科教、推广单位和近 2000 名科研骨干，以组建创新团队方式参与联盟建设，目前已经组建创新团队 135 个。各科教单位充分利用联盟这一平台，积极申报并承担国家重点研发计划、重点实验室、创新工程、基本科研业务费等各类项目和研究任务开展协同攻关。二是企业参与主导性增强。目前，37 个企业在种业、加工或装备领域牵头成立了联盟，吸收成员近千家，投入资金超过 5.1 亿元，在攻关任务凝练、研发投入、组织实施和成果转化应用中的企业主体作用越来越突出。

第三，资金来源。一是专项资金。申请国家各类科技计划（项目、资金）。二是企业投入。引导企业在新品种培育、新产品开发、新装备创制、新业态拓展等方面，加大投入力度。三是吸引社会资本共同投入。吸引风险投资、PPP 等社会资本参与联盟建设。

创新运行机制方面：

第一，推动实体化运行机制。通过实体化法人治理结构，推动联盟由虚拟化、松散型结构向实体化结构转变，由优势互补、联合协作的创新平台向利益共享风险共担的市场主体转变。例如，农业废弃物循环利用联盟积极推进建立实体化运行的市场主体，通过资本参与、科研院所技术入股、企业建设和运营投入的方式，为畜牧业大县废弃物资源化利用“整县推进”提供整体解决方案。

第二，探索一体化实施机制。围绕科技供求脱节的问题，采取提供一体化综合技术解决方案方式，构建研发一体化、转化一体化、示范一体化的机制，打通产业链各主体、各环节和各领域之间的通道。例如，棉花产业联盟推动“一地一品种”种植和配套植棉“技术包”应用，建立了从优质品种培育到订单化商品生产的一体化解决方案，实现订单合同商品棉品质提高1~2个等级，订单棉花加价1500元/吨，单位面积增收100元/亩。

第三，构建共建共享机制。构建“一站式”公共服务平台，促进数据、种质、仪器设备等科技资源共建共享。例如，农业大数据联盟将分散的农业科学数据、海内外商业数据、地方特色资源数据等多源异构信息融合在一个平台上，整合各类文献资源2000余万条、农业科学数据集600多个，构建了“一站式、一小时”信息服务模式，实现了联盟内科技文献信息资源99.9%的即时服务和保障水平。目前，已实现科技文献检索共享，“1小时文献信息快速服务”，未来将推动大型仪器平台共享。

3. 国内产业技术联盟建设经验对比分析

（1）联盟类型分析

第一，科研机构是联盟主要发起人。从联盟主导（即联盟发起人）角度分析，可分为龙头企业主导和科研院所主导两大类。上述五家联盟，科技部推动建立的产业技术创新战略联盟，农业部推动的科技创新服务联盟，发起人均是科研院所，但联盟成员构成有很大差别。战略联盟成员由企业、高校和科研机构，装备联盟、木竹联盟和花卉联盟，企业占比分别达到33%、78%和60%。国家农业科技服务联盟主要是科研机构的协同创新组织，科研机构占比达到85%。但该联盟下面很多子联盟，包括企业、地方各级涉农高校和科研机构（见表9-11）。

第二，致力于解决产业关键技术问题。从构建目标角度分析，可分为横向产业联合和纵向产业联合。产业技术创新联盟为解决产业发展急需的关键共性技术和核心技术问题，将具有市场前景的重大科技成果进行产业化研究开发和系统集成，围绕产业链条开展的纵向联合组织；科技创新服务联盟着力解决农业全局性重大战略与共性技术难题和区域性农业发展重大关键性技术问题，是农业科研机构的横向联合组织。从组织形式看，联盟大多在民政局进行了社团法人注册，具有法人实体地位，其余均为契约模式。

表 9-11　联盟成员构成

联盟名称	联盟成员数量（家）	企业（家）	大学（家）	科研机构（家）
农业装备产业技术创新战略联盟	42	14	17	11
国家木竹产业技术创新战略联盟	46	36	2	8
花卉产业技术创新战略联盟	69	41	9	19
饲料产业技术创新战略联盟	28	—	—	—
国家农业科技创新服务联盟	240	5	31	204

（2）联盟成员选择

好的联盟伙伴是联盟成功的前提，是决定联盟成功的关键因素。调研发现，联盟理事长单位对于成员选择均有一定的筛选过程和筛选标准。

第一，联盟具有较高门槛。为确保联盟发挥技术创新先导和行业领军作用，多数联盟要求成员需为从事与联盟技术和产业方向相关联的骨干企事业单位。申请人需具有一定的业绩和影响力，自身能力要强，企业销售额和净利润是重点关注指标。这种联合或是强强联合，或是优势互补。例如，装备联盟企业成员的规模及收入占行业 40%左右，骨干企业位居行业前列或是专精特配套企业，大学具有农业装备理论和基础研究优势，科研院所具备地域特色；木竹联盟选择的骨干企业，原则上年销售额不少于 5 亿元，科研机构和高等院校要具有技术优势。目前 36 家企业成员中，有 12 家上市公司和 24 家国家高新技术企业，均有良好的市场业绩和发展前景。

第二，较高诚信度和一致的价值取向。联盟成员合作关系较为松散，这样企业诚信度、自律行为及业内的口碑，成为考查成员重要的内容之一。申请单位要与联盟的战略相近、文化相容。也就是说价值观取向要一致。联盟成员之间只有具有相近的战略目标和文化价值取向，才能消除联盟方的异质性，从而维持联盟的稳定和持久性。例如，饲料产业技术创新战略联盟在联盟建立初期就有严格的筛选过程，有意加入联盟的企业或院所需提交申请表，之后由联盟理事会进行开会讨论做初步筛选，这种初步筛选所主要考核的方面就是申请企业或院所的业绩。通过初步筛选的企业或院所作为预备会员，参加 1~2 次联盟组织的活动，再由理事会判断该企业或院所的价值观取向与联盟是否一致。理事长介绍，每年申请加入联盟的企事业有 40 多家，但经过这样的严格筛选后，一般能获得审批的只有两三家。

（3）联盟开展的工作

联盟的作用是推动产业变革和技术进步。总结来看，联盟的工作包括：

第一，围绕产业链创新链开展科技活动。一是积极承担一批重点科技计划任务，联合攻克制约产业发展的共性、关键、核心技术难题。2017 年，科技部的 36 家农业领域联盟，围绕支撑引领现代农业发展，重点在粮食丰产提质增效、农业面源污染防控、农田重金属污染修复、智能农机装备、畜禽养殖安全、食品加工贮运、海洋渔业、林业资源高效利用以及宜居村镇等方面，组织实施或申报“十三五”国家重点研发计划项目任务 37 项，累计课题 400 余项。二是各联盟还主持承担了一批省部级科研课题，推动了一批成果获得社会肯定与奖励。据不完全统计，2017 年联盟各成员单位获国家级科技奖励 14 项，获省部级等科技奖励 100 余项。三是制定和发布联盟标准。联盟标准是介于国家标准和行业标准之间，可直接对接国际标准。新修订的《标准化法》明确国家鼓励产业技术联盟等社会团体制定标准。各联盟建立从标准提出、研究起草、制修订、实验验证到应用推广等标准工作体系，积极制定和申报团体标准。截至 2017 年，农业领域的 36 家联盟，正在制修订国际标准 11 项，已颁布国际标准 1 项，国家标准 61 项。

第二，开展成果转化及产业发展促进。一是建立项目发现和筛选机制。如，木竹产业技术创新战略联盟，组织联盟专家企业行活动，就木竹产业发展态势、热点问题和企业自身特别关注的问题进行交流讨论，为更快应对生产实践中的技术难题，同时为国家重大科研计划的实施打好基础。二是建立各类平台等，推进科技成果转化和产业化发展。如，花卉联盟已建立和参与建立 14 个专业服务平台，开展种质资源收集保存与鉴定、新品种选育与推广、生产技术研发、花卉数据分析、花卉拍卖交易服务等方面服务。

第三，开展创新服务。一是联盟为领域（行业）服务。引导领域（行业）服务资源开展合作，加强对领域（行业）的共性技术研发服务、技术转移和人才培养。例如，木竹产业技术创新战略联盟发挥科研院所和高等院校成员单位的人才资源优势，向企业推荐“联盟科研特派员”，缓解了企业研发任务大幅度增加而科技计划组织协调力量不足的困境。截至 2017 年底，联盟已向企业选派科研特派员 12 人，协助企业开展项目研究、管理、技术攻关、专利挖掘、人才培养等工作，提升企业自主创新能力。二是组织及参与产业科技发展战略研究，发布产业技术发展规划和发布产业发展报告，为政府和行业规划、决策提供支撑。三是为联盟成员服务。包括定期举办学术交流会、论坛、组织联盟成员参展，推介成员单位成果、开展行业政策研究、人才培养、国际化合作等，为联盟成员提供行业信息，促进产学研之间的行业交流与协作配套。

（4）联盟运营管理

产业技术联盟是一个非营利性民间组织（团体）。各个联盟在建立初期均制定了联盟章程，对联盟的运行管理进行了明确规定。

第一，联盟组织架构和日常管理规范。大多数联盟设有理事会、专家技术委员会、秘书处等机构，采取成员大会—理事会—秘书处的管理方式，定期召开理事会。根据《2017 年产业技术创新战略联盟活跃度》评价报告，装备、木竹、花卉等活跃度高的联盟，组织机构运转正常，运行规范。都能够定期、按照联盟协议规定召开理事会、专家（技术）委员会会议和秘书处工作会议，且配备了秘书处专职人员，制定了完备的秘书处工作制度，大多数联盟拥有对外宣传的网站或网页，发布内容及时更新。

第二，联盟运行经费来源多渠道。产业技术创新战略联盟，大多收取会费。木竹联盟为提高企业交纳会费积极性，将会费与联盟重大事项决策机制进行挂钩。要求每个企业每年交纳 5 万～30 万元。会费交纳多少，决定该企业在理事会的投票权权重。科研院校等事业单位不交纳会费，投票权重为 1。收取会费的联盟，其日常运作经费来自会费。此外，联盟还获得政府专项资金支持、社会捐赠、企业或理事长单位的特别资助、联盟课题成果转化收益提留，以及联盟外单位委托研发课题经费等。

（二）国外产业技术联盟建设经验分析

欧美日等发达国家战略联盟建设的成功经验，对首都科技联盟建设具有重要借鉴意义。本章概要分析了美国、日本和德国等发达国家政府引导产业技术创新联盟建设的主要做法，得到对产业技术联盟建设的几点启示。

1. 美国产业技术创新联盟建设

美国的产业技术联盟有独立法人地位，组织形式可以是企业或非营利机构。联盟主体成员是企业、政府机构、研究机构、大学和行业协会等，但企业在创新过程中发挥主导作用。联盟研究项目偏重于产品之前的研发，成员企业在下游技术市场展开竞争。联盟目标是促进产业技术进步、制定行业标准、提升产业技术设施，以满足成员企业的需要。

美国政府支持创新联盟只是一种方式，不是目的，是希望把创新联盟作为一种从总体上加强美国技术基础的方式，提高美国产业竞争力。在具体实践中，政府一般是在公司企业自己先觉得有了需要，有了初步设想和规划后，再对创新联盟的组建以及随后工作提供相应协助。政府引导与支持创新联盟的方式：

（1）发布科技战略规划

产业技术创新联盟涉及利益群体很多，关乎国内该产业的发展，因此，需要第三方来担任组织协调平衡各方面利益的工作。政府在产业界和学术界之间建立共同利益区，来推动产业的共性技术和基础技术的研发以及成果产业化。1996—1999 年，美国出台了一系列科技战略规划。自 20 世纪 90 年代以来，美政府的科技政策设置迈向全新的时期，重点转移到“促进技术开发、扩散、鼓励合作与产业化”。联盟政府为支持及提供工业竞争实力，对核心产业展开有效干预，提供技术及资金支持。在某些产业当中，对其关键、基础以及共性技术的探索设置了国家级别的科技规划。

美国政府参与联盟计划的制订与实施，指导创新联盟的成员企业就详细的研发计划与时间表进行协商。美国政府将具有关键技术优势的产业优质公司以及科研单位作为联盟主要备选成员，让其在产业链驱动、科技规范设置以及关键技术开发上发挥重要作用。通过许多优惠举措以及支持计划，引导中小企业主动参加联盟建设，促使其技术快速进步，为联盟提供了持续的活力。

（2）建立法律保障体系

美国产业技术创新联盟的发展一直受反垄断法的制约。为了跨越这种法律障碍，1984 年美国国会通过了国家合作研究法案。该法案降低了公司企业开展合作研究开发的法律门槛，为产业技术创新联盟的发展奠定了基础。美国制定了一系列的法律法规为产学研合作提供政策保障，并根据环境和形势的变化进行修订。从 1984—1993 年“国家合作研究法”历经几次修订，推进了创新联盟从研发升级至制造阶段，产业技术创新联盟能够集中资源开展合作生产，共同分摊新产品开发成本，降低失败风险。1985—1996 年是美国产业技术创新联盟成立的高潮期。根据美国司法部相关数据显示，这段时期内共成立了 609 个创新联盟，平均每年 50 个，主要集中于生物科技、信息科技、新材料技术和化学领域。截至 2004 年 8 月，已有 942 个产业技术创新联盟注册。

（3）经费保障

美国联邦政府原则上可以向产业技术创新联盟提供经费资助，以弥补其研究开发活动投入的不足。但具体是否提供资助，要根据下列因素决定。如联邦政府是否准备采购创新联盟研究开发出来的技术或产品；创新联盟的研究开发是否涉及公共利益，如卫生健康领域；创新联盟的研究开发是否涉及国家安全；创新联盟的研究开发是否不仅生产知识，还能培养顶尖人才等。凡符合上述条件的创新联盟研究开发活动，在资金安排允许的情况下，联邦政府均会给予经费资助。在联盟公司规模较小或者成立初期，政府向其提供较多财政支持，随着联盟发展壮大，政府便通过减少投资以提高联盟企业自我发展能力。此外，美国还将风险投资引进联盟，较好地处理了产学研协作当中的费用问题。

（4）联盟类型

美国产业技术创新联盟分为三类。第一，政府引导型。主要通过政府部门直接资金资助、多渠道引资筹资等方式，整合产业各方资源，诱导产业各方主体参与国家战略性技术研究。在该模式中，初期政府提供经费，直接对联盟的研发给予资助，并配套提供各项优惠措施；在运行中政府更多通过科技计划目标、产业技术发展路线对联盟加以引导。第二，工程研究中心。自1985年起，美国政府陆续在一些实力雄厚的研究型大学内建立工程研究中心（ERC）。ERC关注重大工程科学研究领域间的跨学科课题研究，突出大学同企业间的合作关系，其研究内容涉及从设计、制造到生产等各环节的整个过程系统、全面的研究。研究费用由政府、企业和大学共同承担，其中，企业占30%。第三，工业大学合作研究中心（IUCRC）。独立机构，根据企业要求开展课题研究，旨在加强企业与大学间长期科研合作，从而解决行业内共性问题。根据大学与企业的合作方式，IUCRC可以分为单对多的合作形式，即一所大学与多个企业的联合研究方式；多对多的合作形式，即多个大学与多个企业间的联合研究方式，进一步强化了大学与企业间的合作密切程度；计划合同的合作方式，即IUCRC通过与产学方签订合作协议，推动各项合作研究工作开展（见表9-12）。

表9-12　美国产业技术联盟组建模式

联盟类型	主要内容
政府引导型模式	通过政府引导，调动产业链上的企业、高校和研究院而组建
工程研究中心模式	政府在大学内设立的联盟形式，着力于跨学科技术研究
工业大学合作研究中心模式	根据企业需求开展课题研究，着力加强企业与大学间的科研合作

2. 日本产业技术创新联盟建设

日本的产业技术创新联盟自20世纪60年代开始兴起。早期实践形式主要表现为企业在研发环节的合作，80年代之后，企业在技术标准环节的合作开始涌现。日本政府在产业技术创新联盟的实践中始终发挥着主导作用，将其作为实现国家产业技术发展战略的主要载体，制定重大技术标准以及推进科技创新和转让的渠道，还出台相关法律法规和优惠政策支持联盟发展。

（1）制定长期科技发展战略

自2001年以来，日本政府不断发布与标准化有关的战略和计划。例如，日本经济产业省先后启动了“标准化战略和27个分区域标准化战略”（2001年），“国际标准化活动基线强化行动计划”（2004年），“国际标准化战略目标”（2006年），日本政府知识产权战略总部启动了“国际标准综合战略”（2006年）等。2006年4月实施的“第三次科技基本计划”也强调了从研发阶段考虑标准化问题的重要性，并提出必须在研发计划中明确界定知识产权战略和标准化战略。该系列从国家发展战略角度全面推进国际标准战略与行动计划，为技术标准联盟等产业技术创新联盟提供了良好的发展机遇。

（2）完善相关法律法规

企业的技术合作联盟行为涉及参与者各方利益、权利与义务、研究开发的经营管理、竞争的公平性等诸多问题，政府有必要通过相关立法等手段为其保驾护航并规范其行为。为此日本政府自20世纪60年代初即不断建立和完善与产业技术创新联盟相关的法律法规等制度。在推进产业界与学术界及政府方面共同合作开发产业基础性和共性技术上，日本不仅在宏观战略政策上给予基本的方向指引，更多将很多合作细节形成法案（见表9-13）。

表9-13 日本促进官产学合作的政策法规

时间	法律	主要内容
1961年	《工矿业技术研究组合法》（最新修订于2006年）	法赋予技术研究组合法人资格，明确规定：成立目的、原则、活动内容、成员资格、发起人数、认可条件与程序、章程、规章、事业计划、收支预算、费用分摊、公积金的处理、罚则等事项
1985年	《研究交流促进法》	鼓励国家研究机构在人员与设备方面与民间企业的交流与合作
1993年	《关于合作研究开发涉及反垄断法的指针》	在充分肯定企业合作研究开发行为的必要性的同时，提出该行为可能影响竞争公平性几种情况和是否触犯反垄断法的判断标准等

续表

时间	法律	主要内容
1998 年	《促进大学等的技术成果向民间事业转移法》	积极促进大学及国立科研机构技术成果向企业转移；设立专项基金为实施技术转移的大学提供资金支持；采取有效措施推动企业学习掌握特点研究成果以获得必要知识
1998 年	《研究交流促进法》修正案	企业在大学及国立研究机构所在土地上建立共同研究设施。其土地使用费给予优惠
2002 年	《产学官合作促进税制》	在税收上为产学研合作项目提供优惠
2005 年	《关于标准化活动中形成专利联营团体等涉及反垄断法的意见》	由众多相互竞争的事业者公开活动、共同制定规则，并对推广普及的标准化活动有可能涉及反垄断法的行为进行了界定

（3）给予优惠政策保障

① 给予科技计划与项目倾斜。政府将产业技术创新联盟视为实施国家重大产业技术计划的主体，以及创建知识产权和制定重大技术标准的重要平台，因此，国家重要的工业技术开发和标准化项目通常以委托费或补贴的方式移交给产业技术创新联盟进行具体实施。日本经济产业省的主要工业技术研究和开发计划日益创新和变化以适应时代的发展需要，例如，20 世纪 60 年代的大型工业技术研发委员会制度、20 世纪 70 年代的阳光计划和月光计划项目、20 世纪 80 年代的下一代基础工业技术研发项目、20 世纪 90 年代的全球环境产业技术研发项目、工业科学技术研发项目等。从追赶欧美模式到自主创新开拓，日本产业技术创新联盟在国家科技基本计划中的定位愈加明确和突出，但实施的基本模式并未改变。

② 经费支持政策。日本产业技术创新联盟是出于落实政府的开发战略而组建的，所以政府资助为联盟的重要资金来源。早在 1948 年日本政府就颁布了“工矿业技术研究资助提交制度”。自 1950 年以来，日本政府通过该项制度为民营企业开展工业化测试和试制机械提供了 30%～50%的经费资助。在对行业团体进行的资助中，政府优先考虑对工矿业技术研究提供资助以便形成联合研究，弥补了企业独立研发能力的不足，促成企业开展联合研究。1961 年工矿技术研究组合法颁布后，日本政府又先后出台了一系列政策来推动产业技术创新联盟的发展，如，推出税收优惠政策、国家公共研究设施开放政策等。1983 年，日本共有 44 个产业联盟开展研发工作，总研究预算为 644 亿日元，其中 51%由日本政府资助。

（4）联盟类型

日本联盟包括三类：第一，技术研究联盟。日本产业技术创新联盟中最重要方式之一，处于公益性法人和企业法人之间的非营利性法人；组织形式非长期型，合作任务完成后，成员企业将返回原企业；合作形式分为横向合作和纵向合作。前者是在统一按照联盟的战略部署布置完任务后，将任务带回所属企业进行独自研发；后者是将技术研究组合的所有成员聚集在一起开展研究。第二，混合研究联盟。自 19 世纪后期开始，为实现科技强国战略目标，日本设置了三类混合研究联盟，即民间科研机构与公立高校开展技术协作；政府部门或者企业根据自身需要，委托高校从事技术开发；企业与大学联合建立具有自主开发场地的协作中心，以推动高校与企业的协作。第三，技术标准联盟。随着经济日益全球化，技术产品是否满足行业和国际标准已成为当今技术发展程度的重要标志，特别是在高科技领域。因此，技术标准合作组织作为一种新的联盟形式在日本迅速崛起。技术标准联盟模式在最为丰富的通信技术产业联盟当中，可分为两类，一种是行业龙头公司引导的标准联盟模式。如，由东芝等公司组建的 DVD 标准化论坛，松下等公司组建的 ECHONET 财团。另一种是在风险投资公司支持下建立的技术联盟。

美国和日本联盟建设模式比较来看：在美国发达的市场经济环境下，政府通过制定科技发展战略、完善法律法规、提供必要经费和引导金融资本参与联盟建设，发挥企业主体运营和管理联盟作用，以行业运营面临的核心共性技术为切入点，引导关键企业联合和中小企业参与，创新成果在联盟内部递次扩散转移，确保联盟目标和国家目标同时实现。日本政府在联盟建设过程中发挥主导作用，围绕科技强国的战略目标，采用科技计划项目引导企业与科研机构联合，并为其提供必要的经费保障和优惠政策，政府和企业成员共同管理联盟，确保国家阶段性科技创新目标实现（见表 9-14）。

表 9-14　美、日联盟建设内容比较

	美国	日本
发展模式	市场配置	政府主导
市场环境	金融市场发达，非官方中介机构较多	金融市场相对落后，政府提供中介服务
联盟目标	解决商业研究领域的共性技术问题	解决产业共性关键技术问题
管理人员	大部分来自成员企业	政府和企业成员

续表

	美国	日本
组织结构	直线职能制	矩阵制
资金来源	政府和企业分摊，具有发达的风险投资机制	政府和企业分摊，以政府支持为主
利益分配	按比例分配	按比例分配
成果扩散和转移	递次扩散转移机制	丰富的技术转让和成果转化机制类型

（三）国内外联盟建设的几点启示

1. 联盟产业布局和建设目标性应十分明确

通过对产业技术创新战略联盟和科技创新服务联盟的调研，需要考虑3个问题：为什么要联盟、与谁联盟、怎样联盟。

（1）为什么要联盟：必须明确联盟的动机，找准联盟定位。只有先明确联盟的出发点，建立联盟明确的目标定位，才能指导整个联盟的运行方向。各国成立产业技术创新联盟以获取产业关键技术和共性技术、提高本国产业竞争力为主要目标。据研究显示，与企业R&D投资相关的市场失灵主要源于一般风险、特定风险、与市场有关的风险。一些产业关键技术、共性技术、通用技术研发面临的风险最为突出，若没有政府的干预，产业整体技术水平难以提高。因此，各国政府针对不同类型的研发风险及不同类型技术特点，提供重点各不同的支持。国内众多联盟大多数停留在申报项目层次，运行效果不理想。根本原因在于联盟对自己的定位不清楚，不清楚联盟成立是为什么，要干什么事。各方在决定参与战略联盟之前，应明确加入联盟的目的，即欲从联盟中获得怎样的利益。同时，要注意学习吸收联盟伙伴的优点，分享战略成果，争取在提升企业自身竞争力的同时，也努力提升整个产业价值链的竞争能力。

（2）与谁联盟：要慎重选择联盟合作伙伴。战略联盟的成败，在很大程度上取决于联盟伙伴的选择。兼容性（各方资源的优势互补）、能力和价值取向是目前联盟所合作成员的选择原则。一般而言，兼容性高，发展能力强，所需投入少的企业成为战略合作伙伴的首选。但是最为关键的还是联盟对象只有战略一致性和文化一致上都达到较高水平的企业才是最佳联盟伙伴。联盟之间的优势互补性越好，联盟自身能力越强，联盟成员的价值取向越趋同，联盟的绩效就越大。

（3）怎样联盟：持久的联盟必须找到各方利益契合点和进行合理的分工。首先，联盟是一个利益共同体，联盟必须求利益之同，以满足合作各方的内在要求和共同利益为基点。调研显示，联盟可持续发展的关键因素在于不断寻求成员的利益契合点。如，联盟秘书处积极组织成员参展，省下了成员单位很多事情；为成员联合培训中高级管理人员，节省单个企业对员工的培养成本；建立非常规原料数据库，为联盟成员降低成本；等等。其次，根据联盟目的，即从事横向技术攻关合作、还是完善产业链条合作等，按照优势互补进行合理分工，承担联盟的开发任务。一般情况下，技术原创性研究和小试研究，以参加联盟的大学、科研院所为主导，工程类公司参与；中试、工业示范和大型工业化装置以生产企业为主导，大学、科研院所和设备制造企业参加；融资机构提供企业的投融资服务和支持。

2. 联盟创新任务具有阶段性特征

（1）联盟任务及其所服务行业、联盟成员，都应紧跟行业发展需求不停变化，也是联盟得以可持续发展的前提。饲料联盟成立初期是从预混料开始，之后，发展到目前，已经联结了产业链条上下游的其他成员，包括饲料研发、配方企业，养殖一体化等。联盟成员在联盟中得以成长，包括技术创新平台使用、管理水平形成品牌、提升信誉、争取项目等。饲料联盟成员不断扩大，从最初的 15 家扩大到现在的 57 家，之所以有成员源源不断地加入，是因为看到了联盟成员在其中的成长。

（2）联盟发展更需要沟通和指导。基于联盟演变理论，联盟运作具有阶段性特征。由于技术创新联盟的松散性，要促进信息在研究实体间实现有效流动。政府引导协调下，所有关联方的研发者能够全面而精准地掌控需求资源以及技术信息，如此促使技术联盟更快地发展。成立初期，期望与现实之间的差距，需要成员之间进行磨合。当成员间合作关系持久，信任水平提高，合作就有一种惯性，稳定性得到增强。如，美国政府重视科技情报网络的建设，广泛开展各种学会和学术活动。京津冀地区产业技术联盟处于磨合期，需要在区域政府领导下，建立一套完整的信息沟通网络，加强成员间的协调、信任和沟通，了解成员的实际情况和真实想法；此外，联盟为其发展设计阶段性目标，做好短期、中期、长期规划也十分重要。

3. 建立产学研协同创新的服务体系

（1）政府应对联盟给予必要的财政支持。各国促进产业技术创新联盟的发展的重点政策和手段，包括税收优惠和金融支持政策，合作风险专款补偿，以及政府采购、限制外来投资、进口管制、行政指导、技术协助等。对于关键技术、共性技术与前瞻性重大技术，让企业提供资金支撑可能会存在顾虑，政府可以设立专项资金的方式支持这类技术的研发与创新，降低企业技术创新的风险，提高企业创新的积极性，同时，也从一定程度上缓解了产学研联盟的资金压力。

（2）完善相关法律保障。完善的法律体系是国外政府强化、规范和支持产业技术创新战略联盟的制度保障。这些法律法规及范畴是相当广的，主要包含构建研发机构、行业以及政府之间互相协作体系，协作成果转化与延伸，专利收入的公平分配以及知识产权保护等。完善的法律法规，使政府支持联盟及其他产学研合作有了制度基础，维持了政府行为的规范化和持续性。美国的技术创新和产学研联盟法律最为完备，在知识产权归属、利益分摊、科研人员奖励、促进技术转移上都有相关规定，为推动产学研联盟进行了法律上的规范与支持。

七、联盟推进京津冀产业协同发展的路径

（一）深化联盟组织建设和管理

针对联盟建设面临的组织规模小，发展速度慢，地方性联盟数量少，活跃度不高，农业弱质产业的特点，建议推进联盟组织建设，培育农业行业领军型企业，发挥盟主带动作用，增加政府项目支持力度，提高联盟黏性。

1. 完善联盟管理制度

各部门、各地区应该按照科技部要求，构建项目联盟产生机制，统一联盟建设标准，确保技术联盟发挥应有作用，减少资源浪费和内耗；对于现有联盟，引导做好中长期发展规划，赋予联盟拉动区域经济、技术扩散、方便政府监管、获取竞争优势“功能”；建立各部门管理决策平台互通互联机制，为其他平台提供政策法规、管理资料、研究成果等相关服务，提高区域的整体管理效能，以实现各平台资源的合理配置与利用；完善行业协会监督机制，发挥行业协会的职能，制定行业规则、行业约定、行业标准的方法，规范联盟发展的市场环境。简化联盟审批手续，完善联盟立项制度、监督检查制度、评估制度等，实现联盟管理的制度化、流程化和规范化。

2. 增加联盟组织数量

继续鼓励京津冀各地组建符合本地区行业特点的联盟，增加联盟组织数量，扩大联盟影响。在此基础上，组织各联盟之间进行交流研讨，对行业交叉领域的难点问题进行联合攻关，形成信息互通，相互学习创新氛围，为进一步扩大规模积累经验和奠定基础。引导不同领域、不同地区联盟进行重新整合，构建新型复合产业模式，并支持联盟在中关村科技园区注册，扩大联盟业务经营范围。广泛吸收行业中有影响的龙头企业、骨干企业，并吸纳专业合作组织、行业协会等中介组织新成员，壮大联盟规模和提升领域（行业）影响力。鼓励联盟企业以不同身份参与领域（行业）之外的或国际的技术联盟，积极利用其他联盟或国际研发资源来提高自主创新能力。树立标杆联盟，加强联盟宣传与服务，营造良好的联盟发展氛围。

3. 培育联盟理事长"公信力"

联盟理事长是联盟责任主体单位，是联盟"公信力""向心力"的重要体现，理事长人选关系到联盟建设的成败。引导培育一批创新型涉农企业，作为行业领军企业，理事长单位候选单位，发挥行业"领头羊"作用；建立"科研高校+企业"紧密型的科企合作方式，培育行业科技创新联合体，推动科研人才、技术、资源依法向企业流动，发挥行业科技发展风向标的带动作用。给予理事长单位加强联盟建设更多的培训和指导，培育联盟理事长单位负责人的企业家精神，提升沟通协调能力，使其能高瞻远瞩地站在行业高度考虑联盟的发展，以技术需求为导向，围绕产业发展的关键问题和共性技术开展工作。

4. 优化联盟产业布局

北京地区除应在大气、土壤等领域建立环境科技联盟外，还应在农业信息、低碳循环、花卉及园林绿化苗木产业行业、物流产业、乡村旅游等领域（行业）新建或补充联盟。为完善联盟领域布局，应根据科技领域不同，在现有联盟下设立分支联盟。如，在籽种联盟下，增加粮食育种、冷水鱼籽种、奶牛良种、蛋种鸡、果树种苗等分支。天津地区在传统种植业产业、特色蔬菜育种、奶牛养殖、水产养殖等种养产业，及不断兴起农业绿色发展工程技术和投入品等领域增加联盟数量，提升这些领域的技术创新能力，满足都市农业转型升级需要。河北地区，应重视增加在传统种植业、畜牧养殖业领域、农产品物流、农业投入品等领域的联盟布局。发挥联盟以"点"带"面"的作用，不断缩小行业差距，推动区域农业产业协同发展。

（二）提升联盟对产业创新体系支撑作用

京津冀面临行政区划、财税分制等制度壁垒，针对联盟领域布局不全面、重点领域关注不够、关键环节共性技术创新仍需加强等问题，建议要发挥各自比较优势，明确各自在区域创新中定位和发展思路，采取补联盟领域布局的短板，聚焦关键环节共性技术，加强区域协同创新平台资源整合，将联盟嵌入创新体系链条建设中，推进区域协同创新共同体建设。

1. 明确协同创新体系中的定位

针对三地行政区域分割，也很难在短期内改变。首先要根据各自科研基础条件，在创新体系中的科学定位和明确发展战略，才能促进三地协同科技良性互动，成为科技协同创新共同体。北京作为全国科技创新中心，继续发挥资源优势，向津冀进行扩散。建立创造宽松灵活联盟技术创新环境，巩固京津冀区域产业技术高地地位。通过松散型联盟建立，在技术引进与开发、市场信息的收集、处理、应用方面保持开放性、非排他性，吸纳充满活力的区内外企业加盟，让技术应用及经营管理不善的联盟内企业“出局”，通过合理竞争，维持区域经济的活力与生机。天津地区，重点是通过与在京的大学、科研院所等高新技术研发力量的直接合作，获得创新技术产业化的优先权，与北京创新源头建立直接联系，提高区域产业技术竞争力。河北地区，注意接受区外同行先进企业的技术转移，通过引进先进技术装备，提升现有产业技术水平，为全方位接受区外高新技术扩散创造良好的物质条件。

2. 推进关键环节共性技术研发

技术进步成为产业发展的重要途径，将技术合理运用到产业中，才能有效地支撑产业的可持续发展。需要不断进行技术创新。技术开发要统筹考虑近期、中长期以及远期的计划，要重点聚焦对科技城产业发展具有显著促进效应的技术成果。在技术创新上应坚持两条腿走路：一是直接引进处在世界前沿的高新技术企业，鼓励已有企业增资扩产，直接提高产业技术层次；二是聚集国内外研发人才，培育、孵化具有自主知识产权的高新技术企业，既加快了产业的高级化，又提高了技术创新的转化能力。

3. 加强区域协同创新平台整合

本着“一盘棋、一体化”的思路，加大联盟已有资源和平台整合力度。

围绕提升产业技术创新能力和企业核心竞争力，按专业分工、区域集中、共建共享的原则，以国家重点实验室、国家工程技术研究中心为核心，整合行业优势科技资源，形成基础创新平台、区域特色研发平台、专业开发研发平台以及国际合作研发平台等。通过招标、技术方案移转、技术培训等方式实现共享，并使得服务通过市场机制获得定价，实现了优胜劣汰，参与交易主体获得了价值。联盟共性技术开发和服务依托平台进行，解决了联盟内部的机制问题，为联盟内部的利益机制提供了方案。

（三）强化联盟与区域产业协同的契合度

面对经济水平差异造成市场资源要素单向流动的挑战，针对联盟建设市场推动力不足、成员合作深度不够等问题，加大培育企业创新主体地位力度，并促进产学研各主体加强横向、纵向联合，将联盟嵌入产业链中，依靠技术创新推进区域产业协同发展。

1. 培育企业市场创新主体地位

从联盟组建初衷和目标来看，技术成果来源于市场，最终应用到市场。因此，联盟成员中的企业是核心行动者，技术创新跟市场活动紧密相关，需要发挥企业作为创新主体作用。按照市场驱动的原则，围绕自己的技术需求召集、组织产业内具有较强研发实力的创新主体联合攻关，实现各种创新要素的组合。鼓励企业联盟发起人和企业主体联盟，围绕培育企业市场创新主体地位，深化科研机构改革，完善科研成果评价机制，深入推动科研与企业合作。

2. 促进涉农企业区域内实现产业化

引导首都农业龙头企业出京入津冀，依托既有现代农业园区和农业生产优势区，建设优质农产品生产基地，在组织形式上实现京津冀农业一体化生产和经营，破除当前京津冀地区农业生产规模小、经营分散的弊端。完善京津冀农产品流通体系、市场信息体系、农产品质量检测和市场准入体系，实现市场对接，努力构建统一市场，开辟京津冀农产品绿色通道，构建环京津一小时鲜活农产品物流圈。通过培育产销一体化经营组织，培育“互联网+农业”等新型业态，采取订单农业、农超对接等经营形式，真正实现产销对接。破除工商行政管理壁垒，探索标准统一、检测结果互认、合作执法、信息预警、舆情监测、追溯管理等工作机制。企业跨区域进行产业链纵向布局，上下游企业实现利益紧密连接机制，有利于形成优势互补、市场一体的区域发展新格局。

3. 推进区域内产学研交流和成果转化

促进科技创新主体跨区域横向布局。继续引导创新主体增加跨区域科技创新园区、科技示范基地、专家工作站等载体建设，增加产业发展的源头科技供给。培育一批星火科技示范带，组建一批农业研发中心或科技传播站，推动京津冀农业科技合作平台建设，促进农业科技成果落地转化。加强人才交流，利用京津冀院校的教育资源优势，建立农业管理干部和科技人员互派交流制度，并实现常态化、制度化。建立实用人才交流制度，定期组织农业新型经营主体、联盟理事长、企业家到区域内其他地方参观学习和传授经验。

（四）优化联盟发展的制度环境

支持联盟发展的政策环境尚须优化。针对科研管理、干部管理两种制度改革，给联盟发展带来发展方向不清晰、建设资金支持力度下降，导致农业领域联盟发展后劲不足等问题，建议继续推进农业科研体制和人事干部制度改革，提高联盟建设项目支持力度，为联盟发展创造利于资源、人才流动的良好政策环境。

1. 落实科研管理制度改革措施

改革没有退路，必须渡过阵痛期，各地农业科研机构需要具有革新的勇气和胸怀，克服部门利益的掣肘，按照“国家基础科研能力不能改弱、科研机构实力不能改小、科研人员收入不能改少”的方针，进一步落实“事企脱钩”“人才激励”“科研成果权益分配”等方面政策，处理好基础性、公益性研究和应用性研究的关系，深入推进改革。发挥科研院所在新品种繁育、良种良法、技术服务与推广等方面的优势，与企业紧密合作。加强研究所和科研人员的分类管，对基础研究人员以同行学术评价为主，通过优化工资结构，并与应用性开发收入适当挂钩。培育应用型科研人员市场意识，鼓励科研人员从市场上找信息，解决生产中的实际问题。对于应用研究人员考核应突出成果产业化和市场评价。支持职务科技成果权属混合所有制改革，激励科技人员创新创业，促进知识产权转化转移。

2. 深化人事干部制度改革

继续推进科研与组织部门人事干部制度改革措施的有效衔接。对既是科学家又是科研事业单位领导的具备双重身份的人员，应落实《关于扩大种业人才发展和科研成果权益改革试点的指导意见》（农种发〔2016〕2号）的相关规定，实行分类管理。规范科研人员兼职取酬、成果作价持股等事项，报上级主管部门备案、审核审批和建立严格的内部公开公示制度。支持科研院所开展职务发明知识产权的所有权、处分权、权益权等改革，探索出台“支持科研院所职务发明知识产权归属和利益分享制度改革”意见，规范科技人才职务发明的使用和所有权归属。解决好科技成果“确权”和“确利”问题基础上，按行业常用的种质资源流动方式，可进行一次性买断所有权、育种单位参与利润分成、联合经营、育种家携带材料入股等，推动种质资源合理流动。

3. 增加政府项目支持力度

农业公益性强，关系到粮食、生态、食品等民生安全，联盟建设意义重大。农产品供给比较效益低，企业自主创新动力不足。从联盟建设的国际经验显示，重要领域的联盟，政府仍需要发挥重要的行业引导和支持作用。起步阶段政府不能缺位，发挥产学研桥梁作用，将联盟“扶上马”。在发展过程中政府还需要“送一程”，发挥项目、资金和政策引导作用，提高联盟与成员的黏性。项目推动下，联盟成员关系逐步捋顺，产学研联合的商业模式逐渐形成，利于联盟实现从政府引导向市场机制引导过渡。建议进一步加强联盟承担国家重大科技项目、产业发展规划或部分公共服务职能的力度和职能。通过政府科技计划项目支持、企业研发项目投入相结合，强化企业对产业技术选择的参与和市场导向的自主决策，使企业成为产业技术创新的决策和投资主体、研发主体。

参 考 文 献

[1] Armstrong H. Regional economics and policy [J]. 1985.

[2] Cooke P, Hans Joachim Brazyk H J, Heidenreich M. Regional Innovation Systerms: The Role ofGovernance intheGlobalizedWord [M]. London: UCL Press, 1996.

[3] Haken H. Information and self-organization: a macro scopicApproach to Complex Systems [M]. Berlin&New York: Springer-Verlag, 1988: 134-167.

[4] Hermann Haken. Advanced Synergetics: instability hierarchies of self-organizing systems and devices [M]. NewYork: Sptinger-verlag, 1983: 168.

[5] 包卿，钱志新. 区域产学研战略联盟的构建与地方产业集群的升级——以江苏省江阴市为例 [J]. 科技进步与对策，2009，26 (6): 37-40.

[6] 曾刚，林兰，叶森. 长三角区域产业联动的理论与实践 [J]. 上海城市规划，2011 (2): 18-25.

[7] 陈宝明. 产业技术联盟：性质、作用与政府支持 [J]. 中国科技论坛，2007 (7): 34-37.

[8] 陈慈，陈俊红. 农业科技创新服务联盟发展的现状与促进：基于北京农科城科技创新服务联盟的调研 [J]. 贵州农业科学，2015，43 (1): 212-215.

[9] 陈佳. 产业技术创新战略联盟治理模式影响因素探析 [J]. 科技管理研究，2011，31 (11): 94-96.

[10] 陈俊红，陈慈，冯献. 北京农业科技创新服务联盟发展对策研究 [J]. 科技管理研究，2014，34 (22): 58-62+67.

[11] 陈明华，刘玉鑫，张晓萌，等. 中国城市群民生发展水平测度及趋势演进——基于城市 DLI 的经验考察 [J]. 中国软科学，2019 (1): 45-61.

[12] 丛屹，王焱. 协同发展、合作治理、困境摆脱与京津冀体制机制创新 [J]. 改革，2014 (6): 75-81.

[13] 邓草心，刘钒. 基于学习型区域的高新区创新发展模式研究 [J].

科技进步与对策，2014，31（23）：43-46.

［14］邸晓燕，张赤东．产业技术创新战略联盟的类型与政府支持［J］．科学学与科学技术管理，2011，32（4）：78-84.

［15］杜云飞，连建新，张爱国，等．京津冀区域一体化视阈下的农业产业协同创新研究［J］．河北工业大学学报（社会科学版），2014（4）：9-13.

［16］段惠军．合力打造京津冀协同创新共同体［J］．北京观察，2016（11）：18-19.

［17］冯海湘．创新联盟视角的区域创新资源整合管理研究［J］．商场现代化，2009（11）：59-60.

［18］冯翔慧．整合科技创新资源　促进健康农业发展　中国健康农业产业技术创新战略联盟在京成立［J］．中国科技产业，2019（2）：19.

［19］何玲，贾启建，王军．京津冀农业区域协调度评价［J］．安徽农业科学，2010（34）：19733-19735.

［20］胡大立．产业关联、产业协同与集群竞争优势的关联机理［J］．管理学报，2006（6）：709-713+727.

［21］黄惠英，任亮，纪璇，范泳，郭琦．供给侧结构性改革背景下京津冀区域农业产业链协同发展研究［J］．河北北方学院学报（社会科学版），2018，34（5）：74-78.

［22］黄西川，韩玉启．区域知识流动与技术创新——OECD 国家创新体系概念基本假设的实证分析［J］．科学学与科学技术管理，2003，（3）：24-27.

［23］贾启建，何玲，王军．京津冀农业协同发展模式探析［J］．河北农业大学学报（农林教育版），2016，18（2）：30-33+39.

［24］孔祥智，程泽南．京津冀农业差异性特征及协同发展路径研究［J］．河北学刊，2017（1）：122-128.

［25］孔祥智，张琛．京津冀地区城市农业经济联系的社会网络分析［J］．北京农业职业学院学报，2018，32（3）：5-15.

［26］李海东，王帅，刘阳．基于灰色关联理论和距离协同模型的区域协同发展评价方法及实证［J］．系统工程理论与实践，2014，34（7）：1749-1755.

［27］李红宇．产业联盟国际经验及启示［J］．中国科技投资，2011（6）：46-48.

［28］李辉，张旭明．产业集群的协同效应研究［J］．吉林大学社会科学学报，2006（3）：43-50.

［29］李茜．科技协同创新推动现代农业发展研究［D］．长沙：长沙理工大学，2014.

［30］李新男．创新“产学研结合”组织模式　构建产业技术创新战略联盟［J］．中国软科学，2007（5）：9-12+42.

［31］梁玺，吴贵生．以北京为源头的技术市场扩散与区域生产率［J］．科学学研究，2008（1）：115-118+148.

［32］林兰，叶森，曾刚．长江三角洲区域产业联动发展研究［J］．经济地理，2010，（1）：6-11.

［33］刘宾，董谦，辛文玉．京津冀科技协同创新共同体的构建及模式分析［J］．商业经济研究，2016（16）：127-129.

［34］刘钒，李光．湖北省协同创新平台的发展现状与对策研究［J］．湖北社会科学，2014（1）：61-67.

［35］刘海明，谢志忠，黄初升，杨健，赵莹．福建省区域经济产业协同发展成熟度评价分析［J］．福建农林大学学报（哲学社会科学版），2010，13（4）：46-50.

［36］刘海明，杨健，王灿雄，林强．区域经济协同发展研究进展综述——兼论区域经济协同发展机制建立的必要性［J］．中国集体经济，2010（7）：86-89.

［37］刘夏明，魏英琪，李国平．收敛还是发散？——中国区域经济发展争论的文献综述［J］．经济研究，2004（7）：70-81.

［38］刘雪芹，张贵．京津冀区域产业协同创新能力评价与战略选择［J］．河北师范大学学报（哲学社会科学版），2015，（1）：142-148.

［39］刘玉，刘彦随，陈玉福，等．京津冀都市圈城乡复合型农业发展战略［J］．中国农业资源与区划，2010（4）：1-6.

［40］刘志春．国家创新体系概念、构成及我国建设现状和重点研究［J］．科技管理研究，2010，30（15）：5-8.

［41］芦千文，张益．涉农平台经济：新兴模式、存在问题与发展对策［J］．中国科技论坛，2018（9）：128-133.

［42］芦千文．涉农平台经济：典型案例、作用机理与发展策略［J］．西北农林科技大学学报（社会科学版），2018，18（5）：63-71.

［43］罗雪英．农业产业技术创新联盟构建及影响因素研究［J］．福建商学院学报，2017（6）：1-8.

［44］马俊炯．京津冀协同发展产业合作路径研究［J］．调研世界，2015（2）：3-9.

［45］马明．区域产业协同发展的运行机理研究［J］．中国乡镇企业会计，2017（4）：4-5.

［46］马永红，王丽丽，王展昭．产业技术联盟的运行机制分析与构建［J］．科技和产业，2011，11（8）：90-94+133.

［47］毛磊．开放式理论下跨区域协同交互式创新研究［J］．科技进步与对策，2014，31（24）：25-28.

［48］毛世平，杨艳丽，王晓君，等．农业区域创新生态系统建设的国际经验及对京津冀区域的启示［J］．世界农业，2019（7）：76-82.

［49］穆东，杜志平．系统协同发展程度的 DEA 评价研究［J］．数学的实践与认识，2005（4）：56-64.

［50］彭志忠．县域经济产业协同成熟度分析与研究［J］．山东大学学报（哲学社会科学版），2006（2）：99-105.

［51］秦静，李浩，周立群．京津冀现代农业协同发展进展与展望［J］．中国农业资源与区划，2018，39（9）：279-284.

［52］秦静．聚力打造京津冀区域农业科技创新高地［N］．天津日报，2015-02-16.

［53］石书玲．基于资源学说的企业知识联盟组建动因博弈［J］．科技进步与对策，2007（6）：128-131.

［54］石嫣，王军，刘磊．京津冀农产品物流管理及对策研究［J］．河北农业大学学报（农林教育版），2008（1）：109-112.

［55］苏靖．产业技术创新战略联盟构建和发展的机制分析［J］．中国软科学，2011（11）：15-20

［56］孙芳，刘明河，刘立波．京津冀农业协同发展区域比较优势分析［J］．中国农业资源与区划，2015（1）：63-70.

［57］孙久文，邓慧慧，叶振宇．京津冀区域经济一体化及其合作途径探讨［J］．首都经济贸易大学学报，2008（2）：55-60.

［58］孙久文，姚鹏．京津冀产业空间转移、地区专业化与协同发展——基于新经济地理学的分析框架［J］．南开学报（哲学社会科学版），2015，（1）：81-89.

［59］孙久文，原倩．京津冀协同发展战略的比较和演进重点［J］．经济

社会体制比较，2014（5）：1-11.

［60］屠启宇，林兰．创新型城区——“社区驱动型”区域创新体系建设模式探析［J］．南京社会科学，2010（5）：1-7+19.

［61］万鹏宇，王弘钰，汲海锋．产业技术创新战略联盟中的突破式创新研究［J］．经济纵横，2020（1）：96-105.

［62］王军，李逸波，何玲．基于生态补偿机制的京津冀农业合作模式探讨［J］．河北经贸大学学报，2010（3）：74-78.

［63］王丽娟，信丽媛，宋治文．京津冀农业科技协同创新的路径探索［J］．山西农业科学，2016，44（2）：140-143+265.

［64］王晓文，王卓．京津冀产业协同成熟度研究［J］．北京联合大学学报（自然科学版），2015，29（2）：74-77.

［65］王秀玲，王亚苗．加快京津冀协同创新共同体建设［J］．经济与管理，2017，31（2）：14-16.

［66］魏丽华．京津冀产业协同水平测度及分析［J］．中国流通经济，2018，32（7）：120-128.

［67］吴爱芝，李国平，张杰斐．京津冀地区产业分工合作机理与模式研究［J］．人口与发展，2015，21（6）：19-29.

［68］吴昊，张天译．协同创新视角下的区域创新体系构建［J］．社会科学战线，2016（10）：69-76.

［69］谢科范，陈云，董芹芹．我国产学研结合传统模式与现代模式分析［J］．科学管理研究，2008（1）：38-41.

［70］谢龙．不同模式下产学研联盟运行机制研究［D］．哈尔滨：哈尔滨理工大学，2008.

［71］邢乐斌，王旭，代应，陈嘉佳．基于资源投入的技术创新战略联盟稳定性研究［J］．科技进步与对策，2010，27（13）：1-4.

［72］徐力行，毕淑青．关于产业创新协同战略框架的构想［J］．山西财经大学学报，2007（4）：51-55.

［73］徐力行，高伟凯．产业创新与产业协同——基于部门间产品嵌入式创新流的系统分析［J］．中国软科学，2007（6）：131-134+140.

［74］徐永慧，周立群．区域协同发展的新纽带、新载体——京津冀产业联盟的发展现状与合作机制［J］．河北联合大学学报（社会科学版），2016，16（3）：10-14.

[75] 闫凌州．政府主导京津冀科技创新联盟研究［D］．天津：河北工业大学，2005.

[76] 杨继涛，刘则渊．技术创新联盟与区域产业集群发展关系研究［J］．科技进步与对策，2011，28（6）：42-45.

[77] 叶选挺，张剑，刘云，苏竣．产业创新国际化创新主体协同竞争演化博弈分析［J］．科技进步与对策，2014，31（14）：42-46.

[78] 殷群，贾玲艳．中美日产业技术创新联盟三重驱动分析［J］．中国软科学，2012（9）：80-89.

[79] 张锋，孙洪武．关于组建农业科技创新联盟的思考［J］．江苏农业科学，2013，41（9）：5-7.

[80] 张换兆，霍光峰，刘冠男．京津冀区域科技创新比较的实证分析［J］．科技进步与对策，2011，28（2）：43-48.

[81] 张佳书，田嘉琳，向叙昭，等．基于多层级耦合协调模型的京津冀农业协同发展研究［J］．世界农业，2019（11）：108-117.

[82] 张建国，康涛．从抱团联盟发力推进京津冀协同发展［J］．河北省社会主义学院学报，2015，（2）：43-46.

[83] 张劲文．首都经济圈跨区域产业协同创新的模式与路径研究［J］．改革与战略，2013，（8）：94-98+104.

[84] 张龙，程晓仙，张猛，何忠伟．京津冀农业创新团队对接机制与模式探析［J］．科技和产业，2018，18（3）：35-40+61.

[85] 张敏，苗润莲，卢凤君，等．基于产业链升级的京津冀农业协作模式探析［J］．农业现代化研究，2015（3）：407-411.

[86] 张喜才，杨冬海，王莲花．京津冀一体化背景下蔬菜供应链利益分配机制构建研究［J］．农业经济与管理，2018（2）：18-26.

[87] 张晓，盛建新，林洪．我国产业技术创新战略联盟的组建机制［J］．科技进步与对策，2009，26（20）：52-54.

[88] 张志伟．京津冀流通网络与区域经济协同发展的问题探讨［J］．商业经济研究，2019（4）：24-26.

[89] 章争鸣，王艳梅．组建重点产业联盟　构建区域创新体系——以深圳南山生物医药产业联盟为例［J］．中国科技产业，2009（10）：100-104.

[90] 赵广华．产业集群供应链协同管理体系构建［J］．科技进步与对策，2010，27（18）：53-56.

［91］赵一鸣，黎苑楚，董红杰．基于创新联盟的产业创新体系研究［J］．科学学与科学技术管理，2012，33（2）：115-121.

［92］周程．日本官产学合作的技术创新联盟案例研究［J］．中国软科学，2008（2）：48-57.

［93］周广肃．Stata 统计分析与应用［M］．北京：机械工业出版社，2011.

［94］周青，王乃有，马香媛．产业技术创新战略联盟冲突类型与影响因素的关联分析［J］．科学学研究，2014，32（3）：473-480.

［95］周伟，杨栋楠，章浩．京津冀协同发展中河北现代产业体系评价研究［J］．经济研究参考，2017（64）：65-73.

［96］朱司宇，徐大海，王斌，从俊杰，张昱．天津市产业联盟组建情况与发展对策研究［J］．科技管理研究，2012，32（14）：112-115.

［97］祝尔娟．京津冀一体化中的产业升级与整合［J］．经济地理，2009（6）：881-886.

重要术语索引

Z